장사고수 31명이 꼽은

자영업
트렌드
2024

매경이코노미·창톡 장사고수 지음

매일경제신문사

서문

다점포율 조사 10년…
달라진 것과 달라지지 않은 것

매경이코노미에서 국내 주요 프랜차이즈 다점포율을 취재, 보도한 지 올해로 꼭 10년이 됐다. 2015년부터 2024년까지 매년 50~100여개 프랜차이즈에서 가맹점을 2개 이상 운영하는 다점포 점주의 비율을 조사해왔다. 다점포율은 미국에선 1990년대부터 정보공개서 전수조사를 통해 20년 넘게 매년 발표돼왔다. 그러나 한국에선 정보공개서에 다점포 점주 관련 정보가 기재되지 않는다. 이에 매경이코노미는 프랜차이즈 본사에 직접 자료를 요청, 매년 업데이트하고 시계열 분석을 통해 국내 자영업 트렌드를 전해왔다.

'10년이면 강산도 변한다'는 말처럼, 다점포율 조사 결과도 크게 변했다. 편의점이 대표 사례다. 2015~2016년에는 5개 브랜드 CU, GS25, 세븐일레븐, 미니스톱, 이마트24(당시는 '위드미')의 다점포율이 모두 상승했다. 그러나 2016년 이후 모든 브랜드에서 다점포율이 감소하더니 2023년에는 업계 1위인 GS25도 22.2%로 주저앉았다. 2015년 34.7%로 정점을 찍은 후 8년간 내리 감소했다. 다른 브랜드들도 추세는 대동소이하다.

다점포율 감소는 자영업이 위기임을 방증한다. 가게를 여럿 운영하던 투자형 점주들이 더 이상 못 버티고 점포 정리에 나서고 있다는 얘기다. 오토 운영에 수반되는 인건비 상승이 가장 큰 원인으로 꼽힌다. 높은 자영업 포화도, 임대료, 식재료비 상승도 다점포 확장을 짓누른다. 소위 '선수'들인 다점포 점주마저 이렇듯 발을 빼니, 생계형 점주들의 어려움은 오죽 할까. 요즘은 '3년 노포'라는 말마저 돈다. 3년만 버텨도 골목 상권에서 노포 대접을 받을 만큼 폐업이 잦다는 얘기다. 그럼에도 국내 자영업 시장은 여전히 많은 신규 창업이 일어나고 있다. 2023년에는 탕후루 열풍으로 카피캣 프랜차이즈와 매장이 우후죽순 난립했다. 그렇게 탕후루 매장을 창업한 지 불과 3개월도 안 돼 '우리 가게 좀 살려달라'며 창톡 장사 고수에게 상담 신청이 들어오기도 했다. 투자형 다점포 점주들은 10년 전보다 훨씬 신중하게 창업을 하고 있는데, 생계형 점주들은 10년 전과 다름없이 '묻지마 창업'을 하고 있는 것이다. 이런 상황에서 웃는 이들은 기획형 카피캣 프랜차이즈 본사들 뿐이다. 안타까운 현실이 아닐 수 없다.

미국 프랜차이즈 다점포율 랭킹을 매년 발표하는 창업 정보 업체 '프랜데이타(Frandata)'는 다점포율을 발표하며 서두에 늘 이렇게 말한다.

"만약 당신이 프랜차이즈 사업을 확장하고 다양화할 생각이라면, '다점포 점주'가 어떤 브랜드로 창업하는지 연구해보라. 그것은 당신의 성장을 위한 선택에 도움이 될 것이다(If you're looking to expand and diversify your own franchise empire, study what the 'big guys' are buying. It just might help you with your own growth choices)."

여기에 한마디를 보태고 싶다. "다점포 점주가 어떤 브랜드로 창업하는지 혼자 연구하지 말고, 직접 만나서 물어보라"고. 정보가 비대칭한 상황에선 혼자 아무리 연구해도 역선택을 하기 십상이다. 스마트폰 카메라로 글마다 표시된 QR코드를 찍으면 이 책을 쓴 장사 고수들과 1:1로 만나서 상담받고 실전 노하우를 배울 수 있다.

바쁜 와중에도 후배 소상공인을 돕기 위해 1:1 상담을 해주는 전국의 장사 고수 분들께 진심으로 감사하다. 또한 광고 한 푼 안 받고도 소상공인을 위한 정보성 기사를 10년간 전하며 묵묵히 언론 본연의 역할을 다하는 매경이코노미 식구들에게도 늘 감사하다. 최악의 자영업 위기를 맞은 2024년에 이 책이 조금이나마 소상공인분들께 도움이 되길 간절히 바란다.

노승욱 창톡 대표

2023년 자영업 시장 리뷰

개성과 트렌드로 무장한 新자영업자 몰려와 오마카세·와인 지고 하이볼 떴다

"기존 보고서는 다 폐기하고 전부 새로 써야 할 지경이다."
2023년 8월 소상공인&전통시장 미래비전 설계 자문단 회의에서 나온 얘기다. 소상공인시장진흥공단 출범 10주년을 맞아 소상공인 정책의 미래 10년을 준비하기 위해 국내 자영업 전문가들이 모인 자리였다. 모든 자영업 정책을 새로 만들어야 할 정도로 코로나19 팬데믹 전과 후가 크게 달라졌다는 얘기다.
그간 노동 집약, 상권 집약 산업이던 자영업은 팬데믹을 거치며 기술 집약, 창의 집약 산업으로 탈바꿈했다. 경쟁력이 부족했던 영세 자영업자들은 팬데믹에 도태되고, 그 자리를 개성과 트렌드로 무장한 젊은 자영업자들이 꿰차고 들어왔다. 성수 등 부동산이 급등한 주요 상권에서는 건물주가 바뀐 경우도 적잖다. 그로 인해 임차인이 내몰리는 젠트리피케이션도 현재 진행형이다. 2024년 자영업 시장은 어떻게 될까. 온고지신. 지난 2023년의 그것을 먼저 돌아보면 힌트를 얻을 수 있다. 엔데믹에 웃고, 인플레이션에 울었던 2023년 자영업 시장을 다음 4가지 키워드로 돌아본다.

① 해외여행 폭발에 울상 된 외식업
코로나 팬데믹에 사서 엔데믹에 판 '저점 창업'이 최고 승자
2023년 자영업 시장을 한마디로 요약하면

'상고하저(上高下底)'다. 상반기는 장사가 잘됐고, 하반기는 잘 안됐다는 얘기다. 상반기가 활황이었던 것은 코로나19 팬데믹이 종료되며 지난 3년간 억눌렸던 외식 수요가 폭발한 덕분이다. 이에 외식업계에서는 두 가지 키워드가 급부상했다. '다이닝(Dining·외식으로 즐기는 정찬)'과 '네트워킹(Networking·교류)'이다. 특히, MZ세대를 중심으로 이직을 준비하고 커리어를 개발하기 위한 이종업계 인맥 쌓기, 느슨한 연대 흐름이 확산되면서 다이닝과 네트워킹을 접목한 '소셜 다이닝(Social Dining·식사를 하며 교류하는 모임)'이 인기를 끌었다. 적게는 3~4명, 많게는 10~20명 단체 만남으로 이어지는 '소셜 다이닝'은 외식업계를 밀어주는 훈풍이 됐다.

그러나 2023년 하반기 들어선 정반대 흐름이 나타났다. 고금리와 우크라이나 전쟁 장기화, 최저임금 인상 등으로 인한 물가 상승이 지속되고, 엔저 영향에 일본을 위시한 해외여행 수요가 폭발하며 내수가 큰 타격을 입게 됐다. 일례로 2023년 11월 기준 배달의민족 월간 활성 사용자 수는 3개월째 하락해 1900만명을 밑돌았다. 2021년 3월 이후 가장 낮은 기록이었다.

외식업계는 보통 연말연시가 연중 최대 대목이다. 송년회, 신년회 등 각종 외식 모임이 몰려 있기 때문이다. 그러나 일선 현장으로부터 연말 특수가 사라졌다는 아우성이 들려온다. 한 와인바 사장은 "보통 한 달 후까지 예약이 찼다. 그런데 2023년 12월도 전년만 못하더니 2024년 1월 예약은 더 안 들어오고 있다. 당분간 외식 경기가 안 좋을 것 같아 2024년 2월에 미뤄왔던 내부 공사를 진행할 생각이다"라고 말했다.

상황이 이렇자 외식업계에서 최고의 승자는 '저점 창업'에 성공한 이들이라는 평가가 나온다. 코로나19 팬데믹 때 권리금 없이 가게를 인수해 2023년 상반기에 높은 권리금을 받고 매각한 이들이다. 매경이코노미는 이런 흐름을 내다보고 지난 2021년 1월 18일 '위기에 빠진 매장 줍줍? '저점 창업' 나선 다점포 점주들' 기사를 보도하고, 유튜브 '창톡'에서도 자세히 소개한 바 있다.

실제 한 장사 고수는 저점 창업을 통해 3억원 넘는 권리금 차익을 거뒀다.

② 오마카세 그만하세

코스 요리 변질되고 가성비 약점…
일본 여행 붐에 '찬밥'

2023년에는 오마카세(맡김차림) 열풍도 전년에 이어 쭉 이어졌다. 그러나 하반기

저점 창업 트렌드를 전한 유튜브 '창톡' 영상 섬네일. 창톡 제공

들어 외식 경기가 침체되면서 오마카세 인기가 가장 먼저 시들었다. 이유는 크게 네 가지로 분석된다.

첫째, 가성비가 떨어진다. 국내 오마카세 식당은 처음에는 파인다이닝을 중심으로 생겨났다. 1인분에 10만~30만원을 호가해 아무리 만족스러워도 재방문이 쉽지 않은 가격대다. 특히, SNS 인증샷을 위해 방문한 MZ세대 고객들은 이미 인증샷을 찍었으니, 아주 핫한 신메뉴가 또 나오지 않는 한 다시 갈 이유가 없다. 애초에 유명 오마카세 식당을 순회해서 인증샷을 올리는 '도장 깨기'가 목적이었던 것. 이는 처음부터 '반짝 트렌드'를 노리고 창업하는 프랜차이즈나 기획형 식당이 흔히 겪는 숙명이다.

둘째, 너무 많이 생겨나며 의미가 변질됐다. 일식에서 시작한 오마카세 유행은 한우카세, 커피카세, 티(차)카세 등 다양한 메뉴로 확산되며 전성기를 누렸다. 그러나 뭐든 흔해지면 흐려지는 법. 갈수록 오마카세라는 단어가 주는 임팩트가 약해지고, 본래 지닌 의미도 변질되기 시작했다. 원래 오마카세는 말 그대로 '주방장한테 전적으로 맡긴다'는 뜻이다. 그날 시장에서 장을 보며 운 좋게 희귀한 식재료를 구했다거나, 주방장의 기호와 추천을 믿고 '알아서 해달라'고 맡기는, 일종의 게임 성격도 가미된 주문 방식이다. 따라서 오마카세는 주방장과 손님 사이에 상당한 신뢰와 교감이 전제돼야 한다. 그러나 우후죽순 생겨난 오마카세 식당에 주방장과의 신뢰와 교감이 있을 리 없다. 때문에 상당수 신생 오마카세 식당은 미리 메뉴를 정해서 알려주고 하나씩 내는 '코스 요리'가 돼버렸다. 이름만 오마카세일 뿐, 실제로는 전혀 주방장에게 믿고 맡기지 않은 것이다.

셋째, 오마카세의 대체재가 많아졌다. 전술했듯, 오마카세는 일식에서 비롯됐다. 그런데 엔저 현상에 일본 여행이 급증하며 일식을 굳이 비싼 돈 주고 한국에서 사 먹을 필요가 없어졌다. 엔화 환율은 2023년 5월 100엔당 1000원대에서 11월에는 850원대까지 하락했다. 뭘 사도 15% 바겐세일을 하는 셈이니 일본 여행을 매월 60만명 넘게 갔다. 이는 코로나 19 사태 전보다 많은 수치다. 일식 수요층이 대거 일본으로 몰려가니 국내 일식 오마카세 식당이 잘될 리 없다. 여기에 최근에는 저가 꼬치구이 등 일식 메뉴가 다변화되고 가성비 경쟁은 더욱 치열해지며 '비싼 한국식 오마카세' 인기는 시들해지게 됐다.

넷째, 비주얼이 확 끌어당기지 않는다. 일식은 정갈함이 강점인 음식이다. 일식하면 으레 '작은 접시 위에 단아하게 올려진 초밥'이 떠오르지 않던가. 그러나 이는 SNS상에서 눈길을 확 끌어당길 만큼 임팩트가 큰 이미지는 아니다. 오마카세의 인기 비결은 일식의 비주얼 때문이라기보다는, 우리에게는 생소했던 오마카세 주문 방식 그 자체에 있었다고 본다. 그래서 한우카세, 커피카세 등 다른 메뉴들도 오마카세라는 이름만 붙으면 눈길을 끌었다. 그러나 오마카세가 흔해져 임팩트가 줄자, SNS상에서 '사진발'을 잘 받는 비주얼 좋은 메뉴로 선호도가 옮겨 간 것으로 보인다.

③ 와인 지고, 하이볼 떴다

라이프스타일 변화에 저도주 대세…
하이볼 다음은 '레몬사와'

주류업계에서는 한동안 강세를 보이던 와인이 주춤하고, 위스키와 하이볼이 신흥 강자로 떠올랐다.

관세청 무역통계에 따르면 2023년 상반기 스카치·버번·라이 등 위스키류 수입량은 1만6900t으로, 2000년 이후 반기 기준 사상 최대였다. 특히 2023년 상반기 위스키 수입량은 전년 동기 대비 50.9%나 급증했다. 반면 와인 수입량은 약세다. 같은 기간 와인 수입량은 3만1300t으로 전년 동기 대비 10.8% 줄었다. 2021년 상반기 4만400t으로 반기 기준 사상 최대를 기록했다가 2022년 3만5100t으로 떨어지면서 감소세를 보이고 있다.

와인이 지고 하이볼이 뜨는 이유는 무엇일까.

가성비와 라이프스타일 변화가 첫손에 꼽힌다. 와인은 팬데믹 기간 '홈술' '혼술'이 유행하며 뜬 술이다. 나라별, 산지별 특징이 제각각인 다양성을 무기로 애주가 사랑을 받았다. 그러나 와인은 주로 한 병씩 주문해야 해, 한 잔씩 주문 가능한 하이볼보다 가성비가 떨어진다. 또한 알코올 도수가 15도 안팎으로 비교적 높아 저도주 트렌드와도 맞지 않는다.

임준경 시너지타워 테넌트UX본부 호남팀장은 "코로나19 사태 3년간 우리는 집에서도 충분히 혼자 즐길 수 있는 것이 많다는 사실을 깨달았다. 유튜브, 넷플릭스 등이 대표적이다. 때문에 굳이 저녁에 술을 거하게 마실 필요가 없어졌다. 저도주로 적당히 취기만 즐기고 집에 일찍 가서 유튜브 등을 즐기는 라이프스타일이 자리 잡았다. 이런 흐름을 타고 앞으로도 당분간 하이볼 프랜차이즈가 대세가 될 것"이라고 진단했다.

용용선생 같은 요리 주점 프랜차이즈가 최근 폭발적인 인기를 끈 것도 같은 맥락에서 해석할 수 있다. 집에 가서 보고 즐길 게 많으니, 2차로 술을 더 마시러 가는 대신 1차에서 저녁 식사와 반주를 같이 즐길 수 있는, '안주가 맛있는 주점'이 MZ세대에게 사랑받게 된 것. 2차, 3차 문화가 크게 줄어드니 밤 10시까지만 영업하고 문 닫는 식당도 많아졌다. 즉, 부어라 마셔라 달리는 '밤 문화'가 사라지며 저도주, 요리 주점이 인기를 얻는 것이다.

2010년대 초부터 인기 주류의 계보는 사케 → 막걸리 → 과일소주 → 수입맥주 → 수제맥주 → 와인 → 위스키(하이볼)로 이어져왔다. 그럼 하이볼 다음에 뜰 술은 뭘까.

일본의 한 외식 전문가는 '레몬사와'를 지목한다. 레몬사와는 소주에 탄산수, 레몬즙을 섞은 술이다. 일본에서는 하이볼 다음으로 레몬사와가 인기를 끌며 '수도꼭지 레몬사와 이자카야'가 니케이 선정 히트 상품에 오르기도 했다. 노미호다이(2시간 무제한 리필)로 영업하는 이 프랜차이즈는 테이블마다 수도꼭지 모양의 밸브가 있어, 밸브를 열면 레몬사와가 콸콸콸 쏟아지는 재미를 가미한 것이 특징이다. 국내에서도 하이볼-레몬사와로 이어지는 수순이 재현될 것이라는 전망이다. 실제 아이돌 그룹 티아라 출신 배우 효민이 본인의 이름을 내세운 술 '효민사와'를 2023년 12월에 선보이는 등 레몬사와 마케팅이 국내에서도 확산되고 있다.

④ 상권 재구성

'백종원의 골목식당' 6년, 코로나 3년…
세대교체&상향 평준화 진행

선진국으로 갈수록 자영업자 비중은 감소한다. 전체 취업자 대비 자영업자 비중이 우리나라는 20%대인 반면, 미국, 영국 등 선진국은 5% 안팎에 불과하다. 그런데 최근 우리나라도 속도는 미미하지만, 자영업자 비중이 감소하고 있다.

통계청이 발표한 '2021년 소상공인 실태조사'에 따르면 2021년 소상공인 사업체 수는 411만7000개로 1년 전보다 1만개(0.2%) 줄었다. 소상공인 종사자 수는 720만5000명으로 전년 대비 7만7000명(1.1%) 감소했다. 전체 취업자(2867만8000명) 대비 비임금근로자(자영업자 포함) 비중은 2023년 8월 기준 23.4%(627만4000명)로, 통계를 작성한 2007년 이후 가장 낮았다.

창업은 위험도가 크고 망하면 가계부채와 국가부채로 전이되는 만큼, 양질의 일자리가 늘고 소상공인 비중이 감소하는 것은 바람직한 방향이라 할 수 있다.

눈에 띄는 것은 MZ세대 자영업자의 증

가다. 대표자가 20대 이하, 30대인 사업장은 전년보다 각각 11.7%(2만2000개), 4%(2만6000개) 늘었다. 반면 60대 이상은 2.7%(2만3000개), 50대는 1.9%(2만5000개) 감소했다. 이 같은 MZ세대 자영업자 증가는 2010년대 후반부터 지속되고 있는 흐름이다. 물론 전체 사업장 수로 보면 여전히 40대, 50대가 압도적으로 많지만, 추세적으로는 서서히 세대교체가 이뤄지고 있는 것이다.

이제 미래 자영업 시장 변화를 예측하려면 MZ세대 자영업자의 특징을 알아야 한다. 이들의 강점은 정보 탐색 능력이 매우 뛰어나다는 것. 유튜브, 인스타그램 등 SNS를 하루에도 수십 차례 들여다보며 요즘 뜨는 레시피, 프랜차이즈, 상권, 해외 트렌드까지 빠르게 섭렵한다. 또한 기성세대에 비해 사회 경험이 일천하다 보니 자본과 네트워크가 열세여서 소자본 창업을 선호한다. 작지만 예쁘고 트렌디한 가게가 최근 늘어난 배경이다.

특히, MZ세대 자영업자에게 많은 영향을 끼친 것은 '백종원의 골목식당' '손대면 핫플! 동네멋집' '장사의 신' 같은 자영업 컨설팅 프로그램이다. 백종원, 유정수, 은현장 등 유명 장사 고수들이 1:1 컨설팅을 통해 '팩트 폭격'을 퍼붓는 모습은 시청자에게는 카타르시스를 줬을지 모르지만, 자영업자에게는 기본 소양 교육 효과가 상당했다.

이런 프로그램들이 각종 방송과 유튜브에서 6년간 이어지며 최근 창업한 가게들은 맛, 차림새, 인테리어, 위생, 서비스 등이 제법 상향 평준화됐다. 이제 장사 고수들은 더 이상 '맛, 위생, 서비스'를 가게 경쟁력으로 내세우지 말라고 한다. 이를 못 갖춘 가게들은 코로나19 사태 때 이미 도태됐고, 현재 살아남은 가게들에서는 기본 소양이 됐으니, 그 외에 나만의 강점을 겸비해야 비로소 소비자의 선택을 받을 수 있다는 얘기다.

그렇다면, 나만의 무기란 무엇이 있을까. 장사 고수들은 차별화된 메뉴 비주얼(시각적 효과), 인테리어, 새로운 경험(체험) 등을 제안한다. 아주 탁월한 레시피로 인기 맛집이 될 수 없다면, 오프라인 매장에서만 경험할 수 있는 재미와 감동을 선사해야 살아남을 수 있다는 것. 이제 편의점, 밀키트 등 식당이 아니어도 얼마든지 외식을 즐길 수 있는 바, 이런 흐름은 새해에도, 그다음 해에도 꾸준히 이어질 메가 트렌드임에 틀림없다.

노승욱 창톡 대표

차례

- **서문** 다점포율 조사 10년…달라진 것과 달라지지 않은 것 2
- **2023년 자영업 시장 리뷰** 개성과 트렌드로 무장한 新자영업자 몰려와 오마카세·와인 지고 하이볼 떴다 4

장사고수 31명이 꼽은 2024년 자영업 트렌드

PART 1 • 업종 트렌드

메가 프랜차이지는 알고 있다 <1명이 多점포를 운영하는 경우>
多점포율로 본 창업 트렌드 인건비·고금리에 '多점포' 불리해져 [나건웅·반진욱 매경이코노미 기자] 18

MZ 다점포 점주에게 듣는 창업 트렌드 30

전문가가 본 2024 자영업 트렌드
2024 창업 시장 키워드는 'IT' 인건비 절감·매장 효율 높이기 '관건' [나건웅·조동현 매경이코노미 기자] 34

2024년 10대 외식업 트렌드
직원 적어도 되고 식재료 비중 낮은 1인 샤브·국밥·칼국수·라멘집 '각광' [최석민 SPM 대표] 38

2024년 외식 트렌드 전망
창업 시장 어렵지만 프랜차이즈 증가 고깃집·다찌 주점·무인 매장 '맑음' [이홍구 창업피아 대표] 44

2024년 또는 창업 아이템 TOP5
'무한리필' '초저가' '일본풍' 어려운 시기에 결국은 가격 [이철주 크리에이티브스푼 대표] 56

고수 생각 2024년 키워드는 '일본' '가성비' [이도원 풍바오·쇼부다 대표] 65

한식
1만원 안팎 가성비 국밥·칼국수·분식 제철 한식 주점·프리미엄 한상 '주목' [고일민 고향연화 대표] 70

편의점
5만개 넘어 포화? 그래도 식당보단 낫다 지방 소멸 시대 반시이익 '수도권 서부' 1순위 [심규덕 SS컴퍼니 대표] 76

카페
저가 커피 vs 대형 스페셜티 양극화 디카페인·대체 커피 '관심' 뜨거워 [조명훈 커피DZ 대표] 84

디저트
디저트도 '헬시 플레저' '천연' '로컬' '쁘띠' 뜬다 [이은성 하이푸디 대표] 92

숙박업
① 포쉬텔 'Posh(값비싼·화려한)'+'Hostel' '포쉬텔(Poshtel)'을 아시나요? [한상욱 비에디션매니지먼트 대표] 97
② 캡슐호텔 팬데믹 이후 '1인 홀여' 증가세 가팔라 5성급보다 나은 1성급 '캡슐호텔' 인기 [정승호 더캡슐 대표] 103

고수 생각 기존 매장 인테리어 활용 '이누끼 창업' 최소 비용으로 새로운 업종 도전하기 [이경욱 하와이조개 대표] 108

PART 2 · 상권 트렌드

상권 패러다임이 바뀐다
저출생에 우는 '약속 상권' 미식족에 웃는 '감성 상권' [이도원 풍바오·쇼부다 대표] 112

상전벽해 성수 상권
2말3초 직장인 모여드는 천혜의 '감성 상권' 성수는 앞으로도 계속 잘될까? "그렇다" [김상혁 독특한녀석들 대표] 118

'아 옛날이여~' 홍대 상권
'주 7일 상권'에서 '주 2일 상권'으로 '상권'보다 '힙한 공간' 찾아다니는 트렌드 [이홍규 부자창업스쿨 대표] 124

핫플 시장
젊어진 120살 전통시장 WELCOME TO '광장' [나건웅·조동현 매경이코노미 기자] 130

CASE STUDY 일본 전통시장 부활 사례 '쇼와노마치' [노승욱 창톡 대표] 142

지방 상권은 지금
'출혈 경쟁' 부산 광안리·'마케팅 격전지' 제주 '한옥마을 쏠림' 전주·'프랜차이즈 도시' 천안 [노승욱 창톡 대표] 148

PART 3 · 마케팅 트렌드

줄 서는 가게 비결 '온라인 마케팅'
추천 채널은 단연 '네이버 플레이스' 그다음 채널은 2030 여성 대상 '인스타' [구자호 가음막창 대표] 160

고수 생각 마케팅 사기를 피하는 3가지 방법 [이호영 자연샤브 대표] 168

네이버도 가세했다…숏폼 전성시대
"숏폼 콘텐츠는 롱폼 콘텐츠와 다르다" 제2의 배달 앱 '숏폼'에 올라타라 [윤승진 숏만연구소 대표] 172

지방 소멸에 뜨는 '로코노미'
이색적이고 특별한 '로컬'이 곧 '힙' 지역명 붙으면 인기 폭발 [반진욱 매경이코노미 기자] 182

배달은 '상위 노출' 전쟁
배달 앱 알고리즘 치트키 '무료 배달' '무배' 시작하고 주문량 변화 지켜보라 [강혁주·박은정 평안도식당 대표] 190

CASE STUDY 상암동 야키니쿠집 '아고야' [김경문 노마드포레스트 대표] 198

PART 4 · 운영 노하우

'주방 자동화' 어디까지 왔나
'로봇 주방' 가야 할 길 맞지만 '조리 로봇이 모든 것 해결' 환상 버려야 [김용 케이푸드텍 대표]　206

홀·주방 자동화는 이렇게
키오스크 동선 맞춰 매장 동선 바꿔줘야 재방문 유도 비결은 결국 '휴먼 터치' [이문경·조경진 헤비스테이크 공동대표]　212

이기고 시작하는 '기존점 인수 창업'
창업의 제1요건은 리스크 낮추기 권리금 없는 저평가된 매장 인수 '신의 한 수' [양승환 미리내컴퓨터 대표]　220

MZ세대에 퍼지는 동업 창업 성공하려면
자본·인맥 '맨파워' 2배로 늘어나는 기적 처음부터 정교한 '동업 계약서' 만들어야 [박준혁·유상 심퍼티쿠시 공동대표]　224

돈이 되는 주방 설계
식당 설계의 첫걸음은 '효율적인 주방' 배식만큼 중요한 게 퇴식 동선 짜기 [민강현 식당성공회 대표]　232

인테리어, 핵심은 'BI'
포토존 만드는 인테리어는 끝났다 이제는 '브랜드 아이덴티티' 시대 [주현태 팜스보드 대표]　238

'놓치면 손해' 소상공인 정부 지원금
창업 지원 예산 3.7조 '역대 최대' 'K스타트업' '기업마당' 수시로 확인 [한채원 초블레스 대표]　246

고수 생각 '노~오~력이 부족하다고?' 외식업 성공의 핵심은 '입지'와 '아이템' [이도원 풍바오·쇼부다 대표]　254

고수 생각 당신의 식당은 재미있는 곳인가요? 한층 까다로워진 고객 눈높이 맞춰야 [김준헌 오사카에프앤비 대표]　256

PART 5 · 글로벌 트렌드

일본 트렌드
① 도쿄 '반말하는 친구 카페' '반값 헬스장' 인기 '초가성비 오마카세'에 쌀·간장 편집숍도 [문지민 매경이코노미 기자]　262
② 오사카 도쿄 유행 다음 해 오사카서 그대로 유행 한국 인기 메뉴라고 다 통하지는 않아 [박혜문 SONAMU 대표]　270

고수 생각 지금이 기회 '일본 창업' [이준석 바이즈비 대표]　276

중국 신유통 현장을 가다
'브랜드·쿠폰 마케팅에 적극적인 고객 잡아라' 열성 고객과 단톡방 소통 '사적 트래픽' 대세 [노승욱 창톡 대표]　284

PART 1. 업종 트렌드

PART 2. 상권 트렌드

PART 3. 마케팅 트렌드

PART 4. 운영 노하우

PART 5. 글로벌 트렌드

장사고수 31명이 꼽은 2024년 자영업 트렌드

한식, 일식, 편의점, 카페, 숙박업 등 업종별 자영업 트렌드를 프랜차이즈 다점포율과 각 업계 고수들의 분석을 통해 살펴본다.

PART 1

업종 트렌드

메가 프랜차이지는 알고 있다
〈1명이 多점포를 운영하는 경우〉

나건웅·반진욱 매경이코노미 기자

» 나건웅 기자

2015년 매경이코노미 입사 후 유통·핀테크·스타트업 등 분야 취재. 2016년부터는 국내 프랜차이즈 브랜드 대상으로 매년 다점포율을 조사하는 등 자영업 시장에 비중을 두고 취재 중. '부의 시선' '자영업 뉴 패러다임에 대비하라' '포스트 코로나 신상권지도' 등 저작 다수.

» 반진욱 기자

2019년 매경이코노미 입사 후 유통·콘텐츠·게임·상권 등 분야 취재. '포스트 코로나 신상권지도' 공동 집필.

多점포율로 본 창업 트렌드
인건비·고금리에 '多점포' 불리해져

자영업 시장이 꽁꽁 얼어붙었다. 고금리·고물가 여파로 창업과 매장 운영에 들어가는 비용이 급증했다. 인건비는 치솟았고 구인난도 심각한 상황이다.
사장님을 꿈꾸는 예비 창업자 고민도 깊다. 사업 환경 악화로 부담이 늘어난 만큼, 브랜드 선택에 더욱 신중에 신중을 기할 필요가 있다.
이럴 때 참고해볼 만한 지표가 바로 '다점포'다. 매장을 여러 개 운영하는 이른바 '투자형 점주'가 여럿 포진한 브랜드를 살펴보면 선택에 도움이 될 수 있다. 경험 있는 자영업 선배가 직접 장사를 해본 뒤 추가 출점을 선택했다는 점에서 다점포 수가 많은 브랜드는 '검증'이 됐다고 봐도 무방하다.
다점포율을 참고하면 빠르게 변화하는 트렌드도 파악할 수 있다. 생계형 점주 입장에서는 장사가 아무리 잘 안돼도 폐업 후 재창업을 결심하기 쉽지 않다. 매장을 여러 개 운영하는 투자형 점주는 다르다. 수익성이 부진한 매장은 처분하고 그 돈으로 최근 가장 트렌디한 업종과 브랜드를 선별해 신규 창업에 나설 수 있다. 주식 투자자가 종목 포트폴리오를 자주 바꾸는 것과 비슷하다고 보면 된다. 수익이 안 좋은 종목은 과감히 처분하고 요새 핫한 종목을 새로 담는 식이다.
2023년 다점포율 조사에서도 다점포 점주들 손바뀜이 관찰된다. 점포 수는 줄이

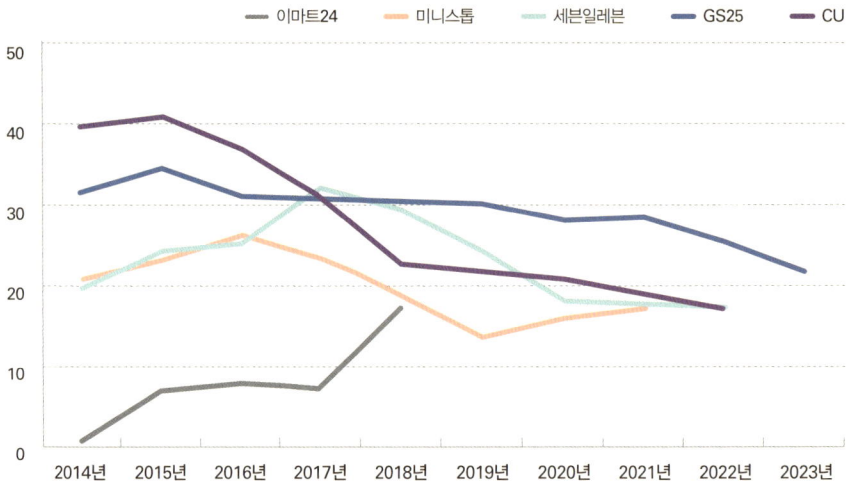

※ GS25 2023년은 추정치, 미니스톱은 세븐일레븐 합병, 이마트24는 2019년부터 비공개
자료: 각 사

되 수익성이 좋은 소수 점포에 투자하는 '똘똘한 한 점포' 트렌드가 두드러졌다. 인건비와 운영 부담이 상대적으로 덜한 저가 커피·셀프사진관 등 업종 강세도 포착된다.

높은 인건비와 금리…'다점포' 어려워져
다이소·맘스터치·저가 커피는 '휘파람'

"코로나 때보다 지금이 훨씬 힘들어요." 국내 자영업 시장이 그야말로 최악의 상황에 직면했다는 얘기가 나온다. 악재가 워낙 많다. 코로나 팬데믹 기간 동안 대출과 지원금으로 겨우 연명해오던 이들은 고금리 폭탄을 맞았다. 자영업자 대출 잔액이 1000조원을 넘었고 여러 금융기관에서 돈을 빌린 다중채무자 대출 규모와 연체율 역시 모두 역대 최고다. 급등한 인건비와 임대료, 여기에 전기료 같은 공공요금 인상도 부담이다. 지난해 국내 외식업 폐업률은 10%대에 달한다. 10곳 중 1곳이 문을 닫았다는 얘기다.

자영업 위기는 프랜차이즈 다점포율 조사에서도 나타났다. 100여개 브랜드 중 전년 대비 다점포율이 늘어난 곳은 지난해 10개가 채 안 된다. 그동안 모든 조사를 통틀어 단연 최저치다. 다점포는커녕 전체 가맹점 수 자체가 쪼그라든 곳도 부지기수다.

그 와중에도 힘을 낸 브랜드가 눈길을 끈다. 다이소, 노브랜드버거, 맘스터치 등은 전년 대비 가맹점 수와 다점포 수가 함께 늘었다. 저가 커피 다점포율도 타 업종 대비 높은 수준으로 나타났다. 전반적으로 불황에 강한 '가성비 브랜드'가 선전하는 분위기다.

업종 불문 다점포율 추락
편의점은 7년 연속 하락 추세

매경이코노미는 2015년부터 매년 국내 주요 프랜차이즈 다점포율을 조사해왔다. 프랜차이즈 점주 한 명이 2개 이상 복수 가맹점을 운영하는 경우를 '다점포'라고 한다. 다점포율은 전체 가맹점에서 다점포가 차지하는 비율이다. 매경이코노미가 처음 도입한 개념이지만 이제는 프랜차이즈업계에서 널리 통용되는 지표가 됐다.

다점포는 '기존 점주 만족도'라는 측면에서 의미가 있다. 한 개 점포를 경험해본 점주가 수익이나 운영 면에서 만족도가 높지 않다면 추가 출점을 할 이유가 없기 때문이다. 반대로 다점포 수 감소는 브랜드에 있어 부정적인 결과다. 매출이 예년만 못한 경우 수익성이 더 좋은 브랜드로 이른바 '갈아타기' 수요가 늘었다는 해석이 가능하다. 다점포 점주 대부분 트렌드에 따라 발 빠르게 업종을 전환하는 '투자형 점주'인 만큼 더 눈여겨볼 만한 지표다. 올해는 100여개 프랜차이즈 브랜드를 대상으로 지난해 말 기준 다점포 수를 조사했다.

2023년 다점포 조사 결과를 요약하면 '다점포의 추락'이다. 다점포율이 전년 대비 늘어난 브랜드는 손에 꼽을 정도다. 2년 연속 다점포 관련 데이터를 공개한 60여개 브랜드 중 다점포율이 오른 브랜드는 8개뿐이다. 다이소, 노브랜드버거, 맘스터치, 롯데리아, 하남돼지집, 파리바게뜨, 뚜레쥬르, 양키캔들, 교촌치킨이다. 그나마도 파리바게뜨와 뚜레쥬르는 다점포율 증가폭이 한 자릿수도 안 됐다. 양키캔들의 다점포 수는 전년과 동일했지만 가맹점이 89개에서 56개로 줄어듦에 따라 다점포율이 오히려 소폭 오른 경우다.

"올해는 다점포 공개가 어렵다"고 밝힌 브랜드도 많았다. 브랜드에 불리하게 작용할 수 있는 수치를 공개하지 않겠다는 의도다. 가맹점 수나 면적당 매출 등 여타 지표와 달리 다점포 관련 수치는 공개

국내 주요 프랜차이즈 다점포율 현황 단위: 개, %

업종	브랜드	2023년			2022년		
		가맹점	다점포 수	다점포율	가맹점	다점포 수	다점포율
편의점	GS25	약 1만7100	약 3800	약 22.2	1만5402	3962	25.7
	CU	1만6787	2804	16.7	1만5855	2774	17.5
	세븐일레븐	1만2533	2181	17.4	1만773	1940	18
	이마트24	6689	비공개	비공개	5792	비공개	비공개
피자	파파존스	239	111	46.4	217	108	49.8
	도미노피자	370	123	33.2	370	123	33.2
	피자알볼로	294	25	8.5	310	57	18.4
	고피자	111	16	14.4	-	-	-
	반올림피자	353	18	5.1	-	-	-
패스트푸드	써브웨이	563	201	35.7	502	185	36.9
	롯데리아	약 1200	332	약 27	1213	234	19.3
	맘스터치	1409	144	10.2	1356	70	5.2
	노브랜드버거	189	18	9.5	134	6	4.5
	프랭크버거	590	57	9.7	-	-	-
	맥도날드	약 32개	비공개	비공개	-	-	-
	버거킹	130	14	10.8	-	-	-
커피	메가커피	2700	820	30.4	2156	비공개	비공개
	더본코리아	2793	646	23.1	2281	579	25.4
	빽다방	1464	252	17.2	1124	-	-
	이디야	3005	207	6.9	비공개	270	비공개
	매머드커피	662	157	23.7	-	-	-
	백억커피	103	24	23.3	-	-	-
	더벤티	1129	148	13.1	-	-	-
	감성커피	321	14	4.4	-	-	-
	할리스	비공개	비공개	비공개	비공개	비공개	비공개
	엔제리너스	비공개	비공개	비공개	395	69	17.5
디저트	배스킨라빈스	1687	68	4	1606	84	5.2
	던킨	631	58	9.2	637	69	10.8
	스무디킹	비공개	비공개	비공개	280	46	16.4
	ㅇㅇㅅㅋㄹ	461	157	34.1	-	-	-
치킨	BBQ치킨	2041	296	14.5	2002	316	15.8
	교촌치킨	1376	113	8.2	1354	105	7.8
	bhc치킨	2200	130	5.9	1788	108	6
	푸라닭	721	14	1.9	723	16	2.2
생활용품	다이소	491	76	15.5	483	18	3.7
	양키캔들	56	12	21.4	89	12	13.5
PC방	아이센스PC방	772	10	1.3	-	-	-

※ CU, 세븐일레븐은 2022년 말, 이마트24는 2023년 3분기 기준

의무가 없다.

업종을 대표하는 1등 프랜차이즈도 상황은 좋지 않다. 각각 아이스크림과 도넛 부문의 압도적 1위 브랜드인 배스킨라빈스(5.2% → 4%)와 던킨(10.8% → 9.2%)을 비롯해 디저트 샌드위치 홍루이젠(11.7% → 8.3%), 김밥 대표 브랜드 바르다김선생(17.6% → 14.7%)도 다점포율이 하락했다. 유가네닭갈비(36% → 32.7%)와 한솥(9.6% → 5.4%) 상황도 비슷하다. 이 밖에 본죽·본도시락 등을 운영하는 본아이에프 다점포 수는 지난해 134개에서 올해 89개로, 원할머니보쌈과 박가부대&치즈닭갈비 등을 보유한 원앤원 역시 같은 기간 134개에서 109개로 감소했다.

국내 프랜차이즈에서 중 가장 큰 비중을 차지한다고 해도 과언이 아닌 '편의점'도 마찬가지다. 편의점 다점포율 감소는 2015년 이후 꾸준히 계속되는 추세다. 가맹점 출점은 여전히 많지만 여러 개를 운영하는 다점포 비율은 크게 줄었다. GS25는 2018년 30.6%에서 올해 22.2%(추정치)로 떨어졌고 2022년 말 기준으로 가맹점 수와 다점포 수를 공개한 CU와 세븐일레븐 역시 2018년 대비 각각 6.3%포인트, 12.1%포인트 추락했다. 이마트24는 2019년부터 다점포 현황을 집계하지 않고 있다. 가맹점수를 미공개한 탓에 다점포율 계산은 불가했지만, 2023년 CU 다점포 수는 증가했다. 2022년 2804개에서 2023년 3105개로 300개 넘게 늘었다. 코로나 팬데믹 기간 동안 특수를 누렸던 치킨 업종 부진도 관측된다. bhc치킨(6% → 5.9%)과 BBQ(15.8% → 14.5%) 모두 다점포율이 소폭 감소했다. 지난해 '치킨 가격 인상 논란'으로 홍역을 치렀던 교촌치킨 다점포율은 오히려 조금 늘었다(105개 → 113개). 같은 기간 가맹점 수는 1354개에서 1376개로 증가했다.

**인건비 부담에 다점포 포기
대신 조리 로봇·키오스크 등 자동화 열풍**

업종 불문 다점포율이 줄어든 가장 큰 이유는 역시 인건비 부담이다. 최저임금 인상 등에 따라 인건비가 급증하면서 다점포 운영 부담이 커졌다. 대부분 다점포는 점주가 직접 출근하지 않고 아르바이트생으로만 운영하는 '오토(Auto) 매장'이다. 인건비 부담에 최근 부업 트렌드 확산과 인구 감소로 '구인난'까지 심화되며 오토 매장 운영이 이전 대비 어려워졌다. 코로나 팬데믹을 거치며 운영하던 편의점을 4개에서 2개로 줄였다는 한 점주는 "생활용품 등 제품군이 늘었고 식음료 판매가 증가하는 등 업황 자체는 나쁘지 않

국내 주요 프랜차이즈 다점포율 현황 단위: 개, %

업종	브랜드	2023년			2022년		
		가맹점	다점포 수	다점포율	가맹점	다점포 수	다점포율
외식	유가네닭갈비	202	66	32.7	211	76	36
	원할머니보쌈	294	109	28.5	328	134	30.8
	박가부대&치즈닭갈비	89			107		
	하남돼지집	180	46	25.6	161	38	23.6
	큰맘할매순대국	360	30	8.3	372	55	14.8
	한솥	792	43	5.4	759	73	9.6
	본죽	648	89	4.1	816	32	3.9
	본죽&비빔밥	1004			743	53	7.1
	본설렁탕	50			432	46	10.6
	본도시락	441			47	3	6.4
	본우리반상	14			-	-	-
	멘지	3			-	-	-
	고반식당	116	18	14.5	-	-	-
	고반가든	2			-	-	-
	김치옥	6			-	-	-
	국수나무	487	10	2.1	-	-	-
	채선당	293	17	5.8	-	-	-
	킹콩부대찌개	241	5	2.1	-	-	-
	미카도스시	68	32	45.7	-	-	-
	마포갈매기	76	2	2.6	-	-	-
	연안식당	36	0	0	-	-	-
	옥된장	14	7	50	-	-	-
김밥	바르다김선생	비공개	21	약 14.7	148	26	17.6
	고봉민김밥	506	37	7.3	-	-	-
	김가네	424	12	2.8	-	-	-
빵	파리바게뜨	3397	529	15.6	3426	523	15.3
	홍루이젠	145	12	8.3	239	28	11.7
	뚜레쥬르	1305	151	11.6	1300	144	11.1
떡볶이	죠스떡볶이	비공개	0	0	215	2	0.9
	스쿨푸드	비공개	비공개	비공개	77	13	16.9
	소크라테스떡볶이	280	20	7.1	-	-	-
	동대문엽기떡볶이	592	비공개	비공개	-	-	-
셀프사진관	인생네컷	395	250	63.3	-	-	-
	포토그레이	68	미공개	미공개	45	20	44.4
세탁	월드크리닝	467	24	5.1	-	-	-
문구	모닝글로리	274	0	0	-	-	-
반찬	진이찬방	104	0	0	-	-	-

자료: 각 사, 빈칸은 신규 조사 브랜드

다"면서도 "인건비 급증에 따른 심야 운영 부담으로 예전만큼 다점포 운영 이점이 희석됐다. 오토 매장에서 점주가 직접 출근하는 매장도 늘어나는 분위기"라고 설명했다.

여러 브랜드에서 조리 로봇·키오스크 등 '매장 자동화'에 매진하고 있는 것도 같은 맥락이다. 예를 들어 유가네닭갈비는 솥이 회전하는 방식으로 조리를 자동화하는 '오토웍' 설치 비중을 전체 매장 35%로, 홀 인력을 대체할 수 있는 테이블오더 설치를 25%까지 끌어올렸다. 고봉민김밥 역시 김밥·야채 절단기, 김밥에 밥을 깔아주는 '라이스 시트기' 도입으로 구인난에 대처하고 있다. 교촌치킨 역시 로봇 개발사인 뉴로메카, 그리고 두산로보틱스와 각각 손잡고 총 2종류 튀김 로봇 운영을 시작했다.

본사 차원에서 다점포를 권하지 않는 브랜드도 여럿이다. 한 점주가 여러 개 매장을 운영할 경우 점주 집중 분산으로 매장별 품질이 떨어질 수 있다는 우려를 내세운다. 최대한 '1점주 1점포'를 권유하며 점주가 직접 운영하기를 원하는 브랜드도 여럿이다. 한솔도시락 관계자는 "다점포 운영은 점주 입장에서 관리에 필요한 투자가 가중 부담되기 때문에 본사에서도 심사숙고해 결정한다"며 "한솔도시락 운영 유경험자일 것, 기존 운영하던 점포와 거리가 차로 10분 이내로 가까울 것, 기존 점포 QSC(품질, 서비스, 청결) 수준이 높아야 할 것 등 여러 기준을 충족한 점주에게만 다점포 출점을 허용한다"고 말했다. 생활맥주 역시 "품질 관리 차원에서 될 수 있으면 점주가 직접 매장을 운영하는 방식을 권한다"며 "타 브랜드 대비 생활맥주 직영 비율이 높은 이유도 여기 있다"고 설명했다.

**그럼에도 선전한 브랜드는
파파존스 46.4%, 메가커피 30.4%**

업종 전반에 걸쳐 다점포율이 주춤한 상황이지만, 대세와는 별개로 눈에 띄는 증가세를 보이는 브랜드도 있다. 초저가를 앞세운 '가성비' 브랜드가 대부분이다. 최근 전성기를 맞았다는 평가를 받는 '다이소'가 대표적이다. 모든 제품을 5000원 미만으로 책정하는 가격 전략으로 불황과 맞물리며 더욱 주목받는 모습이다. 근래에는 기존 생활용품을 넘어 패션·뷰티까지 영역을 확장하며 지갑이 얇은 1020세대 관심이 급증했다. 2019년 2조 2362억원이었던 다이소 매출은 2023년 3조원 돌파가 확실시된다.

이번 조사에도 다이소 최근 기세가 그대로 반영됐다. 2022년 18개였던 다점포 수

가성비 전략을 앞세운 다이소 활약이 두드러진다. 최근 패션, 뷰티까지 영역을 확장하며 고객군을 더욱 넓히고 있다(위). 최근 늘어난 인건비 부담은 다점포 운영에 악재로 작용했다. 프랜차이즈 본사는 저마다 키오스크, 테이블오더, 조리 로봇 등 도입으로 대책 마련에 나서고 있다(아래).
다이소, 유가네닭갈비 제공

가 지난해 76개까지 급증했다. 같은 기간 총 점포 수 역시 1390개에서 1442개로 뛰었다. "기존 점주 중심으로 신규 매장 출점과 양도양수가 활발하게 이뤄진 덕분"이라는 게 다이소 측 설명이다. 본사에서 직접 운영하는 직영점과 다점포를 다 더하면 전체 매장에서 차지하는 비중이 70%가 넘는다.

상대적으로 저렴하게 한 끼를 때울 수 있는 패스트푸드 브랜드 업종도 비교적 선방했다. 특히 '맘스터치'와 '노브랜드버거' 선전이 눈에 띈다. 맘스터치 다점포 수는 지난해 70개에서 144개로, 노브랜드버거는 6개에서 18개로 늘었다. 같은 기간 가맹점 수 역시 각각 53개·55개 늘었다. 둘 모두 가성비를 앞세웠다는 공통점을 갖는다. 노브랜드버거 관계자는 "고금리 영향으로 상가 건물 공실률이 많이 늘었는데, 그 대안으로 임대인이 직접 투자해 창업하는 공실 임차 리스크를 줄이는 트렌드가 포착된다"며 "최근에는 수도권 외곽 유휴 토지를 상업용으로 전환해 드라이브스루 매장으로 활용하려는 움직임도 많다"고 분위기를 전했다.

둘 외에도 패스트푸드 업종 다점포율은 상대적으로 높았다. 써브웨이의 경우 다점포율은 36.9%에서 35.7%로 소폭 감소했지만 부정적으로 바라보기 힘들다. 가맹점 수(502개 → 563개)가 다점포 수(185개 → 201개)보다 더 큰 폭으로 늘어난 탓에 다점포율이 줄어들었을 뿐, 다점포·가맹점 모두 증가하는 이상적인 흐름을 이어가는 중이다. 전년 다점포 통계가 없어 비교는 어렵지만 버거킹(10.8%)과 프랭크버거(9.7%) 역시 여타 외식 브랜드 대비 높은 다점포율을 보였다. 특히 상대적으로 신생 브랜드인 프랭크버거는 전년 대비 가맹점 수가 130개 가까이 늘어난 가운데 기록한 다점포율이라 의미가 더 있다. 롯데리아 다점포율도 약 27%로 높은 수준이다. 전년(19.3%) 대비 유의미한 증가폭이다.

저가 커피의 활약도 가성비 트렌드와 맞닿아 있다. 메가커피(30.4%)와 매머드커피(23.7%)는 커피 업종을 넘어 전체 평균을 훨씬 웃도는 다점포율을 기록했다. 백억커피(23.3%), 빽다방(17.2%), 더벤티(13.1%)도 비교적 선전했다. 이디야 다점포율은 6.9%이며, 투썸플레이스와 할리스, 파스쿠찌, 엔제리너스는 이번 다점포 조사 결과를 공개하지 않았다. 빽다방을 운영하는 더본코리아 관계자는 "소자본·소규모 형태로 운영 가능한 빽다방, 그리고 1인 운영이 가능한 빽보이피자 가맹 문의가 늘어나고 있다"며 "창업

프랜차이즈 최다 점포 운영 주요 사례

14개	백억커피(법인 점주)
13개	BBQ, 롯데리아
12개	도미노피자, 써브웨이
10개	인생네컷
9개	유가네닭갈비, 파파존스, 메가커피
7개	고피자, 맘스터치, 고반, 미카도스시
6개	GS25, 고봉민김밥, 이디야커피, 더본코리아, 원앤원
5개	bhc, 김가네, 파리바게뜨, 채선당, 버거킹
4개	뚜레쥬르, 반올림피자, 던킨, 하남돼지집, 프랭크버거, 월드크리닝, 교촌치킨
3개	국수나무, 더벤티, 바르다김선생, 소크라테스떡볶이, 배스킨라빈스, 포토그레이, 피자알볼로, 양키캔들
2개	다이소, 아이센스pc, 마포갈매기, 노브랜드버거, 푸라닭, 홍루이젠

※ 브랜드 내 가장 많은 다점포 운영 사례(가족 운영 포함) 자료: 각 사

비용과 인건비가 덜 들어가는 브랜드 수요가 커지는 추세"라고 설명했다.

피자도 상황이 나쁘지 않다. 300개 매장이 넘는 이른바 메이저 브랜드 중 가장 높은 다점포율(46.4%)을 기록한 '파파존스', 다점포 점주 이탈이 전혀 없던 '도미노피자', CGV 등 법인 출점 증가가 두드러진 '고피자'도 좋은 흐름을 유지하고 있다.

외식 업종에서는 브랜드별로 다점포율 변화가 제각각이다. 고깃집 브랜드 하남돼지집은 다점포가 38개에서 46개로 증가한 반면, 비슷한 고객층을 겨냥하는 큰맘할매순대국은 같은 기간 55개에서 30개로 줄었다. 된장 전골 전문 브랜드로 지난해 가맹 사업을 시작한 옥된장은 가맹점 14개 중 다점포 7개로 50% 다점포율을 기록했다. 회전초밥 프랜차이즈 '미카도스시'의 높은 다점포율도 눈길을 끈다. 2022년 수치가 없어 전년 대비 다점포율 증감을 파악하기는 어렵지만, 2023년 말 기준 가맹점 68개 중 다점포가 32개다. 다점포율은 45.7%다. 회전 레일 위에 돌아가는 접시에 투명캡을 씌운 방식으로, 코로나 팬데믹 기간 동안 '상대적으로 안심하고 먹을 수 있다'는 입소문을 타고 고객이 꾸준히 늘었다.

다점포 운영에 가장 큰 부담은 역시 높은 인건비다. '무인'으로 주로 운영하는 브랜드의 다점포율이 고공비행한 배경이다. 국내 셀프사진관 붐을 일으켰다는 평가를 받는 '인생네컷'이 대표적이다. 지난해 가맹점 395개 중 60%가 훌쩍 넘는 290개 매장을 다점포 점주가 운영 중이다. 지난해 기준 점포 수 470개를 보유한 무인 아이스크림 할인점 브랜드 '응응스크르(ㅇㅇㅅㅋㄹ)' 역시 34.1%라는 높은 다점포율을 기록했다.

다점포 운영, 더 어려워질 것
창업 연령대↓, 매장 크기는↑

"다점포 창업이 구조적으로 점점 어려워지고 있다"는 게 업계 관계자 중론이다. 고금리·고물가에 구인난까지, 창업 시장이 위축되고 있는 상황 속에서 본인이 직접 운영하는 '생계형 점주' 비중이 커질 수밖에 없다는 설명이다.

점점 낮아지는 창업자 연령대가 이를 뒷받침한다. 다수 프랜차이즈 본사 관계자들은 "3040세대, 나아가 20대 창업이 늘어나고 있다"고 귀띔한다. 기존 창업 공식이었던 '은퇴 후 창업'보다는, 직장 퇴사 후 창업 시장에 도전하는 이들이 많다는 얘기다. 창업자 연령대가 낮아진다는 건 생계형 창업 증가를 의미한다. 한창 일할 나이인 만큼, 오토 매장보다는 점주 본인

교촌치킨은 '치킨 빅3' 중 유일하게 2023년 다점포율이 증가한 브랜드다. 가격 인상 논란에도 불구하고 전년 대비 다점포 수와 가맹점 수가 모두 늘었다.

교촌에프앤비 제공

이 직접 가게를 운영할 확률이 높다. 다점포 운영에 필요한 자본도 충분치 않다. 써브웨이 관계자는 "안정적인 직장 생활을 그만두고 과감하게 창업에 나서는 점주가 점점 증가하고 있다. 부모님 뒤를 이어 대대로 가게 운영에 나서는 '2세대 경영'도 증가하는 추세"라고 분위기를 전했다. CU 관계자 역시 "신규 가맹점주 중 20대가 차지하는 비중이 2020년 7.4%에서 지난해 15.3%까지 늘었다"고 설명했다.

매장 크기가 점점 커지는 '대형화' 추세도 다점포 운영에 불리하다. 매장 크기가 커질수록 창업비용이 늘고 자본 투입 시 부담도 커지기 때문이다. 투자형 점주에게는 수익성 관점에서 악재다. 편의점이 대표적이다. 최근 편의점은 1~2인 가족 위주 장보기 수요가 커지면서 면적도 증가하고 있다. GS25 신규 출점 매장 면적은 2019년 $62\,m^2$에서 2023년 $83.1\,m^2$로 34% 커졌다.

커피 전문점 역시 테이크아웃 전문 브랜드를 제외하면 대형화 움직임이 포착된다. 한 커피 프랜차이즈 관계자는 "저가 커피, 테이크아웃 커피 공세에 맞서 차별화하기 위해서는 결국 공간에 대한 투자가 필요하다"며 "매장 면적이 점점 대형화되고 창업비용이 늘어나면서 한 번에 여러 매장 창업 시 느끼는 부담이 커질 수 있다"고 설명했다.

# MZ 다점포 점주에게 듣는 창업 트렌드

그렇다면 실제 점주들은 매장 포트폴리오를 어떻게 바꿔 담고 있을까. 과거에는 한 개 프랜차이즈 브랜드 점포를 계속 늘려가는 '한 우물형' 점주가 많았다. 예를 들어 세븐일레븐 점포 12개를 한 번에 운영한다거나, BBQ치킨 매장만 7개를 운영하는 식이었다. 브랜드에 대한 이해도가 워낙 높다 보니 점주도 본사도 '윈윈'이었다.

최근에는 분위기가 바뀌었다. 이제는 '하이브리드 다점포'가 인기를 끈다. 특정 브랜드 점포만 무한 확장하는 데서 벗어나 업종과 브랜드를 다각화하는 움직임이다. 젊은 창업자일수록 이런 경향은 더 두드러진다. 6개 이상 점포를 운영 중인 2040 '투자형 점주'로부터 요즘 창업 트렌드를 들어봤다.

| 인터뷰 |

카페·죽·샐러드 함께
다각화로 리스크 분산

양덕우
파리바게뜨·메가커피·본죽·샐러디 등
4개 브랜드, 12개 점포를 운영 중

양덕우 점주(42)는 현재 4개 브랜드, 12개 점포를 운영한다. 파리바게뜨, 메가커피, 본죽, 샐러디가 그의 선택이다. 처음부터 '다각화'를 생각하고 창업한 것은 아니었다. 시작은 파리바게뜨 다점포 점주. SPC그룹 내 파리바게뜨사업부에서 일하던 경험을 살려, 하나둘 점포를 확장해나갔다. 그런 그가 '하이브리드 전략'을 도입한 것은 두 가지 고민 때문이다.

첫째, 업종이 하나다 보니 유연성이 떨어진다는 문제다. 프랜차이즈 본사에서 점포개발담당으로 일하던 그는 아무래도 '상권 분석'에 자신이 있었단다. 하지만 아무리 좋은 상권을 발견해도 매장을 여러 개 내기가 어려웠다. 업종 내 경쟁 브랜드가 먼저 들어서 있다거나, 출점 규제 때문에 신규 진입이 불가능했다.

둘째, 편중된 포트폴리오다. 특정 브랜드 점포만 늘린 이들의 공통적인 고민은 '트렌드 변화에 취약하다'는 점이다. 브랜드나 특정 아이템 인기가 시들해지고 나면 수익이 급감할 수밖에 없다. 당장 현금 유동성 부족을 견디지 못하고 한꺼번에 무너지는 다점포 점주가 많다. 이를 피하기 위해서는 다양한 업종 내 브랜드를 운영하는 다각화가 필수였다는 게 양 점주 판단이었다.

그는 판단을 실행으로 옮겼다. 카페(메가커피), 죽(본죽), 샐러드(샐러디) 등 업종 다변화로 각종 상권에 진출했다. 성수기가 저마다 다른 업종을 골라 선택한 것도 포인트다.

"만약 카페만 12개 운영한다면 여름에는 고수익이 예상되지만, 겨울에는 큰 적자를 감수해야 합니다. 계절별로 매출이 떨어지는 시기를 고려해, 서로 보완할 수 있는 브랜드를 운영하면 수익 편차를 최소화할 수 있습니다."

양덕우 대표가 컨설팅을 진행하는 모습.

| 인터뷰 |

기존 업종 경험을 '나만의 무기'로

김진태
학원, 호텔, 위스키바 등 7개 점포 운영

광주에서 7개 점포를 운영 중인 김진태 점주(34)의 포트폴리오는 다소 독특하다. 프랜차이즈로 창업한 업종은 모두 '학원'이다. 반면 가맹이 아닌, 본인이 직접 개발한 점포는 '호텔'과 '위스키바'다. 교육, 숙박 그리고 주점이라는 이질적인 업종 브랜드를 두루 운영한다.

2017년 고된 직장 생활에 지친 그는 퇴사 후 창업을 준비했다. 선택은 당시 전국적인 창업 열풍이 불던 '프리미엄 독서실'. 광주에서만 독서실을 5개까지 늘리며 승승장구했다. 그러나 독서실 열풍이 시들해지면서 새로운 아이템이 필요하다고 판단했다. 그러던 중 '메가스터디 공무원 학원 가맹점주를 모집한다'는 글이 눈에 들어왔다. 독서실을 운영하며 대학생과 취업준비생의 학원 수요가 크다는 점을 몸소 실감하던 차였다. 바로 모든 독서실을 처분하고 학원 사업에 뛰어들었고 학원은 순식간에 4개로 불어났다.

학원 사업은 나쁘지 않았지만 동시에 한계도 느꼈다. 업종 특성상 유의해야 할 규제가 너무 많았고 사업 규모를 무작정 늘리기에도 한계가 있었다. 다른 사업의 필요성을 느끼던 중 광주 상무지구에 위치한 소규모 비즈니스호텔이 매물로 나왔다. 기회를 잡자 싶어 바로 매입했다. 현재 '듀호텔'이라는 이름으로 운영하고 있다.

"학원업과 숙박업이 완전 이질적인 업종으로 보이지만, 결국 인력 관리 노하우는 똑같습니다. 이미 독서실과 학원 매장 여러 개를 운영하며 익혀온 인력 관리 노하우 덕분에 호텔 인수 이후에도 큰 문제없이 끌어올 수 있었습니다."

위스키바 창업은 호텔업을 해오던 중 자연스럽게 든 생각이다. 고급 호텔처럼 비즈니스호텔에도 고급 바가 있으면 좋겠다는 판단에 호텔 안 점포를 시작으로 위스키바 사업을 시작했다. 호텔 위스키바가 인기를 끌자, 번화가에 직접 매장을 내며 추가 출점했다.

"사업은 달라도 기본적인 인력·자본 관리 노하우는 비슷합니다. 단, 무작정 사업을 벌이기보다는 기존에 쌓은 경험과 시너지를 낼 수 있는 업종을 추천합니다. 자신만의 관리 매뉴얼을 만든 뒤 꼼꼼히 준비하며 기회를 노리다 보면 언젠가는 길이 열립니다."

김진태 고수가 운영하는 듀호텔 내부 사진.

| 인터뷰 |

"다점포 점주라면 현장 벗어나라"

이도원
청기와냉면, 풍바오 등 개인 매장 3개 포함
대전에서 총 6개 매장 운영 중

이도원 점주(28)는 대전에서 매장 6개를 운영하는 다점포 점주다. 이 중 3개는 프랜차이즈 가맹점, 나머지 3개는 본인이 직접 개발한 개인 매장이다.

그는 처음부터 개인 창업을 염두에 두고 창업 시장에 뛰어들었다. 다만, 나이가 어리고 경험이 적은 본인이 무턱대고 창업하면 실패할 확률이 높다고 생각했다. 먼저 프랜차이즈 브랜드를 운영하며 경험을 쌓아야겠다는 판단에 주점 프랜차이즈 가맹점을 열었다.

"한국은 프랜차이즈 산업이 고도로 발달한 곳입니다. 경쟁력을 갖춘 브랜드를 운영하면 확실한 노하우를 배울 수 있습니다. 코로나 팬데믹에도 매출이 성장한 브랜드를 직접 조사하던 중 '용용선생' 주점을 차렸습니다."

이 점주는 프랜차이즈 브랜드를 운영하며 차근차근 경험을 쌓았다. 기존 매장이 수익을 내며 본궤도에 오르자, 원래 목표였던 개인 브랜드 창업에 뛰어들었다. 한식당 '청기와냉면'과 퓨전 주점 '풍바오'를 연달아 창업했다. 결과는 대성공. 해당 매장들은 대전 번화가인 봉명동·둔산동 상권에 안착하며 매출이 급성장했다. 현재 이 점주는 위 6개 매장에서 연 50억원에 달하는 매출을 올리고 있다.

이 점주는 다점포 창업에 도전하는 이들에게 '시야를 넓히라'고 조언한다. 특히 '사장은 가게에 나와야 한다'는 편견을 버리라고 강조한다.

"다점포 점주로 성공하고 싶다면, 현장에 대한 집착을 버릴 필요가 있습니다. 적절한 임금으로, 좋은 관리자를 뽑는다면 사장이 매장에 없어도 가게는 잘 돌아가죠. 매장에서 나오는 대신 새로운 트렌드를 배우고 익히는 데 시간을 쏟는 것이 급변하는 자영업 시장에서 살아남는 길입니다."

이도원 고수가 운영하는 풍바오 매장 내부 사진.

# 전문가가 본 2024 자영업 트렌드

나건웅·조동현 매경이코노미 기자

» 나건웅 기자

2015년 매경이코노미 입사 후 유통·핀테크·스타트업 등 분야 취재. 2016년부터는 국내 프랜차이즈 브랜드 대상으로 매년 다점포율을 조사하는 등 자영업 시장에 비중을 두고 취재 중. '부의 시선' '자영업 뉴 패러다임에 대비하라', '포스트 코로나 신상권지도' 등 저작 다수.

» 조동현 기자

백제문학·화백문학·한국문학예술 시인 등단. 2022년 매경이코노미 입사 후 유통·부동산·창업·국회 등 분야 취재. '챗GPT 어디까지 써봤니' 공동 집필.

2024 창업 시장 키워드는 'IT'
인건비 절감·매장 효율 높이기 '관건'

다점포율이 물론 의미 있는 지표인 것은 맞다. 그렇다고 다점포율만 맹신해서는 곤란하다. 업종·브랜드마다 상황이 조금씩 다른 데다 창업 수요 급증으로 가맹점 수가 대폭 늘어날 경우, 잘나가는 브랜드임에도 다점포율이 떨어지는 착시도 나타난다.

다점포율과는 별개로, 전문가들이 자체 진단하는 올해 창업 트렌드에도 귀 기울여볼 만하다.

전문가들이 올해 창업 시장에서 공통적으로 주목한 키워드는 다름 아닌 IT다. 최근 자영업 최대 화두인 인건비 절감은 물론 매장 운영 효율을 높일 수 있는 방법이기도 하다. 인공지능(AI), 로봇, 빅데이터 등 급격한 기술 발전이 진행되고 있는 상황에서, 대표적인 노동 집약 산업인 자영업에도 큰 변화가 예상된다. IT 적극 도입으로 점주 부담을 줄여주고자 힘쓰는 브랜드에 특히 주목해볼 만하다. 주윤황 장안대 유통경영과 교수는 "올해는 키오스크, 테이블오더, 조리 로봇, 서빙 로봇 등 기술이 전국적으로 대중화되는 한 해가 될 것"이라며 "업무 효율을 높이고 인건비를 절감할 수 있는 브랜드를 눈여겨봐야 한다"고 진단했다.

강병오 FC창업코리아 대표 역시 "치킨 로봇, 커피 로봇, 김밥 자동화 기기 등을 넘어서서 다양한 음식을 자동으로 조리하기 시작하는 한 해가 될 것"이라며 "이

전문가가 본 자영업 트렌드

"샌드위치, 베이글 등 '건강하다'는 인식의 브랜드가 패스트푸드 시장에 변화를 일으킬 수 있어"
— 강병오 FC창업코리아 대표

"마라탕후루는 우하향 추이를 보이고 저가 커피는 존재감을 더욱 키워나갈 것"
— 강성민 가맹거래사협회장

"기술 발달에 따른 인공지능, 환경친화적인 서비스나 제품에 대한 수요가 증가할 것"
— 정예희 컨설턴트

"키오스크, 테이블오더, 서빙 로봇 등 기술이 전국적으로 대중화되는 한 해가 될 것"
— 주윤황 장안대 유통경영과 교수

※ 가나다순

미 중국은 우리보다 식당 자동화가 더 빠르게 전개되고 있는데, 앞으로 저렴한 중국산 조리 기계가 본격 수입되면서 국내 조리 자동화도 급격히 확산될 것"이라고 전망했다.

올해 유망 업종을 묻는 질문에는 '외식'을 꼽는 이가 많다. 물가 상승으로 전반적인 외식 수요가 줄기는 했지만 '가성비'와 '웰빙' 트렌드를 앞세운 프랜차이즈는 여전히 유망하다는 분석이다. 고급 한우를 저가에 판매하는 브랜드, 건강한 한식을 앞세운 브랜드 등도 성장 잠재성이 있는 업종으로 꼽았다.

강성민 가맹거래사협회장은 "지난해 마라탕과 탕후루, 이른바 '마라탕후루'가 유행한 것도 지갑이 얇은 10대 소비자의 전폭적인 지지가 배경이 됐다"며 "유행 주기가 길지 않다는 점에서 마라탕후루

는 우하향 추이를 보일 듯싶지만 트렌드와 무관한 커피는 저가 커피가 존재감을 더욱 키워나갈 것"이라고 전망했다. 패스트푸드 시장 변화도 꾸준히 점검할 필요가 있다. 지난해 사모펀드에 인수된 KFC가 본격적으로 가맹 사업을 시작하기로 했고 2018년 신규 가맹을 중단한 맥도날드 역시 올해 사업을 재개할 것이라는 설도 솔솔 나온다. 샌드위치, 토스트, 베이글 등 비교적 '건강하다'는 인식을 앞세운 브랜드도 기존 패스트푸드 시장에 변화를 일으킬 수 있다.

"베이글이나 샌드위치 카페가 젊은 층 중심으로 빠르게 유행하며 기존 간편식 시장을 위협하고 있다"며 "런던베이글뮤지엄 열풍에 이어 뉴욕 유명 베이글 브랜드도 한국 진출을 타진하고 있는 상황이라 판도가 어떻게 바뀔지 주목할 필요가 있다." 강병오 대표 진단이다.

2024년 10대 외식업 트렌드

최석민 SPM 대표

초이다이닝, 그로어스, 어슬 청담 등 20여개 브랜드로 100여개 매장을 운영하며 연매출 200억원을 달성한 외식 전문가다. 100개 브랜드로 각 100개 직영점을 운영하며 100가지 사업을 펼치는 것을 목표로 하고 있다.

최석민 고수와
1:1 상담 문의는 여기로!

직원 적어도 되고 식재료 비중 낮은
1인 샤브·국밥·칼국수·라멘집 '각광'

필자는 초이다이닝, 그로우스, 어슬 청담 등 20여개 브랜드로 전국 100여개 직영점과 가맹점을 운영, 관리하고 있다. 외식업 현장에서 계속 매장을 오픈하고 고객 반응을 살피며 체감한, 2024년에도 지속되거나 더욱 강화될 10대 트렌드는 다음과 같다.

① "코로나 때보다 힘들다" 역대 최악 업황

2023년은 지속적인 경기 침체로 대다수 자영업자들이 역대 최저 매출에 직면한 한 해였다. 코로나19 사태 이후 신규 창업자가 늘면서 채용이 활발해지니 구인난은 더욱 가중되고, 인건비 부담도 커졌다. 또한 러시아-우크라이나 전쟁 등 대내외 이슈들로 원재료 비용은 계속해서 치솟았다.

한 점포의 재무제표는 대개 다음과 같다.

매출 - 원재료비 - 인건비 - 임대료와 공과금 - 기타 = 영업이익

경기 침체로 매출은 점점 빠지고, 원재료비는 상승했다.

필자의 경우, 매출 대비 원재료 비율이 2023년에는 전년 대비 3~4%포인트 상승했다. 같은 기간 매출 대비 인건비 비중은 4~5% 상승했다. 고금리에 임대료도 상승하는 총체적 난국인 상황이었다. 이 와중에도 창업 수요는 늘었는지 2023

년 말까지 주요 상권 상가 권리금은 거의 최고치를 찍은 것으로 보인다. 기존 자영업자들이 전년과 같은 매출을 기록했다면 이익률은 10%포인트가량 줄었을 것으로 보인다. 여기에 매출마저 감소했다면 상황은 더욱 심각하다.

2024년에는 매출 감소로 경영이 악화된 매장들이 끝내 못 버티고 쓰러지며 폐업률이 높아질 것이다. 이에 따라 상가 권리금도 2023년에 정점을 찍고 하락세로 전환될 전망이다.

② 인건비·식재료비 비중 낮은 업종 각광

구인난과 인건비 상승 문제는 식당 자동화 또는 1인 가게 증가로 이어지고 있다. 오코노미야키 등 바테이블(다찌)을 사이에 두고 사장이 직접 음식을 제공하거나 단일 메뉴를 파는 점포가 늘어나는 식이다.

상대적으로 인력 수요가 적고 식재료비 비중이 낮은 1인 샤브, 국밥, 칼국수, 라멘집 등도 각광받는다. 일부 식당과 브런치 카페 등에서는 테이블오더, 키오스크 등 셀프 주문 시스템을 도입, 홀 직원을 줄이는 방식으로 대응하고 있다.

서빙 로봇, 키오스크, 테이블오더 같은 푸드테크 서비스는 그동안 대형 매장 중심으로 도입됐다. 앞으로는 소형 매장에도 널리 보급될 것이다. 이미 이런 기술 사용의 편리함에 익숙해진 손님들이 과거로 돌아가기는 쉽지 않기 때문이다. 인구통계학적으로도 중장기적으로 노동 가능 인구는 계속 감소하는 추세이므로 식당 자동화는 메가 트렌드임에 틀림없다. 그러나 인력이 많이 필요하고 손이 많이 가는 점포가 모두 사라지지는 않을 것이다. 본연의 경쟁력을 갖춘 강한 점포들은 오히려 더욱 잘되고 탄탄하게 자리 잡을 수 있다. 한식에 대한 수요 또한 꾸준할 것으로 본다.

③ '공급 과잉' 파인다이닝

파인다이닝업계도 힘든 한 해를 보냈다. 호텔 출신 셰프들이 한때 와인바를 많이 차렸는데 차츰 와인 수요가 감소하면서 와인보다는 음식에 집중한 고급 다이닝이나 오마카세 콘셉트 매장이 다수 생겨났다. 그러나 2023년 하반기에는 불경기로 소비 심리가 위축되며 파인다이닝 수요도 정체됐다. 새로운 매장은 계속 늘어나는데 수요는 위축되니 공급 과잉이 빚어졌다.

④ '노티드 도넛'처럼…
단일 품목서 메뉴 다변화 인기

카페와 디저트 업종에서는 '노티드 도

넛'의 활약이 두드러졌다. 이후 단일 품목에서 다양한 메뉴 구성이 가능한 브랜드들이 약진했다. 베이글(런던베이글뮤지엄), 소금빵(자연도소금빵), 파이(파이인더샵), 프레첼(브레디포스트), 페이스트리(누데이크 신사점) 등이 대표적이다. 이들은 아주 새로운 메뉴는 아니지만, 다양한 맛과 테이크아웃(Take-out) 방식을 활용해 섬세한 다변화(Variation)를 시도, 새로운 트렌드를 만들어내는 데 성공했다.

디저트와 베이커리에 대한 수요는 2024년에도 높은 수준을 유지할 전망이다. 아시아권만 봐도 우리나라보다 디저트나 베이커리를 잘하는 나라는 많지 않다. 외국인들이 한국 관광을 오면 일부러 꼭 들르는 곳도 '예쁜 카페'다. 물론 그만큼 수요 대비 공급이 많고, 카페 특성상 객단가가 저렴해 포장이나 테이크아웃이 많지 않은 점포들은 오래 못 버티고 폐업하는 곳도 많을 것이다.

⑤ 또 하나의 고객 '외국인 관광객'

K팝과 외국인 관광객 수요 증가도 중요한 변수였다.

엔데믹으로 해외여행이 활성화되면서 수많은 사람이 해외로 나가고 있다. 자연스럽게 국내 핫플레이스나 제주도 상권 매출은 줄어들었다. 하지만 역으로 외국인의 한국 관광은 다시 늘어나면서 외국인 고객을 대상으로 한 예쁜 카페나 점포들이 인기를 얻었다. 최근에는 중국 본토 인플루언서와 협업하는 등 외국인 관광객을 대상으로 한 마케팅도 활발하게 이뤄지고 있다.

⑥ 또 하나의 시장 '글로벌'

실력 있는 국내 외식 사업가들은 해외 진출을 적극 시도했다. 미국, 동남아 등 K팝이 세계적인 인기를 누리고, K푸드 인기도 높아지며 세계 어느 나라를 가도 한국 식당에 줄을 서는 모습을 흔히 볼 수 있게 된 덕분이다. 백종원 더본코리아 대표가 해외에서 장사를 하는 '장사천재 백사장' 같은 프로그램이 인기를 얻은 것도 이 같은 트렌드를 반영한 것으로 풀이된다. 필자 또한 동남아부터 시작해서 일본, 미국까지 여러 나라를 다니며 나라별 성향과 특징을 살피는 등 해외 진출을 준비하고 있다.

⑦ 가성비 높은 뷔페 식당 인기

불황에는 가성비와 가심비를 중시하는 트렌드가 나타난다. 그렇다고 해서 소비자들이 비싼 음식을 전혀 찾지 않는 것은 아니다. 내 기호에만 맞다면 고가의 식당에서도 지갑을 연다. 실제 파인다이닝에 대한 수요는 과거보다 오히려 더 늘었다. 다만 너무 우후죽순 비슷한 매장이 생겨나고 가격에 거품이 낀 곳도 많다 보니, 소비자들은 어디가 진짜 괜찮은 곳인지 빠르게 판단하고 옥석 가리기를 하게 됐다.

다만 아무리 맛이 좋아도 값비싼 음식을 매일 먹을 수는 없다. 때문에 외식에 부담을 느끼는 사람들은 밀키트 같은 반조리 음식을 찾는 등 일상적으로 먹는 음식은 더욱 가벼워지는 '소비의 양극화'가 일어나고 있다. 최근 두끼, 애슐리 등 뷔페 식당 수요가 급증한 것은 이런 현상 때문이다.

가성비와 가심비를 찾는 소비자는 계속해서 늘어날 것이다. 일주일에 5일은 간단하게 김밥이나 샌드위치 또는 건강을 고려해 샐러드를 먹더라도, 나머지 1~2일은 고급 다이닝에 가서 비싼 식사를 하는 소비 행태가 확산할 것으로 내다본다.

⑧ 일본처럼…저도주, 일본풍 매장 열풍

2023년에는 일본풍 매장, 하이볼바, 스탠딩 이자카야, 바테이블 매장 등이 눈에 띄게 증가했다. 하이볼바 등 맛있고 가벼운 술과 안주를 함께 즐길 수 있는 주점도 각광받는다. 이와 관련된 주요 프랜차이즈 브랜드로는 '하이바' '유메오뎅' '철길부산집' '압편(압구정편의점)' 등을 꼽을 수 있다.

하이볼 등 저도주를 선호하는 문화는 2024년에도 계속될 전망이다. 그러나 일본풍 점포가 계속 늘어날지는 미지수다. 그보다는 콘셉트가 다소 중의적인 퓨전식 주점이 늘어날 가능성도 있다. 전문성을 강조하며 단일 상품이나 메뉴를 간단하게 제공하는 점포도 많아질 것이다.

⑨ 외식업 관련 영상 콘텐츠 대세

유튜브, 쇼츠, 릴스 등 주요 영상 플랫폼에서 최근 새롭게 떠오르는 인기 콘텐츠는 단연 '외식업'이다. '장사의 신' '휴먼스토리' '30대 자영업자 이야기' 등 장사나 자영업 관련 전문 채널과 아류 채널이 급증했다. TV에서도 '장사천재 백사장' '손대면 핫플! 동네멋집' '서민갑부 폐업탈출 대작전' 등 자영업 관련 프로그램이 높은 시청률을 자랑한다. 이들 영상만 유심히 봐도 새로운 창업 전략과 아이템을 찾을 수 있을 것이다. 실제 그런 사례도 늘고 있다.

⑩ 인플레이션 대응 전략 필수

그간 식재료비 폭등은 자영업자들의 치열한 가격 경쟁 때문에 소비자 부담으로

다 전가되지 않았다. 그러나 2024년에는 버티다 못한 식당들이 원가 상승분을 가격에 반영하는 비율을 높이며 소비자 체감 물가는 더욱 높아질 것이다.

이에 따라 제품의 소비자가격을 점차 올리는 식품 공장이나 대형 프랜차이즈 매장이 늘어날 것으로 예상된다. 그럼에도 단순 가격 인상을 기피하는 점포들이 채택할 만한 전략은 다음 세 가지일 것이다. 음식 양을 줄이거나, 소비자가 이것저것 골라서 구매할 수 있도록 판매 방식을 바꾸거나, 미국처럼 가격은 다소 높이되 양도 더욱 늘려서 포장해주거나.

2024년의 성공 창업 전략은
SNS 비주얼 마케팅은 언제나 옳다

2024년에도 변함없는 하나의 성공 전략을 꼽으라면 단연 '비주얼 마케팅'이다. 일단 유튜브, 인스타그램 등 SNS에서 소비자 눈을 사로잡는 것이 중요하다. 요즘은 해외의 독특한 매장이나 아이템도 스마트폰으로 쉽게 접할 수 있다 보니 갈수록 개성이 뚜렷하고 인스타그래머블한 점포가 많이 생겨나고 있다. 같은 제품을 팔더라도 콘셉트나 개성이 다양하게 드러난다는 의미다. 이들 중 소비자의 '좋아요' '저장하기'를 더 많이 가져가는 점포가 승자가 될 것이다.

그렇다고 '이것만이 정답이다'라고 딱 잘라 말하기는 어렵다. 어떤 매장이든 상권에 따라 고객 특성과 니즈가 제각각이기 때문이다. 일례로 필자가 청담동에서 운영하는 어슬 청담, 청담튜파, 온화다이닝 등은 외식 경기가 매우 안 좋았던 2023년 4분기에도 오히려 매출이 상승했다. 소비 심리가 위축돼도 핫플레이스, 고급 다이닝에 대한 수요는 꾸준함을 보여준다. 주말에는 핫플레이스인 데다, 평일 주중에도 오피스 상권이 형성돼 있는 용산, 성수 상권도 계속 잘되는 점포가 많다. 따라서 타깃 소비층 특성을 잘 분석해 상권 특색에 맞는 아이템과 전략으로 창업하는 것이 무엇보다 중요하다.

역설적이게도 남녀노소가 오랫동안 즐겨 찾는 노포들은 콘셉트가 '뾰족하지 않은' 경우가 많다. 그저 맛과 서비스 같은 외식업의 기본에 충실한 매장일 뿐이다. 단숨에 대박 매장을 꿈꾸며 뾰족한 콘셉트와 개성 있는 비주얼을 추구할 것인가, 장기적인 관점에서 기본기가 탄탄한 노포 맛집을 추구할 것인가. 정답은 없다. 선택은 여러분의 몫이다. 부디 본인에 맞는 전략을 선택해 끊임없이 연구개발해 좋은 브랜드를 만드시길.

 ## 2024년 외식 트렌드 전망

이홍구 창업피아 대표

25년 차 창업 컨설턴트. 소상공인시장진흥공단 자문·심사위원으로 창업 아이템·프랜차이즈 상권 분석 전문가로서 창업에 필요한 전반적인 컨설팅을 제공하는 역할을 하고 있다.

이홍구 고수와
1:1 상담 문의는 여기로!

창업 시장 어렵지만 프랜차이즈 증가
고깃집·다찌 주점·무인 매장 '맑음'

2024년 새해가 밝았다. 하지만 자영업 시장 현실은 매우 어렵다.

2023년 1~10월까지 서울회생법원에 신청한 개인회생 건수는 2만458건. 이 중 자영업자 신청 건수는 4735건이다. 열 달 동안 자영업자 회생 신청 건수는 전년 1년 동안의 신청 건수(2347건)를 이미 두 배 이상 넘겼다. 전년 동기(1774건) 대비는 2.7배 수준이다. 반면 같은 기간 급여소득자의 개인회생 신청은 20% 증가에 그쳤다. 자영업 다중채무자 대출도 늘었다. 2023년 2분기 말 기준 전국 자영업 다중채무자의 전체 금융기관 대출 잔액은 743조9000억원, 다중채무자 수는 117만8000명이다. 대출 잔액은 전년 동기 700조6000억원에서 6.2% 증가했고, 다중채무자 수도 같은 기간 대비 3.2% 늘어 역대 최대 규모를 기록했다.

이런 어려움이 지속하는 가운데 2024년 창업 트렌드는 어떤 특징을 보일지 미리 짚어보고 그에 대한 혜안을 찾아보기로 하자.

창업은 곤두박질,
프랜차이즈는 늘어나는 기이한 현상

창업을 두려워하는 일이 벌어지고 있다. 국내 창업 시장이 어렵다는 증거는 데이터에 고스란히 나타나 있다.

트렌드와 대중의 관심을 쉽게 알 수 있는 '네이버 키워드 검색' 도구가 있다. '창

키워드: 창업

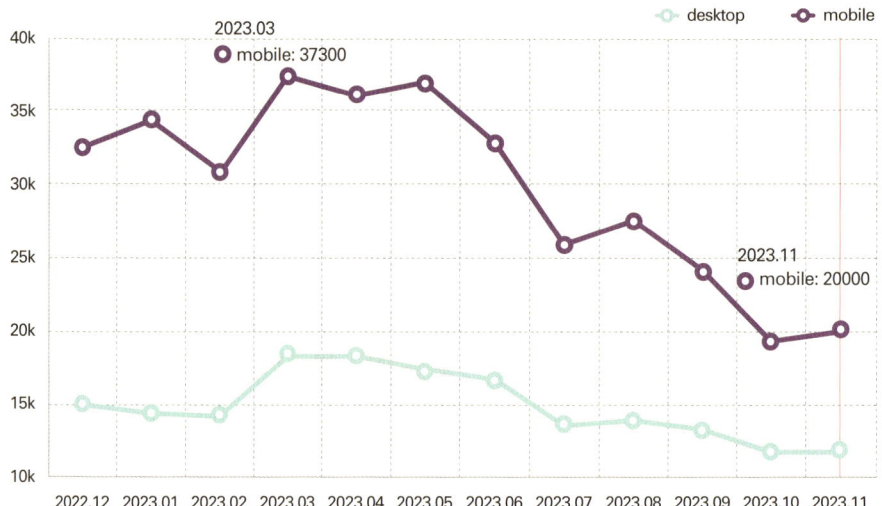

업'의 네이버 모바일 키워드 검색량은 항상 매월 약 3만건대를 유지해왔다. 그런데 그 추이가 2023년 6월부터 꺾이기 시작하더니 11월에는 2만건까지 폭락했다. 12월 한 달간 검색량은 1만900건까지 떨어졌다. 이는 그동안의 창업 키워드 분석에서 볼 수 없었던 그래프 기울기다. 그만큼 예비 창업자들의 창업에 대한 불안감이 갈수록 커지고 있다는 증거다.
반면 국내 프랜차이즈 브랜드 수는 오히려 늘었다.

2022년 1만1985개에서 2023년 1만2509개로 1년 사이 524개가 늘었다(2023년 12월 31일 기준). 수년간 계속 증가 추세다. 이들 프랜차이즈 브랜드 중에서 외식업 비중은 80%로 우리나라 인구 약 4000명당 외식업 프랜차이즈 브랜드가 한 개 꼴이니 정말 많기도 하다. 그만큼 치열한 경쟁 속에서 매출을 나눠 가질 수밖에 없는 상황이니 자영업 환경은 더욱 어려워질 전망이다.

창업의 가장 큰 난제,
재료비 상승과 인력 채용

현재 자영업 시장은 여러 가지 문제점들이 복합적으로 얽혀 있다. 자영업 지출 항목 중 가장 큰 비용을 차지하고 있는 것이 재료비다. 그런데 이 재료비 원가가 지속적으로 상승하며 상품 가격을 압박하고 있다. 그럼에도 혹여나 구매가 줄어들 것을 우려한 일부 자영업자들은 가격을 인상할 수도 없는 안타까운 상황에 처해 있다.

또한 최근 자영업자를 괴롭히고 있는 직원 채용·관리 이슈는 운영의 가장 큰 어려움이다.

직원을 채용하기도 힘든 데다 과거처럼 사장이 쉽게 직원에게 지시를 할 수 있는 분위기가 아닌 만큼, 창업 아이템 선택 시점부터 인건비 비중과 운영 방법 등에 관해 다시 한 번 생각하고 결정을 해야 하는 어려운 시기에 봉착했다.

2024년 최저시급 9860원…2.5% 인상

장사가 어려우면 직원을 정리하거나 아르바이트생 고용을 하지 않으면 된다. 그러나 오늘 잘되고 내일 잘 안된다 해서 직원 고용과 해고를 반복해서 할 수는 없다. 그래서 인건비는 고정비로 분류하는 것이다. 그런데 이 고정비가 계속 오른다.

최저임금 인상률 2.5%는 최근 수년간의 인상폭 중에선 낮은 증가율이지만 여하튼 고정비가 적든 많든 오르게 돼 있다. 최저시급 대상자뿐 아니라 기존 직원도 임금을 인상해줘야 하는 압박감이 함께 밀려온다. 큰 폭으로 오르고 있는 재료비에 인상된 인건비까지 더해져 상품 가격에 영향을 미치게 된다. 그나마 상품 경쟁력이 있다면 가격을 올릴 수도 있지만 그렇지 않다면 가격 인상도 겁나는 일이다.

테이블 메뉴판 대중화의 시작

외식업 운영에서 고정비를 줄이는 노력이 계속되는 가운데, 테이블 메뉴판을 사용하는 가게가 늘고 있다. 주문받는 인력이 줄어 전체적인 인건비가 확실히 절감되고, 소비자는 상품 이미지를 보면서 여유롭게 메뉴를 선택할 수 있다는 측면에서 상호 긍정적 효과가 있다. 테이블이 많은 식당일수록 이 전자 메뉴판은 더 가치 있게 쓰인다.

시장점유율을 높이고 있는 '테이블 오더'는 시장에서 기업가치가 꽤 높게 평가받고 있다. 그만큼 창업 시장에서 테이블 메뉴판 사용이 더욱 늘어날 것이라는 관측이다. 최근에는 테이블 메뉴판이 아닌 스마트폰을 활용한 메뉴 주문 시스템도 지속 발전하고 있다.

고깃집 가성비 전쟁

2023년에는 고깃집 창업이 눈에 띄게 늘어났다. 특히 소고기 아이템이 이슈가 됐는데 영화배우 마동석을 메인 모델로 기용한 '한양화로', MZ세대를 소고기 시장으로 끌어들인 '남영동양문', 새로운 버전의 '명륜진사갈비', 독특한 브랜딩으로 관심을 끌고 있는 '청기와타운' 등 수많은 고깃집들이 성황을 이뤘다.

빅데이터를 살펴봐도 소비자 관심이 증가했다는 것을 알 수 있다.

네이버에서 '고깃집 창업'을 검색한 모바일 검색량이 2022년 12월 한 달간 1050건에서 2023년 11월에는 2150건으로 두 배 이상 증가했다. '고깃집'의 모바일 검색량도 2022년 12월 5만1400건에서 2023년 11월 5만4000건으로 1년 사이 꾸준히 증가했다.

특히 2022년에 돼지고기 전문점이 크게 성장했다면 2023년에는 중저가 소고기 전문점이 큰 폭으로 늘었다. 그중 2023년 한 해에만 약 130개를 가맹 계약한 한양화로가 창업 시장 전체의 큰 이슈였다. 식당 소고기 가격이 800g에 6만8900원이니 소비자에게는 매력적인 가성비로 다

키워드 : 고깃집 창업

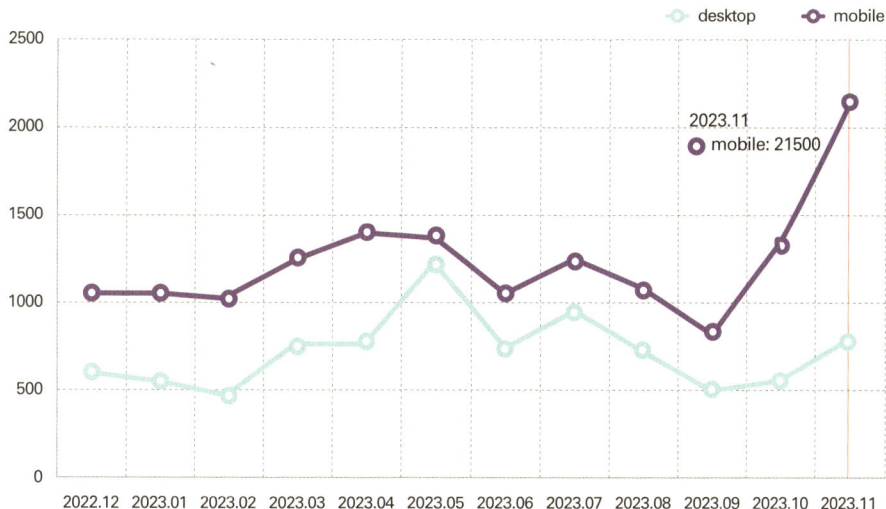

키워드 : 고깃집

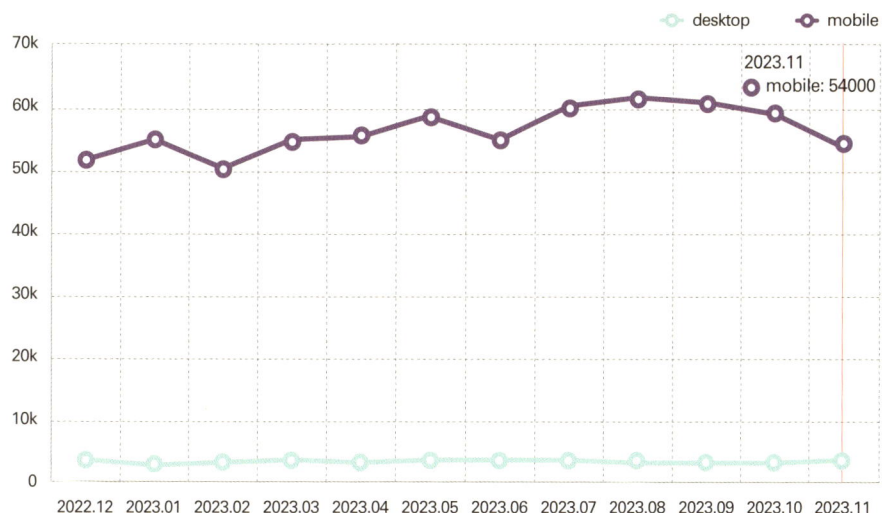

가갔다.
2024년에도 고깃집 프랜차이즈는 계속 늘어날 것으로 예상된다. 이로 인해 소비자들의 선택을 받기 위한 가성비 경쟁은 더욱 심화될 것으로 보인다.

스몰 주점 재등장

대형 술집과 고급 주류 전문점이 어려운 상황에 놓여 있는 가운데 가볍게 즐길 수 있는 작은 술집이 관심을 받고 있다. 특히 '다찌'라고 부르는 바(Bar) 테이블을 설치해 1인 혼술족과 2인 손님들을 겨냥한 이자카야가 많이 생기고 있다. 오뎅바, 야키토리, 이자카야, 스몰비어 등 소자본 실속 창업 아이템이 과거 10여년 전 인기를 끈 바 있는데, 경기 불황으로 이런 창업 아이템이 재등장하고 있는 것.
경기가 언제 회복될지 알 수 없는 상황에서 많은 돈을 들여 창업하기보다는 임대료와 인테리어 비용을 줄이고 한두 명이 운영해서 순수익률을 높여 안전하게 운영하는 방법을 택하는 창업자가 늘고 있다. 소비자도 분위기 좋은 곳에서 소소하게 즐길 수 있는 술집을 찾는 이들이 많아질 것으로 예상된다.

무인 창업 아이템의 업종별 확장

매년, 매회 프랜차이즈 창업박람회가 거듭될수록 다양한 무인 창업 아이템이 전시장 부스를 메우고 있다. 무인 아이스크림, 밀키트, 무인 스터디카페, 무인 빨래방 등 이제는 누구나 알 법한 아이템에서 탁구, 테니스, 솜사탕, 라면자판기, 펫용품 편의점 등 스포츠 아이템과 군것질, 소매점에 이르기까지 업종을 가리지 않고 무인 아이템이 확장하고 있다.
매년 인건비에 대한 부담이 늘어나는 데다 직원을 채용하고 관리하는 것이 갈수록 어려워지기 때문이다.
이런 상황은 우리나라보다 일본이 더 빨랐기 때문에 일본의 무인 아이템을 연구 조사할 필요가 있다.

일본 아이템, 대중 아이템으로

2023년 창업 트렌드 키워드 중 하나는 '일본 아이템 이슈'다.
말 그대로 일본 창업 아이템이 봇물처럼 쏟아졌다. 이제는 MZ세대가 자주 오가는 상권뿐 아니라 오피스 상권, 동네 골목 상권에서도 일본어와 일본 노래, 일본 디자인의 가게를 쉽게 볼 수 있다. 그만큼 일본이 우리나라 상권에 깊숙이 스며든 것이다.
이런 상황에 기성세대는 불편할지도 모른다. 하지만 MZ세대는 일본스러운 가게에서 라멘, 닭꼬치, 오코노미야키를 먹고 스키야키, 야키니쿠 가게에서 하이볼 한잔에 일본 노래를 들으며 즐기고 있다. 시대가 많이 변했다. 일본 외식 창업 아이템은 앞으로도 계속 대중 속으로 파고 들 것이다.

가성비 창업(프랜차이즈 N무 영업 전략)

지금 인스타그램 등 SNS에는 프랜차이즈 홍보 카드뉴스가 넘쳐난다. 거의 모든 카드뉴스가 '월매출 1억'에 더해 가맹비 면제, 교육비 면제, 보증금 면제, 인테리어 직접 시공 등 3무(無), 5무, 7무, N무 등의 가맹비 털어내기식 홍보성 광고 문구들로 가득하다.

불경기와 함께 프랜차이즈 본사들의 치열한 경쟁으로 인해 본부 운영과 가맹점 확장이 예전 같지 못해서다. 가맹점 유치를 위해 가맹비 등의 창업비용을 면제해주거나 할인해주는 본사가 갈수록 늘어나고 있다. 자칫 창업자는 '내가 하고 싶은 창업'보다 저렴한 창업비용 때문에 부실한 프랜차이즈 본사를 선택하는 오류를 범하지 않도록 주의해야 한다.

베이커리의 세분화 가속

파리바게뜨, 뚜레쥬르 등 프랜차이즈 브랜드가 시장을 독식했던 제과제빵업계에서 이제 개인 베이커리 카페가 약진하며

오코노미야키 전문점 '끌'의 오코노미야키.

시장을 선도하고 있다.

상권 분석 앱 '오픈업'의 매출 정보에 따르면, 런던베이글뮤지엄 잠실점은 최고 약 14억원의 매출을 올리고 있는 것으로 추산된다. 종로 익선동 '청수당'을 성공시키며 카페 공간기획자로 이름을 알린 유정수 글로우서울 대표는 한남동에 이어 성수동에 크루아상 베이커리 카페 '레인리포트'를 열어 열렬한 호응을 얻고 있다.

반면 파리바게뜨를 운영하는 SPC 파리크라상은 원재료와 인건비 부담을 못 이겨 영업이익이 매년 감소하는 추세다. 급기야 2023년 11월 경영 효율화를 위해 희망퇴직을 실시하기에 이르렀다. 대기업 프랜차이즈 빵집이 주춤하면서 2024년 베이커리 시장은 더욱 세분화할 것으로 보인다.

브런치 카페 확산

브런치 카페 프랜차이즈가 확산하고 있다. 한국공정거래조정원에 따르면 2023년 말 기준 커피 전문점 브랜드 수 888개, 음료 111개, 아이스크림·빙수 67개, 제과제빵 294개로 이를 모두 합하면 프랜차이즈 카페 브랜드 수는 총 1360개에 이른다. 이렇게나 많다 보니 카페 프랜차이즈는 창업 아이템으로서의 변별력이 모호해졌다.

반면 브런치 카페 프랜차이즈 수는 상대적으로 적은 편이다. 이 때문에 브런치 카페를 선택하려는 창업자가 늘어날 전망이다. 현재까지 브런치 카페 프랜차이즈 수는 적지만, 기존 커피 전문점의 치열한 경쟁으로 인해 브런치 카페의 수가 늘어날 가능성이 크다.

이젠 많아도 정말 많다, 커피 전문점 정리의 순간

카페 창업은 주의보가 발령됐다. 공정거래위원회 기준으로 휴게음식업은 커피 전문점, 음료, 빙수·아이스크림, 제과제빵 이렇게 4개 카테고리로 나뉘어져 있다. 하지만 실제로 거의 모든 업장

카페 창업은 주의보가 발령됐다.

에서 커피를 팔고 있음을 감안하면 이들 모두가 카페 프랜차이즈인 셈이다. 이렇게 집계한 2023년 말 기준 국내 카페 프랜차이즈 브랜드는 1360개에 이른다.

카페 수가 급증하는 이유는 타 업종에 비해 운영이 간편하기 때문이다. 또한 구직자들이 손님 응대가 비교적 쉬운 카페 업종을 선택하고 있는 경향도 한몫한다. 하지만 이제는 많아도 너무 많다. 이론적으로는 같은 상권에서 1000여개의 카페 창업자들이 동시에 경쟁할 수 있다는 뜻이다. 따라서 낮은 매출로 '나눠 먹는' 구조가 될 것이라는 현실적인 우려

감이 확산하고 있다. 이미 창업 시장에는 적지 않은 커피 전문점들이 문을 닫거나 가게를 팔기 위한 양도양수 매물이 증가하고 있다.

앞으로는 경쟁력 없는 카페는 퇴출되고 더 강력한 카페 아이템이 소비자의 선택을 받게 될 것이다. 카페 창업자는 창업에 대한 결단과 브랜드 선택의 고민이 깊어지는 시기가 왔다.

여러 경제 전문가들에 따르면 2024년은 경기가 더욱 안 좋아질 것으로 예상된다. 여기에 커피 소비도 줄어들게 되면 그나마 버티고 있던 카페는 정리 수순을 밟게

될 것이다. 2024년은 경쟁력이 부족한 카페의 폐업이 많을 것으로 예상된다.

펫&실버 아이템 폭발적 성장

반려동물 산업의 성장에 대해 의심할 사람은 없을 것이다. 인구 구조와 가족 구성원의 변화로 인해 반려동물 산업은 지속 확대될 전망이다.

이와 관련한 프랜차이즈 산업도 발전하고 있다. 최근에는 반려동물 관련 무인 판매점도 생겨났다. 의료 시설을 제외한 반려동물 관련 판매점은 운영이 복잡하지 않아 예비 창업자들의 관심이 더욱 커질 것으로 보인다.

메가 프랜차이지 기업 확산

프랜차이즈 가맹점 하나에 만족하지 않고 같은 브랜드를 두 개 이상, 혹은 다른 브랜드를 여러 개 운영하는 이른바 '메가 프랜차이지(Mega Franchisee)'가 확산하고 있다.

트렌드와 부동산에 밝은 창업자들이 단독 또는 여러 사람들이 한데 모여 회사를 설립해 여러 프랜차이즈 가맹점을 창업해나간다. 이런 메가 프랜차이지 기업은 점점 더 생겨나고 산업에서 힘을 발휘하게 될지도 모른다. 개인이 아닌 회사의 관점에서 체계적으로 분석하고 판단하는 새로운 비즈니스 영역이 발전할 가능성이 높다.

예비 창업자에 대한 조언

2024년 창업에 도전하는 예비 창업자에게 특히 전하고 싶은 조언이 있다.

첫째, 비교적 운영이 간편하고 직원 채용에 용이한 창업 아이템을 선택하라.

둘째, 고정비가 높은 창업 아이템은 피하라. 특히 월세와 인건비 비중이 높은 창업 아이템은 피하는 것이 좋다.

셋째, 유행으로 그치는 창업 아이템과 프랜차이즈를 조심해야 한다. 2023년 이슈였던 탕후루가 과열 경쟁 속에 순식간에 하락의 길로 접어든 점을 상기하기 바란다.

넷째, 프랜차이즈의 허위 과장 광고를 의심하라. 인스타그램 등 SNS에서 매출을 과장하며 가맹 모집을 하는 브랜드가 많다. 이들 대부분이 가맹비, 교육비 등 본사에 소요되는 모든 비용을 받지 않겠다며 창업비용을 대폭 낮추는 경우다. 이런 점들 때문에 무턱대고 본사를 선택했다가 후회하는 경우가 많으니 브랜드를 꼼꼼히 파악한 후에 결정하는 것이 좋다.

다섯째, 본사에 요구해 기존 가맹점들의 매출 자료를 반드시 확인해야 한다.

2024년은 그 어느 때보다 어려운 창업 시장이 될 것으로 예상한다. 그러나 우리 가게만 팔 수 있는 매력적인 상품의 창업 아이템을 기획한다면, 아무리 어려운 상황에서도 성공할 가능성은 충분하다. 모든 창업자의 행운을 빈다.

2024년 뜨는 창업 아이템 TOP5

이철주 크리에이티브스푼 대표(유튜버 '장사만세')

유튜브 구독자 4만명의 '장사만세' 운영, 클래스101 온라인 강의 등 외식업 매장 12개점 창업, 9개의 직영점 매장 운영·전수 창업 사업 등으로 창업에 관한 지식을 바탕으로 활발한 활동을 하고 있다.

이철주 고수와
1:1 상담 문의는 여기로!

'무한리필' '초저가' '일본풍'
어려운 시기에 결국은 가격

예비 창업자나 자영업자에게 소비 트렌드를 읽는 것은 매우 중요하다. 그래야 앞으로 뜰 만한 창업 아이템을 파악하고, 우리 가게 마케팅에도 적용해서 대응할 수 있다. 필자가 최신 트렌드를 읽고 2024년에 뜰 만한 외식 창업 아이템으로 선정한 TOP5를 소개한다. 순서는 5위부터 1위까지 역순으로 소개하겠다.

5위. 무한리필 고깃집

**최대 10종 고기 무한리필, 샐러드바도 푸짐…
일반 고깃집과 가격 경쟁 치열**

2023년은 경기가 매우 안 좋았다. '코로나 때보다 더 힘들다'고 얘기하는 자영업자가 많았다. 그런데 불황은 2024년에도 더 심해지면 심해졌지, 나아질 기미가 보이지 않는다. 그러다 보니 무한리필 같은, 불황형 아이템이 점점 더 치고 올라오는 추세다. 그중에 가장 대표적인 게 무한리

필 고깃집이다. 대표적인 프랜차이즈로는 '명륜진사갈비' '고기싸롱' 등이 있다. 물론, 무한리필 고깃집은 예전부터 있었다. 그러나 요즘에는 훨씬 더 진화한 형태의 새로운 무한리필 고깃집이 많이 생기는 추세다.

고기 종류부터 점점 더 다양해지고 있다. 삼겹살, 목살은 기본이고, 돼지갈비, 닭갈비, 양념닭갈비, 껍데기, 막창, 프렌치랙 등등…. 별의별 고기가 무한리필집으로 생겨나고 있다. 이제는 최소 5~6종 이상의 고기를 취급하는 추세다. 많게는 10

분이랑 무한리필 고깃집이랑 가격 차이가 거의 안 나니 무한리필 고깃집의 가격 경쟁력이 높을 수밖에 없다.

이런 상황에서 무한리필 고깃집이 아닌 일반 고깃집을 창업한다면, 확실히 차별화된 경쟁력을 갖춰야 살아남을 수 있다. 2024년에는 평범한 고깃집은 버텨내기 어려울 것이다.

4위. 무한리필 샤브샤브

고깃집에 비해 아직 포화도 낮아…
출혈 경쟁은 주의해야

종 이상 고기를 취급하기도 한다.
더 나아가서, 고기 뷔페 샐러드바는 정말 메뉴가 화려하다. 튀김, 떡볶이, 빵, 잡채는 물론이고, 치킨에 피자까지 다양하다. 무한리필 고깃집 가격대는 보통 1인당 1만7000~2만원 정도 한다. 그런데 요즘에 보통 고깃집에서 삼겹살 1인분만 먹어도 1만6000원이 나오지 않나. 삼겹살집 1인

샤브샤브집은 모임 하기도 좋고, 외식 메뉴 중에선 고급스러운 이미지여서 특별한 날에 가기도 좋은 아이템이다. 그런데 1인당 1만5000~1만8000원이면 무한리필이 된다. 게다가 고깃집은 포화 상태지만 샤브샤브는 아직 경쟁이 그렇게 심하진 않다. 그래서 요즘에 무한리필 샤브샤브집이 동네에 하나 생기면 50평 넘는 매

장도 만석이 되는 경우가 많다. 요즘 잘 되는 프랜차이즈로는 '소담촌' '편편집' 정도가 있다.

예전에는 야채 무한리필을 해주는 데 그쳤다. 아니면 만두나 칼국수, 수제비, 볶음밥 등을 무한리필해줬다. 요즘은 더 나아가서, 월남쌈 무한리필도 흔해졌다. 심지어, 샤브샤브 매장 안에 카페까지 있다. 카페에서는 음료나 아이스크림이 무료다.

'아니 이렇게 다 퍼주면, 이걸 어떻게 이기나' 싶다. 그런데 이기는 데가 또 나왔다. '소고기 무한리필'이다. 소고기까지 무한리필이면 이제 정말 갈 데까지 간 것이다.

고깃집도 그렇지만, 샤브샤브와 소고기도 너무 출혈 경쟁을 하는 것 같아 우려되기는 한다. 그래도 지금 시장 상황이 이렇다는 점을 인식하고 대비하는 자세는 꼭 필요하다.

3위. 요리 주점

'2차 가자' 하면 꼰대…
1차에서 원스톱 회식에 최적화

팬데믹 이후 외식업계가 달라진 점 중 하나는 2차, 3차를 잘 안 간다는 것. 불과 5년 전까지만 해도, '1차 갔다가 당연히 2차 갔다 최소 노래방까지는 가줘야지 오늘 회식 좀 했다' 얘기할 수 있었는데, 세상이 참 많이 변했다. 이제는 '2차 가자'고 하면 꼰대 소리 듣는 세상이다. 그러다 보니 1차에서 식사와 술을 한 번에 해결할 수 있는 요리 주점이 대세가 되고 있다. 대표적인 프랜차이즈로 '용용선생' '금별맥주' 등이 있다.

이제는 프랜차이즈 술집에서 이 정도 요리가 나오는 세상이 됐다.

이게 개인 브랜드 맛집이 아니고, 프랜차이즈 술집 메뉴라는 게 참 놀랍다. 맛도 좋더라.

이런 걸 보면 요즘 요리 주점 메뉴 수준이 어지간한 밥집보다 더 뛰어난 것 같다는 생각이 든다. 이러니 감자튀김이나 마

른안주, 뻔한 치킨 등을 적당한 가격에 파는 술집은 살아남기 어려울 수밖에. 요즘 요리 주점들 보면, '와… 진짜 외식업

빡세졌다' 싶은 생각이 참 많이 든다.

2위. 초저가 주점

**소주·생맥주 1900원, 하이볼 3500원…
불황에 가격 파괴 열풍**

2024년에 주점을 창업할 예비 창업자라면 둘 중에 하나로 가야 한다. 요리 주점으로 가거나, 아니면 초저가 술집으로 가거나. 예전처럼 적당한 메뉴에 적당한 가성비로 살아남기는 어렵다.

생맥주 1900원 시대가 왔다. '생마차'라는 프랜차이즈인데 요즘 꽤 잘나간다. '단토리'라는 프랜차이즈도 1900원 생맥주를 내세운다.

그동안은 역전할머니맥주가 가장 저렴한 브랜드였다. 생맥주 300cc에 3300원이었다. 이것도 엄청나게 싼 거였다. 그런데 여기서 2900원도 아니고, 1900원으로 가격 파괴를 해버렸다. 예전에 저가 커피가

처음 나왔을 때 "와… 거짓말! 이렇게 싸게 판다고?" 하던 느낌이 되살아난다.

'토리키치'라는 프랜차이즈도 만만치 않다. 참이슬 1900원, 하이볼 3500원이다. 술값이 500원, 1000원 저렴한 게 아니라, 아예 반값 아래로 후려쳤다. 요즘 트렌드가 이렇다. 그리고 이 전략이 아주 잘 먹히고 있다.

예전에는 너무 싸게 하면, '싼 게 비지떡이야'라고 생각하는 경우도 많았다. 그러나 요즘은 불경기가 워낙 심해지다 보니, '싼 게 최고야'로 트렌드가 변했다. 이렇게 저렴한 쪽으로 고객이 몰리면 어쩔 수 없이 그 가격을 따라가야 하는 경우가 생길 수 있다.

그렇다고 무조건 마진을 포기하고 출혈 경쟁으로 가서는 안 된다. 미끼 메뉴는 초저가로 하더라도, 시그니처 메뉴로 마진을 남기는 등 가격 구조를 잘 짜서 수익을 내야 한다.

1위. 일식

일본 식당 그대로 옮긴 듯한 비주얼 인기… 빠른 트렌드 변화는 주의해야

요즘 일식 인기가 정말 뜨겁다. 좀 뜨는 프랜차이즈다 싶으면 죄다 일식이다. 팬데믹에 한동안 막혀 있던 일본 여행이 봇물 터지듯 터지며 자연스럽게 일식이 확 뜨고 있다.

이자카야는 기본이다. 하이볼바, 오뎅바, 꼬치구이, 스키야키, 오코노미야키, 야키니쿠, 후토마키 등 다양한 일식 주점이 호황이다. '요미우돈교자' '초이다이닝' '카쿠레가' 등이 대표적이다.

특히 인테리어뿐 아니라 익스테리어(Exterior·외관)의 중요성이 커졌다. 밖에서 언뜻 봐도 일본 현지 매장을 그대로 옮겨놓은 듯한 콘셉트가 2024년의 대세가 될 것이다.

위 매장도 보면, 그냥 일본 식당을 그대로 옮겨놓은 것 같다.

메뉴도 역시 일본 현지 음식을 그대로 옮겨놓은 모습이다.

비주얼도 이렇게 화려한 일본 음식들이 인기다.

단, 2024년에 일식 창업을 준비할 때 주의해야 할 점이 있다. 일식은 트렌드 변화가 정말 빠르다는 사실이다. 그때그때 유행하는 메뉴가 확확 바뀐다. 그래서 딱 한두 가지 메뉴만 바라보고 창업을 하는 것은 위험하다. 일식이라는 아이템은 트

렌드에 따라 메뉴에 변화를 주는 것이 정말 중요하다. 이를 위해선, 상호에 메뉴명을 안 넣는 것이 좋다. 예를 들어, '○○텐동' 식으로 상호를 지으면 텐동 유행이 지나가면 답이 안 나온다. 그래서 메뉴명이 들어가는 일식 프랜차이즈를 선택할 때는 조심해야 할 필요가 있다.

장사 고수 생각

2024년 키워드는 '일본' '가성비'

이도원
풍바오·쇼부다 대표

창업 1년 만에 6개의 매장 오토화시킨 풍바오·쇼부다 대표. 대전에서 프랜차이즈 직가맹점 9개 운영 중. 다점포 창업과 프랜차이즈 창업 경험을 통한 유튜브 '창업의신' 출연으로 예비 창업자들을 위한 창업 관련 강연에서 다방면으로 활약 중이다.

지난 몇 년간 우리는 주위에서 '제주도' 콘셉트 매장을 심심찮게 볼 수 있었다. '탐라포차' '한라맥주' '서귀포로맨스' '푸른술집할라' 같은 주점뿐 아니라, '제줏간' '제주옥탑' '송돈가' 같은 고깃집도 가게 안 제주도를 연출했다. 전국 어딜 가나 제주도 콘셉트의 매장을 심심찮게 볼 수 있을 만큼 대중적 선택과 사랑을 받았다.

전국적 제주 열풍의 원인은 코로나19 사태였다. 해외여행이 가로막힌 가운데 그나마 불안감을 덜고 방문할 수 있었던 여행지가 제주도였기 때문. 그렇게 제주도에 대한 욕구를 제주도 콘셉트의 가게에서 해소하는 방식의 소비가 발달한 것이다.

제주 열풍이 지나가고, 현재는 누가 뭐래도 '일본풍'이 대세다. 코로나19 종식, 엔저 현상 등 원인은 다양하지만 어쨌든 일본 콘셉트가 창업 트렌드라는 것만큼은 명확하다. 제주도 콘셉트가 끝나고 일본 콘셉트가 유행인 것을 보고 있자면 둘 사이에 뭔가 모를 연결성마저 느껴진다. 아니, 분명 유사한 인과 관계가 있을 것이라 생각한다.

제주도와 일본, 2가지 콘셉트 모두 시장에 퍼진 '소비자 욕구'와 '잘 기획된 매장'이 시기 좋게 만나 열풍을 일으켰다.

갑자기 '고대 이집트 콘셉트'의 주점을 기획해 밀어붙인다고 한들, 시장의 요구와 만날 수 없다면 전국적 유행으로 번질 수 없을 것이다. 따라서 일본풍 유행 배경에는 일차적으로 일본 여행에 대한 대중적 니즈가 있었다는 분석이 가능하다.

두 번째 요인은 '맛에 대한 소비자 의식 수준 향상'이다. 국내 외식 시장이 발전하는 만큼 소비자들의 맛에 대한 기준도 점점 높아져왔다. 그리고 우리 국민이 일본 음식에 대해 갖고 있는 선입견을 생각해볼 필요가 있다. '일본 음식' 하면 장인 정신이 떠오른다. 라멘, 야키니쿠, 야키토리 등 제대로 된 맛을 구현하려면 수년간의 고된 숙련 과정이 필요한 업종이 많다. 또, 스시처럼 원물 품질 그 자체로 승부하는 업종도 많다. 따라서 우리 인식 속의 일본은 한마디로 '맛있다'다.

우리가 안 먹어봐도 맥도날드의 맛을 아는 것처럼, '이자카야' 같은 일본풍 가게는 맛있을 것이라는 선입견을 준다. 일본 콘셉트 그 자체가 브랜딩 역할을 하는 셈이다. 이것이 향상된 소비자의 입맛과 맞닿아 시너지 효과를 발휘한 것이다. '일본풍 가게는 맛있겠지'라는 선입견이 까다로워진 소비자들의 눈높이에 들어맞았다고 본다.

세 번째로 저도주, 무알코올 트렌드를 들 수 있다. 코로나가 만든 저도주 트렌드의 중심에 하이볼이 있다. 하이볼이 가장 대중화된 나라는 일본이기 때문에, 하이볼 전문점을 차린다면 일본 음식이 필수적이다.

그렇다면 하이볼과 일본풍 중 어느 것이 더 '유행의 근본'일까. 필자는 하이볼 인기가 더 중요한 현상이라고 생각한다. 저도주를 즐기는 라이프스타일 변화는 보다 강력하고 지속 가능한 메가 트렌드기 때문이다. 이를 감안하면 우리가 트렌드에 대응하는 자세나 순서도 달라져야 한다. 즉, 일본풍 가게라서 하이볼을 판매하는 것이 아니라 저도주 하이볼이 유행하므로, 하이볼을 전문적으로 판매하기 위해 그에 맞는 일본풍 콘셉트를 기획하는 것이 바람직하다.

'가성비' 아닌, '그냥 싸다'는 것이 핵심

1만9253원. 서울의 삼겹살 200g 시세다. 2023년 11월 '한국소비자원 참가격'에서 조사한 서울 시내 삼겹살집의 평균 가격이다. 둘이서 3인분만 시켜도 고깃값만 5만원이 넘는다. 이제 '삼겹살=서민 음식'이라고 도저히 칭할 수 없는 수준까지 왔다. 치킨 프랜차이즈 bhc 역시 눈지를 보다 2년 만에 가격을 인상했다. 이제 유명 치킨 브랜드에서 1만원대 가격은 찾아보

기 힘들다. 인플레이션 시대기는 하지만, 서민들에게는 큰 부담이 되는 실정이다. 이처럼 가격에 대한 저항이 시장에 퍼지면 '저가' 전략이 효과를 발휘한다.

이런 경우에는 가격 면에서 합리적 소비를 가능케 하는 '가성비'가 아니라, 지출을 절대적으로 줄여줄 '저가 콘셉트'가 대세가 된다. 이렇게 높은 가격에 대한 반감이 있다면 이를 해소시켜줄 혁신자가 시장을 장악한다. 배달비가 너무 높아 배달비 자체에 대한 반감이 퍼졌을 때 '배달비 0원'을 내걸고 장사한 전략이 단적인 예시다.

반면 이런 소비자 니즈를 못 읽고 가성비를 무시하는 기업은 위기를 맞을 수 있다. 그간 치킨업계 부동의 1위였던 교촌치킨이 가격 선제 인상 후 업계 2위로 밀려난 것이 대표 사례다. 시장이 가진 고가 음식에 대한 반감을 엿볼 수 있는 대목이다.

반감이 있으면 역시나 이를 해소하려는 도전자가 나타난다. '치킨 가격 인상' 이후에 1만원 초반대 치킨 브랜드가 쏟아졌다. 소비자는 가격을 인상한 대형 브랜드에 보복이라도 하듯 값싼 치킨을 구매했다. '저가 치킨을 맛있게 만들기 위한 연구'가 여기저기서 이어지는 만큼 저가 치킨 업종 자체의 맛과 품질은 대폭 상향 평준화된다. 그렇게 저가 시장이 형성되고 발전한다. 고가 치킨보다 절대적인 맛은 좀 떨어질 수 있어도 전반적인 만족도는 더 높다.

삼겹살과 소고기는 치킨보다 더 비싸다. 역시나 도전자들이 생긴다. 냉동육을 수분 손실 없이 해동하는 기법부터 국가별 원육 퀄리티에 대한 다양한 스터디까지, 저가 고기를 팔기 위한 연구가 이어진다. 배우 마동석을 내세운 '한양화로'는 꽃갈비 100g이 7900원으로 삼겹살보다 싸다. 소비자 반응은 뜨겁고 브랜드 확장 속도는 경이롭다. '상록회관' 역시 소고기 600g이 4만8000원으로 비슷한 가격이다. 유사 브랜드가 쏟아진다. 삼겹살 100g을 2900원까지 내린 '돼가축산'도 빠질 수 없다. 이제 '저가 고깃집'은 명백한 트렌드다.

주점도 마찬가지다. "국내 외식업은 일본을 뒤따라간다"는 말처럼 일본 저가형 주점 브랜드와 유사한 브랜드가 쏟아진다. '토리키치'는 특정 시간대 방문 시 소주가 1900원이다. 일본 '신지다이'를 모티브로 '생맥주 1900원'을 내세운 브랜드도 있다. '닭껍질 꼬치 990원'을 광고하는 입간판은 이제 전국에서 만날 수 있다. 대중 심리가 반영돼 절대적으로 낮은 수준의 가격으로 홍보한다. '가성비'가 아니다. '그냥 싸다'는 것이 핵심이다.

저가 트렌드 원인을 '경기 탓'으로 돌릴 수 있다. 하지만 그것은 본질이 아니다. 유행의 시작과 끝은 본질적으로 '희소성'과 연관이 깊다. 흔하고 익숙한 것은 새로운 느낌을 주지 못하고 질리기 마련이다. 일례로 소수만 즐기던 고가 오마카세가 보편화돼 너도나도 인증샷을 올리자 자랑거리였던 오마카세의 가치가 급락했다. 뻔한 것은 뻔하지 않은 것으로 대체된다.

 **한식**

고일민 고향연화 대표

인테리어 회사 창업을 경험으로 직접 만든 운영 체계를 통한 외식업 직영점 3개와 한옥스테이 운영 중.

고일민 고수와
1:1 상담 문의는 여기로!

1만원 안팎 가성비 국밥·칼국수·분식
제철 한식 주점·프리미엄 한상 '주목'

삼겹살, 샤브샤브, 일식….
우리나라 인기 외식 메뉴다. 이들은 한 가지 약점이 있다. 큰 카테고리 메뉴는 스테디셀러지만, 카테고리를 세분화하면 트렌드에 따라 부침이 크다는 것. 가령 삼겹살은 냉삼(냉동삼겹살)에서 숙성고기를 거쳐 미나리삼겹살로, 샤브샤브는 월남쌈에서 편백찜으로 인기 아이템이 달라졌다. 규카츠, 마제소바, 후토마키 등 트렌드 변화가 빠른 일식은 말할 것도 없다.
요즘 외식 시장은 누가 먼저 이색적인 음식을 선보이는지 눈치게임을 하는 듯하다. 손안의 스마트폰으로 전 세계 요리의 독특한 메뉴와 차림, 구성 등을 볼 수 있는 세상이라 그런지 변화 속도가 그 어느 때보다 빠르다. 그러나 이런 분위기에도 크게 변하지 않는 메뉴가 있다. 바로 한식이다.

유행 안 타고 꾸준한 한식…
화려함보다 진정성 중요

인기 맛집 한식당에는 화려한 인테리어, 힙한 브랜딩 등 외식업계 특유의 성공 방정식이 통하지 않는다. 그보다는 깨끗한 인테리어, 깊고 깔끔한 맛, 청결한 위생 관리, 지역 특성과 제철 재료를 살리는 브랜딩, 친절한 서비스가 더 확실하고 공통된 성공 비결이다. 이를 통해 억대 월매출을 거두는 김치찌개, 만두전골, 삼계탕, 주꾸미, 낙지볶음, 추어탕 전문점이 적잖다. 여기에 세월이 더해지면 더해질수록 '노포 맛집'의 가치는 더욱 높아진다.

무엇보다 한식은 유행을 타지 않는다. 매일 먹을 수 있고 누구나 즐기며 주기적으로 생각나는 음식이기 때문이다. 필자가 처음에는 일식 메뉴로 성공했지만 결국 한식당을 열게 된 이유도 여기에 있다.

처음 외식업에 뛰어들며 단돈 1000만원으로 '고향카츠'를 시작했다. 실내건축 전공을 살려 혼자 페인트칠하고, 목수 작업하고, 조명 붙이고 해서 비용을 절감했다. 일반적인 돈가스는 대중에게 어필하지 못한다고 생각해서 일본에서 방문했던 미슐랭 식당 '돈카츠 에페' '마이센' 등 프리미엄 카츠를 부산에 최초로 선보였다. 첫 달부터 큰 수익이 나서 창업비용을 2개월 만에 회수했다.

내친김에 돈가스 퀄리티를 높인 '고향연화'도 열었다. 전복죽이 유명한 연화리의 지역적 특색을 살려 '전복리조또'를 개발하고, 후토마키를 대중적으로 풀어내 또 대박을 터뜨렸다. 월매출이 초기 4000만원에서 2023년 여름에는 2억원을 넘겼다. 하지만 돈가스 가게를 하면서 '일주일에 한 번 먹을 수는 없겠다'라는 생각을 했다. 반면 낙지는 일주일에 세 번도 먹을 수 있었다. 그래서 고향연화를 창업한 지 1년 만에 낙지볶음 전문점 '낙불집'을 열었다. 맛은 기본, 좋은 경치와 차별화된 플레이팅, 친절한 서비스는 고객 마음을 사로잡았다. 오픈하자마자 월매출 1억원을 넘었고 2023년 여름에는 1억8000만원을 돌파했다. 광안리점과 합하면 낙지로 월 3억원이 넘는 매출을 거뒀다. 새삼 느꼈다. 한식 시장이 매우 크다는 것을.

그러나 요즘 MZ세대 자영업자는 한식으로 창업하는 경우가 생각보다 많지 않다. 백반, 생선구이, 국밥, 낙지요리 등 한식을 하면 매출이 안정적으로 나올 수 있는 상권인데도 막상 찾아보면 한식당이 잘 안 보인다. 반면, 트렌디한 일식이나 주점, 카페는 차고 넘친다. 필자가 2024년 유망 창업 아이템으로 한식을 제시하는 이유다.

2023 프랜차이즈 한식 트렌드 지수

물론, 한식도 트렌드가 아주 없지는 않다. 다만 상대적으로 특정 메뉴가 확 뜨고 지는 변동성은 작다. 필자가 내다보는 2024년 한식 트렌드는 다음과 같다.

9000~1만1000원대 '가성비 한식'

경기가 심상치 않다. 고금리, 고물가에 허리띠를 졸라매는 직장인이 많다. 편의

2023 프랜차이즈 한식 트렌드 지수

키워드	12월 3주 차	12월 2주 차	증감	비율
본죽	3만4303	2만5282	9021	35.7%
명륜진사갈비	2만4643	2만2845	1798	7.9%
팔각도	7320	4698	2622	55.8%
오봉집	5797	6128	-311	-5.4%
장충동왕족발보쌈	4921	6203	-1282	-20.7%
가장맛있는족발	3373	3166	207	6.5%
원할머니보쌈	3010	2367	643	27.2%
채선당	2988	2764	224	8.1%
땅스부대찌개	2834	2488	346	13.9%
택이네 조개전골	2804	2639	165	6.3%

※ 11위 한마음정육식당, 12위 완미족발, 13위 한솔, 14위 두찜, 15위 고반식당, 16위 본도시락, 17위 샤브향, 18위 목구멍, 19위 마왕족발, 20위는 북창동순두부로 나타났다.

자료: 랭키파이 외식 프랜차이즈 한식 프랜차이즈 브랜드 트렌드 테이블

점 도시락과 간편식이 잘 팔리고, 한 끼에 1만3000원이 넘는 식사는 부담스러워졌다. 이는 '외식의 양극화'로 이어지는 분위기다. 아예 저렴하게 먹거나, 아니면 제대로 된 식당에 가서 먹거나다.

요즘 같은 고물가 상황에서는 9000~1만1000원대 한식도 가성비 높게 느껴진다. 이 가격대에 제공 가능한 한식은 국밥, 칼국수, 분식 등이다. 고가 한식은 조금 힘들 수 있다. 그래도 차별화를 잘하고 고객 경험을 최고 수준으로 끌어올린다면 기회가 있을 것이다.

스토리텔링 가미된 '세련된 국밥'

국물 없이는 못 사는 한국인, 특히 서민에게 국밥은 언제나 애환이 서려 있는 최고의 소울푸드다.

2023년에는 달래해장, 순대실록, 정성순대 등 해장국집이 약진했다. 순댓국집 '청와옥'의 히트 메뉴 편백찜을 따라 하는 국밥집도 많이 생겼다. 서울 마포의 돼지국밥 미슐랭 맛집 '옥동식'은 미국 뉴욕에도 진출했다.

같은 국밥도 어떤 형태와 스토리로 풀어내는가에 따라 성패가 갈릴 수 있다.

지역 특색과 제철 음식을 녹여내 더 맛있게 느껴지는 '한식 주점'

요즘 국내 외식업의 대세 아이템은 일식이다. 일본식 스낵바, 야키토리, 스시, 사시미 등 일본의 식당 형태를 그대로 가져온 곳이 많아지고 있다. 그러나 비슷한 일식당의 포화도가 높아질수록, 고객 피로도는 증가할 수밖에 없다.

그에 대한 반작용으로 제철 음식과 지역 특색을 브랜드에 녹여낸 한식 주점이 주목받을 것으로 판단한다. 한국인은 유독 제철 식재료에 까다로운 편이다. 무슨 일이 있어도 전어는 가을에, 굴은 겨울에 먹어야 한다. 이런 제철 음식 수요에 맞춰 지역 특색까지 가미한 한식 주점을 창업한다면 실패하지 않는 아이템이 되리라 생각한다.

간편식에 물려 찾게 되는 '프리미엄 한상'

앞에서 '외식의 양극화'가 일어날 것이라 했다. 이를 한식에 대입하면 국밥이나 밀키트로 간단히 때우거나, 아니면 제대로 '한상'을 받거나다.

최근 밀키트 수준이 높아지며 집에서도

전문 셰프 못잖은 맛을 낼 수 있는 간편식이 늘었다. 그러나 사람이 간편식만 먹고 살 수는 없다. 때로는 옷을 챙겨 입고 집에서 나와 한상 차림을 즐기고 싶은 욕구가 생겨나기 마련이다. 이런 수요를 충족시켜줄 맛집이 2024년에는 더욱 빛날 것이다.

대표적인 메뉴는 낙지볶음, 생선구이정식, 간장게장, 해물장정식 등이다. 이들의 공통점이 하나 있다. 집에서 요리하기 힘든 메뉴라는 것. 이를 업장에서 대규모로, 전문적으로 제공한다면 소비자는 외식의 효율성과 가성비를 체험하게 될 것이다.

이들의 또 다른 공통점은 메인 메뉴를 필두로 여러 맛 좋은 반찬이 함께 제공된다는 것. 푸짐한 반찬과 화려한 색감이 어우러진다면, 손님은 한상 제대로 대접받았다는 생각이 들 수밖에 없다.

**한국인의 소울푸드 밥,
휴먼 터치로 육감 만족을**

챗GPT, AI, 비대면 진료까지, 세상의 발달이 놀라울 정도로 빠르다. 그런데 이런 시대에도 '밥'은 먹어야 한다. 한국인은 '밥심'이고, 그래서 결국 한식을 찾게 돼있다. 한국인의 피에 쌀과 마늘, 파, 간장, 고추장이 흐르는 것 같기도 하다.

한국인의 소울푸드인 한식은 그저 먹는 것이 아니라, 눈, 코, 입, 귀, 손까지 오감으로 먹는다. 어머니가 집에서 해주셨던 추억도 한 숟가락 얹어진다. 이처럼 밥과 한식은 다른 무엇보다 '휴먼터치(Human Touch)'에 가장 민감하게 반응한다. 경쟁이 치열한 이 시대에 갈급한 소비자의 마음을 휴먼터치하는 멋진 한식당이 등장하길 바란다.

편의점

심규덕 SS컴퍼니 대표

유통 경력 15년 차 편의점 컨설턴트.
편의점사업부에서 영업·점포개발 11년 경력으로 편의점 창업에 관한 일괄적인 부분(창업부터 다점포 운영 방법까지)을 통틀어 컨설팅 활동을 하고 있다.

심규덕 고수와
1:1 상담 문의는 여기로!

5만개 넘어 포화? 그래도 식당보단 낫다
지방 소멸 시대 반사이익 '수도권 서부' 1순위

993만5600개.

행정안전부가 발표한 2023년 말 기준 '나 홀로 가구(1인 가구)' 수다. 전년 동기(972만4256개) 대비 21만1344개 늘어, 주민등록상 전체 가구(2391만4851개)의 42%를 차지한다. 1인 가구 증가가 전체 가구 수 증가를 견인할 만큼 1인 가구는 이제 국내 가구 형태의 대세가 됐다.

같은 기간 2인 가구도 크게 늘었다. 2022년 말 574만4486개에서 2023년 말 586만6073개로 12만1587개 증가했다. 최근 저출산 기조에 여성의 사회 진출이 활발해지는 점을 감안하면, 이들 중 상당수는 딩크족(Double Income No Kids · 아이 없는 맞벌이 부부)일 테다. 1인 가구와 딩

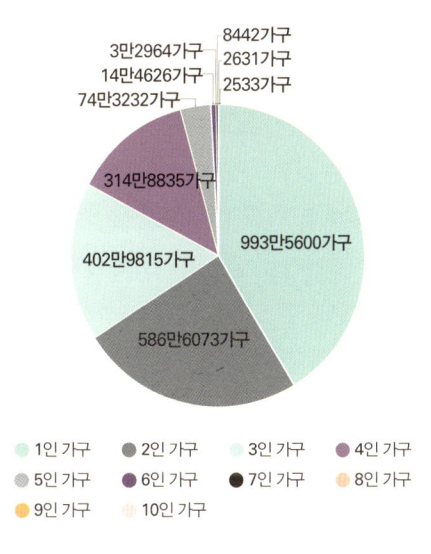

2023년 12월 기준 지역별 가구원 수별 가구 수

※ 행정안전부, 주민등록인구 기타 현황

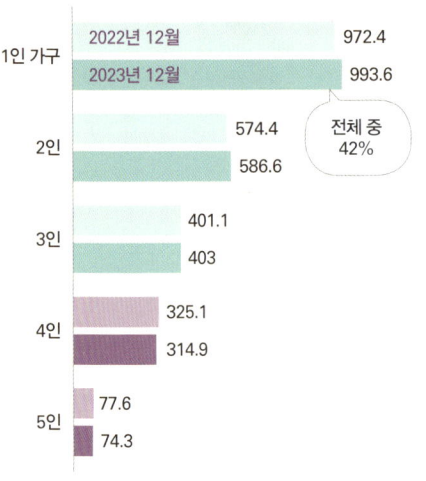

크족 2인 가구의 가파른 증가. 편의점 시장이 앞으로도 지속 성장할 것임을 시사하는 요인들이다.

상황이 이렇자 편의점업계 2대 메이저 브랜드인 CU와 GS25는 2023년에만 각각 약 1000점 가까이 신규점을 오픈했다. 수년째 이어져온 편의점 포화 논란에도 1년 365일 하루도 빠짐없이 전국 각지에서 신규점이 생겨난 것. 편의점 본사에서 10년 넘게 근무했던 필자로서도 '이게 맞나' 생각한 적이 한두 번이 아닐 정도로, 출점 속도가 비정상적으로 빠르다. 본부는 늘 점주와 상생을 외치지만 겉포장만 번지르르한 보여주기식 구호라고 본다.

인건비와 전기료 등 각종 공과금이 꾸준히 상승하고 있어 언젠가는 편의점이 줄도산하는 날이 올 것 같다는 생각이 간혹 들기도 한다.

그러나 자영업 공화국인 우리나라에서 포화된 업종이 어디 편의점뿐이랴. 외식업 등 다른 업종과 비교하면 편의점은 그나마 상대적으로 형편이 낫다는 게 필자의 생각이다. 이유는 다음과 같다.

첫째, 전술했듯 1인 가구와 딩크족의 지속 증가로 인해 갈수록 편의점에 우호적인 소비 환경이 조성되고 있다. 외식 대신 가성비 좋은 즉석간편식으로 끼니를 해결하는 학생, 직장인이 늘고 있다는 점도 호재다. 수도권이나 수도권에 인접한 지방 광역 도시는 장기적으로 배후 수요 증가도 기대할 수 있다. 최근 지방 소멸 문제로 인해 지방 인구가 이들 지역으로 유입되고 있기 때문이다.

둘째, 각종 프랜차이즈 시스템 중 점주에게 편의점만큼 본사가 관심을 갖고 지원을 하는 업종은 없다. 일주일에도 수십 가지 신메뉴가 개발되고, 각종 제휴 할인 등 다양한 마케팅 수단이 제공된다. 특히, 입지가 좋은 고매출 편의점은 본부로부터 아낌없는 지원을 받을 수 있다. 5년 가맹 계약이 만료돼 재계약을 하게 되면 억대 현금과 인테리어 재공사까지 지원한

다. 이는 타 업종의 프랜차이즈에선 구경조차 할 수 없는 막대한 지원이다.

셋째, 편의점 가맹 계약 형태의 특수성이다. 편의점은 5년간 가맹 계약을 맺고 인테리어 비용 상당 부분을 본부가 대신 투자해준다. 물론 그만큼 수익 배분율이 조정되고, 조기 폐업 시 인테리어 잔존 가치와 위약금에 대한 부담 의무가 있기는 하다. 그래도 점주가 입지를 잘 골라서 운영만 잘한다면, 초기 창업비용을 크게 줄일 수 있다.

넷째, 편의점 영업권 보호 제도가 강화되고 있다. 서울시가 담배 판매권 제한 거리를 50m에서 100m로 늘린 것이 대표 사례다. 경기도를 비롯한 다른 지자체도 이 같은 출점 규제 강화에 잇따라 나서는 분위기다. 식당은 바로 옆이나 건너편에 경쟁점이 생겨도 법적으로 막을 수 없는 반면, 편의점은 지자체가 나서서 최소한의 영업권을 보장해주는 셈이다. 이를 활용해 신도시나 신축 아파트 단지의 핵심 입지를 선점할 수 있다면, 상권에 대한 상당한 독점력을 확보할 수 있다.

2023년 편의점 시장 리뷰

부실점 정리+우량점 영입 '통폐합' 활발

국내 편의점 시장은 지난 2020년 점포수 5만개를 넘어서 인구 1000명당 1개꼴에 해당, 세계적인 과포화 상태에 들어섰다. 같은 기간 이웃 나라 일본과 대만의

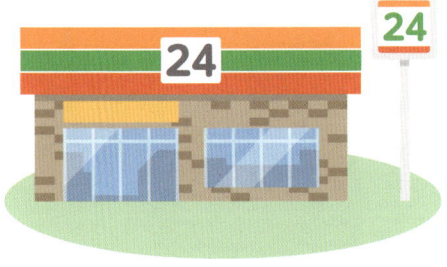

편의점 수는 약 6만개, 1만5000개로 인구 2000명당 1개꼴이다. 국내 편의점 포화도가 일본, 대만보다 2배 더 심각하다는 얘기다.

그럼에도 CU, GS25, 세븐일레븐, 이마트24 등 주요 브랜드들은 규모의 경제를 위한 점포 확장 경쟁을 멈추지 않고 있다. 단, 지나친 출점 경쟁은 본사도 출혈이 큰 데다, 서울시가 담배 판매권 제한 거리를 50m에서 100m로 늘리는 등 출점 규제도 강화되고 있어 확장 속도는 2010년대에 비하면 확연히 둔화된 상태다. 이에 편의점 4사는 각 사 상황을 고려해 전략적 출점에 나서고 있다.

업계 1위를 다투는 CU와 GS25는 '부실한 본부 임차' 점포는 폐업하고, 대신 인근의 타 브랜드 우량 점포를 자사 브랜드로 전환시키는 전략'을 취하고 있다. GS25는 '스크랩앤빌드(Scrap&Build)', CU는 '상권 최적화'라고 명명한 전략이다. 타 브랜드 우량 점포를 영입하기 위해, 자사의 부실한 점포를 폐업하며 해당 매출을 몰아주고, 대신 그만큼 로열티 수입을 늘리겠다는 계산이다. 양 사가 2023년에 서울에서 새로 출점한 매장의 절반 이상이 이 같은 방식으로 오픈한 것으로 알려진다. 브랜드 입장에서는 '신규점'이지만, 동네 상권에선 사실상 기존점이 하나 줄어든 '매장 통폐합'인 셈이다.

2024년에는 '스크랩앤빌드' '상권 최적화' 출점이 더욱 속도를 낼 전망이다. 인건비, 전기료 등 편의점 운영비용이 지속 상승하고 있어, 본부 입장에서는 악성 본부 임차 점포를 정리하고 타 브랜드 우수 점포를 가맹 전환시키는 것이 훨씬 유리하기 때문이다.

CU와 GS25 양 사는 수년 전부터 이 작업을 전담하는 부서를 만들어 계속 집중하고 있다. 세븐일레븐과 이마트24도 2023년에 비슷한 작업을 하는 팀을 꾸린 것으로 알려진다.

이는 특히, 서울 25개구 지역에서 주로 이뤄지는 전략이다. 서울은 월세, 권리금, 인건비 등 점포 운영비가 지방보다 훨씬 비싸다. 하지만 그렇다고 집객력이

---

* 본부 임차는 상가주와 점포 임대차 계약을 편의점 본부가 직접 하고, 점주에게는 운영만 위탁하는 가맹 모델이다. 근접 출점 거리 제한이 서울시의 경우 50m에서 100m로 늘어 신규 출점이 제한되고, 상가임대차보호법 개정으로 임차인 권리도 강화되자, 본부들이 직접 임차하는 매장이 급증하고 있다.

나 객단가가 지방보다 드라마틱하게 높지는 않다. 점포를 운영하는 입장에선 '가성비'가 그리 좋지 않은 것. 때문에 지난 2~3년간 서울 지역에선 개인 점주보다는 본부들이 앞장서서 임대차 계약을 맺고 출점을 해왔다. 무거운 임차 조건을 본부는 견딜 수 있기 때문이다. 그러나 경기 악화로 매출 상승세는 기대에 못 미치는 반면, 점포 운영비는 갈수록 높아지니 본부도 더 이상 못 버티고 '스크랩앤빌드' '상권 최적화'에 나서게 된 것이다.

2024년 유망 입지

지방 소멸 이슈에 반사이익 얻는
인천 등 수도권 서부 '1순위'

서울 외 지역으로 눈을 돌리면 '3기 신도시'가 편의점 유망 출점 지역으로 꼽힌다. 인천 계양, 과천, 남양주 왕숙, 하남 교산(이상 2018년 12월 발표), 부천 대장, 고양 창릉(이상 2019년 5월 발표) 등이다. 이 중 인천 계양, 부천 대장, 고양 창릉 3곳은 수도권 서부에 위치한다. 과천은 서울 중남부에, 남양주 왕숙, 하남 교산은 수도권 동부에 있다.

지리적으로 볼 때, 수도권 동부보다는 서부 지역이 앞으로 훨씬 개발 가능성이 높다고 본다. 수도권 서부는 최근 인구가 빠르게 늘고 있는 인천과 이어지고 평야지대여서 개발 호재가 많다. 3기 신도시 외에도 2033년까지 주택 4만6000호를 공급하는 '김포한강2 콤팩트시티' 사업도 있다. 필자가 운영 중인 편의점 8개가 모두 인천, 김포, 부천 등 수도권 서부에 위치한 이유가 여기에 있다.

물론, 3기 신도시에 인구가 본격 유입되기까지는 아직 수년이 더 걸릴 전망이다. 이들 지역 신규 아파트 준공 예정일이 가장 빠른 곳도 2027년쯤이다. 2024년 1월 정부가 서울 지하철 5호선 연장 조정안을 발표하는 등 교통편 개선 움직임은 있지만, 아직은 '신도시'라고 부르기도 애매한 시점이기는 하다.

그러나 편의점 가맹 계약 기간이 5년이고, 이후 브랜드 전환 시 억대 권리금이 붙을 수 있는 사업이다. 당장 운영 수익만 노리지 않고, 장기적 관점에서 권리금과 부동산 시세차익까지 노린다면 3기 신도시 개발 계획은 충분히 고려할 만한 요인이다.

여기에 수도권 서부 지역을 중심으로 인구 증가세가 뚜렷이 나타나고 있다. 통계청이 운영하는 국가통계포털(KOSIS) 자료에 따르면, 2021년 1월부터 2023년 11월까지 약 3년간 인천의 인구는 294만2452명에서 299만3492명으로 5만명 넘게 증가했다. 전국 17개 광역지자체 중

경기도 다음으로 증가세가 높다. 이어 충청남도, 제주특별자치도 순으로 인구가 순증했고, 나머지 13개 지역은 모두 인구가 순감했다. 경기도가 지리적으로 수도권 전역에 걸쳐 있음을 감안하면, 사실상 인천의 인구 증가세가 가장 두드러진다고 할 수 있다.

실제 인천은 2024년 1월 인구 300만명을 돌파, 서울과 부산에 이어 세 번째 인구 300만 이상 도시가 됐다. 외국인까지 포함하면 인천 지역 인구는 308만명에 이른다. 인구 증가에 따른 행정 여건의 변화 등을 이유로 '검단구'를 신설, 2026년 7월부터는 인천의 자치구가 현행 8개에서 9개로 늘어날 예정이다.

상황이 이렇자 최근 인천은 검단신도시, 청라신도시, 송도국제도시를 중심으로 주변에 위성도시도 생겨나는 등 부동산 개발이 착착 진행되고 있다. 시흥, 안산, 김포 지역도 개발이 한창이다. 일례로 국토교통부는 2022년 11월 김포 마산·운양·장기동·양촌읍 일대 731만m^2에 2024년부터 2033년까지 주택 4만6000호, 인구 10만명 규모의 김포한강2 콤팩트시티를 조성하겠다고 발표했다.

인천을 비롯한 수도권 서부가 편의점 창업 유망 지역인 또 다른 이유가 있다. 아직 지자체의 편의점 출점 규제가 서울만큼 강화되지 않았다. 일례로 인천의 경우 전체 8개구 중 담배 판매권 거리 제한이 100m인 구는 서구, 미추홀구, 중구 3개뿐이다. 기존점과 50m만 떨어져도 담배 판매권을 갖고 창업할 수 있으니, 후발주자 입장에선 아직 편의점을 창업할 입지를 찾기가 더 수월한 셈이다. 물론, 이는 경쟁점이 가까이 들어설 가능성이 높다는 얘기도 된다. 그러나 전술했듯 갈수록 배후인구가 증가하고 있는 데다, 출점 규제는 갈수록 강화될 전망이어서 전반적으로는 호재가 더 많다고 판단된다.**
인천 부평구 역세권 지역도 편의점을 창업하기 유망한 곳이 많다.

서울처럼 상권이 잘 발달된 곳이 많고,

** 미추홀구는 2024년 1월 1일에 편의점 담배 판매권 거리 제한이 50m에서 100m로 변경됐다.

주요 광역시 중 유일하게 최근 5년간 인구가 증가한 인천시 단위:명

행정구역(시군구)별	2019년	2020년	2021년	2022년	2024년 1월
서울특별시	9,729,107	9,668,465	9,509,458	9,428,372	9,384,325
부산광역시	3,413,841	3,391,946	3,350,380	3,317,812	3,290,964
대구광역시	2,438,031	2,418,346	2,385,412	2,363,691	2,373,844
인천광역시	2,957,026	2,942,828	2,948,375	2,967,314	3,000,454
광주광역시	1,456,468	1,450,062	1,441,611	1,431,050	1,418,241
대전광역시	1,474,870	1,463,882	1,452,251	1,446,072	1,441,562
울산광역시	1,148,019	1,136,017	1,121,592	1,110,663	1,103,402

자료:통계청

편의점의 강력한 경쟁 상대인 슈퍼마켓이나 기업형 슈퍼마켓(SSM)이 들어올 가능성은 적기 때문이다. 이들은 주로 가족 단위 고객을 타깃으로 주거지역에 출점하지, 역세권 같은 상업밀집지구에는 잘 출점하지 않는다. 이런 곳에서 담배 판매권 거리 제한이 현행 50m에서 100m로 강화된다면 기존점의 상권 독점력은 훨씬 강화될 것이다. 서울처럼 본부들이 '스크랩앤빌드' '상권 최적화'에 나설 가능성이 크다.

똘똘한 '점주 임차' 매장 찾아야
CU·GS25 양강 구도…
세븐, 이마트24 격차 더 커져

편의점 가맹 방식은 '본부 임차'가 앞으로도 계속 대세가 될 전망이다. 우량점을 본부 임차로 직접 운영하면, 점주 임차 매장처럼 5년마다 재계약 시 상당한 지원금을 줘야 할 필요가 없기 때문이다.

이에 편의점 본부들은 2023년에 이어 2024년에도 영업팀에 '본부 임차' 매장 확대를 성과 평가의 핵심 요소(KPI)로 삼은 것으로 알려진다. 기존 본부 임차점을 확장하거나, 점주 임차 물건을 본부가 인수하는 것도 KPI에 포함된다. 점주 임차 매장을 운영 중인 점주들이 이런 분위기를 잘 활용한다면 본부와 재계약 시 권리금과 수익 배분율 협상에서 상당한 협상력을 발휘할 수 있을 것이다.

브랜드별로 보면 CU, GS25의 양강 구도가 2024년에도 더욱 확고해질 전망이다. 이들은 점포 개발팀 인력을 확충하며 확장에 박차를 가하고 있다.

카페

조명훈 커피DZ 대표

카페 브랜드 창업 컨설턴트.
바리스타·로스터 지도사 보유자로 카페 프랜차이즈화·마케팅과 매출,
인테리어와 콘셉트에 관한 강연 다수, 가맹점 20개 이상으로 카페
창업에 관련된 전문적인 지식을 제공하며 활동 중이다.

조명훈 고수와
1:1 상담 문의는 여기로!

저가 커피 vs 대형 스페셜티 양극화
디카페인·대체 커피 '관심' 뜨거워

2024년에는 장기적인 경기 침체와 소비 위축으로 인해 가치 소비와 헬시플레저(Healthy Pleasure·즐겁게 하는 건강관리) 트렌드가 두드러지게 나타날 전망이다. 특히 2030세대를 중심으로 건강을 중시하면서도 즐거움을 추구하는 소비자가 늘고 있다. 이런 변화는 카페 창업 트렌드에도 큰 영향을 미칠 것으로 예상된다. 사실 커피와 디저트로서 보여줄 수 있는 콘셉트는 이미 시장에 대부분 나와 있는 것이 현실이다. 너무 다양한 분야 고수들이 자본력을 바탕으로 시장을 주도하고 선점하고 있다. 따라서 후발 주자로서 차별화를 꾀한다면, 메뉴 세분화를 통한 틈새시장 선점이 유리할 것으로 본다.

필자가 예상하는 2024년 카페 창업 트렌드는 크게 세 가지다. 디카페인 커피, 대체 커피, 비건 디저트 시장의 확대다.

품목별 수입량 현황 단위: 만t, 전년 대비 %

구분		2019년		2020년		2021년		2022년	
		중량	증감률	중량	증감률	중량	증감률	중량	증감률
커피		16.8	5.8	17.7	5.4	18.5	4.7	20.2	9.5
	생두	15.2	4.8	16	5.1	16.5	3.3	18.2	10.5
	디카페인	0.2	44.2	0.3	53.6	0.4	30.6	0.6	53.2
	원두	1.6	16.7	1.7	7.9	2	17.3	2.1	4.9
	디카페인	0.1	44.2	0.1	37.3	0.1	20.4	0.1	21

※ 관세청에 따르면 디카페인 생두의 수입량은 6000t으로 전년보다 53.2% 증가했다. 디카페인 원두 또한 1000t으로 지난해 21% 증가한 물량이 수입됐다.   자료: 관세청

1. 디카페인 커피 시장 확대

이미 대기업 음료 시장을 중심으로 '제로 슈거(무설탕)'에 이어 '제로 카페인(디카페인)' 음료 출시가 줄을 잇고 있다. 과도한 카페인 섭취가 몸에 해롭다는 각종 연구 결과와 기사가 쏟아지고 있기 때문이다.

디카페인 커피 인기는 관세청 자료에서도 확인된다. 2023년 디카페인 생두 수입량은 전년 대비 53% 증가했다. 카페인을 제거한 생두와 볶은 원두 수입량이 모두 크게 늘었다. 수입 금액 또한 상당한 증가율을 기록했다.

국내 주요 커피 브랜드 중 처음으로 디카페인 원두를 도입한 스타벅스는 디카페인 커피 판매량이 2018년 600만잔에서 2022년 2500만잔으로 4배 이상 증가했다. 디카페인 커피는 일반 커피보다 300원 비싼데도 2023년에도 4%대 성장세를 이어가고 있다. 2023년 6월 디카페인 제품을 선보인 던킨도 7월 말 기준 전체 커피 판매량의 12%를 디카페인이 차지할 정도로 반응이 뜨겁다. 대형 카페 프랜차이즈에 이어 저가 커피, 개인 매장에서도 디카페인 커피를 쉽게 찾아볼 수 있다.

과거에는 디카페인 커피가 카페인을 선호하지 않는 층의 대체재로 여겨졌다. 그러나 불면증과 숙면의 중요성에 대한 관심이 올라가면서 최근에는 카페인에 민감하지 않은 소비자도 즐겨 찾는 경향이 강화되고 있다. 건강한 잠을 원하는 3040의 수요는 물론, 커피 문화가 실버세대로도 확장되면서 아침, 낮에는 카페인 커피, 저녁에는 디카페인 커피를 찾는 수요

스타벅스 디카페인 커피

Our newest coffee to love
"언제나 풍부한 커피를 즐길 수 있는 디카페인"

가 늘어날 것이다. 집에서 커피를 마시는 홈카페에서도 디카페인 커피 수요가 늘어날 전망이다.

카페인 원두와 맛 차이 줄이는 것이 숙제
2024년의 디카페인 커피 시장은 도전과 기회가 얽혀 있는 상황이다. 소비자의 요구 변화에 대응하기 위해 기업들은 창의적인 제품을 선보이고 있다.
그러나 아직도 디카페인 커피와 기존 카페인 원두 사이에는 맛의 차이가 분명 존재한다. 실제 커피와 맛의 간극을 좁히는 노력을 기울인다면 카페 창업 홍수 속에서 차별화 포인트를 만들어낼 수 있을 것이다.
아직도 많은 카페들이 디카페인 커피를 단순히 카페인이 없다는 정도로만 접근하는 것이 현실이다. 하지만 갈수록 다양한 종류의 디카페인 생두들이 계속 출시되고 있다. 카페인 커피와 맛의 차이를 느끼기 힘든 제품도 조만간 나올 것으로 예상된다.
디카페인 커피는 일반 커피보다 단가도 높은 만큼, 새로운 카페 창업을 준비한다면 꼭 관심을 가질 것을 권면한다.

2. 대체 커피 시장 확대

로(Low) 푸드 트렌드가 강조되면서 무알코올, 제로 칼로리, 무염 등 첨가물을 최소화한 대체 커피가 인기를 끌고 있다. 건강에 민감한 소비자가 늘어나면서 대체 커피 시장이 더 다양한 제품과 서비스를 앞세워 성장할 것으로 예상된다.
시장조사 업체 스태티스타는 전 세계 대

주요 대체 커피 업체와 종류

MUD/WTR
MUD/WTR은 건강한 대체 커피를 만들겠다는 셰인 히스(Shane Heath) 대표의 목표로 2018년 설립됐다. 회사 설립 전 테크 회사에 근무했던 그는, 카페인 중독이 자신뿐 아니라 많은 동료들이 겪고 있는 문제임을 깨달았고 이를 개선하고자 하는 열망이 창업 동기가 됐다고 밝혔다.
주재료는 유기농 카카오, 마살라 차이, 차가버섯, 강황, 시나몬 등이다. 웹사이트(www.mudwtr.com)에서 40달러에 판매 중이다.

RYZE
버섯 커피(Mushroom Coffee)로 알려진 RYZE는 소셜미디어 광고를 통해 공격적인 광고 마케팅을 진행하고 있는 업체다. 두 명의 하버드 졸업생들이 2020년 창업한 회사로 카페인이 함유되지 않은 버섯 커피 한 종류만을 판매하고 있으며 업체 설명에 따르면, RYZE 커피는 면역 증강에도 도움이 된다. 웹사이트(www.ryzesuperfoods.com)에서 30달러에 판매 중이다.

ATOMO
대추씨, 치커리 뿌리, 포도 껍질, 해바라기씨 겉껍질, 수박씨 등을 주재료로 한 대체 커피. 커피 원두를 전혀 사용하지 않고 커피 원료의 분자 단위까지 분석한 화학 공정을 통해 커피의 맛과 향을 그대로 재현한 '분자 커피'다. 카페인도 함유돼 있다.
공동 창업자인 앤디 클라이치(Andy Kleitsch)와 재럿 스톱포스(Jarret Stopforth)는 식품 과학자와 화학자들로 구성된 팀을 이끌며 '커피계의 테슬라'가 되겠다는 기치로 창업했다. 2년 이상 동안 1000여가지가 넘는 화합물을 조사해 커피 풍미에 영향을 미치는 40여가지 화합물을 찾아냈으며, 연구개발 이후 크라우드펀딩 플랫폼 킥스타터(kickstarter)를 통해 투자금을 마련했다.
2019년부터 두 차례에 걸쳐 2만5000달러와 1150만달러를 모금했으며 지난해 9월 온라인을 통해 콜드브루 방식의 '커피 없는 커피'를 캔커피로 5.99달러에 한정 판매했다. 웹사이트(www.atomocoffee.com)에서 다양한 제품을 판매 중이다.

Teeccino
차(Tea) 디자이너 캐롤라인 맥두걸이 시작한 Teeccino는 치커리, 캐럽(Carob·초콜릿 맛이 나는 암갈색 열매가 달리는 유럽산 나무), 민들레, 라몬씨(Ramon Seed·뽕나무과 식물의 씨앗) 등의 허브를 주재료로 한 커피 맛 음료다.
커피와 같은 방식으로 브루잉이 가능하며 인공 감미료나 보존제, 카페인 등이 없다. 심장 건강에 도움을 준다고 홍보하고 있다. 대체 커피 외에도 35가지 유기농 차를 판매하고 있다. 사진의 제품은 헤이즐넛 향 대체 커피로 웹사이트(https://teeccino.com/collections/herbal-coffee)에서 14.99달러에 판매 중이다.

PERO
페로는 100% 카페인 미포함 음료로 보리, 맥아 보리, 치커리, 호밀 등을 주재료로 한 대체 커피. 인스턴트 커피처럼 차가운 물에도 잘 녹고 카푸치노의 경우 우유에 타면 카페라테 같은 느낌이 난다는 평을 받았다. 1954년 서독에서 시작돼 소개됐으나 현재는 네슬레사가 제조한다.

자료: 각 사 웹사이트

체 커피 시장 규모가 2022년 27억달러(약 3조5000억원)에서 2030년 53억달러(약 6조8000억원)까지 성장할 것으로 전망했다. 영국 왕립식물원과 에티오피아 환경&기후변화·커피숲포럼 공동연구팀은 아라비카 커피 서식지 50% 이상이 70년 이내에 손실되고 2040년 전에 아라비카 커피종이 멸종할 수 있다고 내다봤다. 이처럼 기후변화로 인해 커피 농지가 줄고, 커피 재배 과정에서 탄소 배출 문제 등이 발생하면서 이에 대한 해결책으로 대체 커피 시장이 커질 것이라는 분석이다.

다양한 대체 커피의 등장

대체 커피란 커피의 향과 맛을 구현하면서도 씨앗이나 허브 등으로 만든 '커피빈 없는 커피'를 의미한다. 치커리, 민들레 뿌리, 루이보스, 캐럽, 라몬씨 등 다양한 원료를 사용해 제조된다. 어떤 재료와 제조 방법을 사용하냐에 따라 다양한 맛의 대체 커피를 만들 수 있다.

디카페인도 조심스러운 임산부, 건강염려족에게 인기

한국에서는 아직 대체 커피가 대중화되지 않았다. 지금은 소규모 개인 카페를 중심으로 한 가지 대체 커피를 메뉴로 선보이는 정도다. 그러나 주요 기업들은 블루오션 시장의 가능성을 엿보며, 대체 커피 상용화를 준비하고 있다. 특히 오랫동안 커피를 마셔왔던 임산부나 의학적으로 카페인 소비가 제한된 이들 중 디카페인 커피에 대해 '만에 하나'라는 불안 심리가 작동한 이들이라면 대체 커피를 적극적으로 찾아 소비하려 할 것이다.

'카페'라는 마케팅 키워드는 이제 포화 상태다. 경쟁이 치열해 적잖은 돈을 들여도 검색 결과 상단에 노출되기가 쉽지 않은 게 현실이다. 따라서 아직은 여유 있는 '대체 커피' 키워드를 선점해보자. 카페인 없는 카페에 대한 수요는 갈수록 늘어날 것이다.

3. '비건 디저트' 시장 확대

2024년 비건(채식주의) 트렌드는 라이프스타일과 음식 문화에 큰 영향을 미치고 있다. 특히, 비건 식품이 디저트 시장으로 확대되면서 카페에서도 글루텐 프리 베이커리와 식물성 재료를 사용한 건강한 디저트 소비가 인기를 끌고 있다. 2030세대 강남맘(Mom)을 중심으로 소규모로 유통됐던 귀리 우유가 확산되고, 식물성 우유를 이용한 스타벅스의 비건 라테도 그 수요가 급증하고 있다. 이제 일반 저가 카페에서도 비건 우유를 선택할 수 있는 등 비건 식품 소비가 갈수록 대중화되는 분위기다.

비건 식품이나 비건 디저트의 강점은 역시 아직 시장 초기라는 점이다. 개성을 추구하는 유명 셰프나 대형 카페 브랜드를 위주로 시장이 형성돼 있어 개인 매장이 들어가 선점할 만한 틈이 있다. 경쟁이 치열한 일반 디저트가 아닌, 비건 디저트로 마케팅 키워드를 선점해 창업한다면 차별화에 유리할 것으로 기대된다.

4. 양극화 창업 :
저가 커피 vs 대형 스페셜티 카페

코로나19 팬데믹 영향으로 성장한 저가 커피는 낮은 가격을 무기로 커피 시장의 양적 성장을 이끌었다. 2023년 기준으로 메가커피와 컴포즈커피가 2000호점을 넘어서고, 빽다방과 더벤티도 1000호점을 돌파했다.

그러나 카페 시장이 포화되며 과도한 저가 경쟁으로 인한 제 살 깎아 먹기 현상을 야기하고 있기도 하다. 맛과 서비스의 차이가 줄어들며 넘쳐나는 저가 커피 브랜드에 대한 피로감도 높아지고 있다. 그래서 일부 브랜드는 고급화와 프리미엄화를 강조한 스페셜티 커피로 차별화를 시도하고 있다.

기존 카페가 고객이 머무르기 좋은 분위기 있고 아늑한 공간으로서 접근했다면, 스페셜티 카페는 커피 맛 자체를 즐기러 오는 공간으로서 집중한다. 이는 커피 종주국이라 할 수 있는 유럽의 커피 문화에 해당한다.

한 가지 재미있는 현상은 최근 스페셜티 카페가 대형 카페로 확장하고 있다는 것이다. 대형 카페는 여가 생활이나 데이트 코스의 중요한 부분으로 자리 잡았다. 소비자들은 더 큰 매장과 독특한 콘셉트를 가진 카페를 찾아다니며, 이는 SNS를 통한 일상 공유 문화와도 조화를 이루고 있다. 즉, 공간과 스페셜티 커피 모두 중요해진 것이다.

종합해보면 소규모 개인 창업은 저가 커피 시장으로 계속 몰리고, 대형 스페셜티 카페는 콘셉트와 인테리어의 중요성이 더욱 강조되면서 대도시 근교로 확장해 소비자에게 다양한 선택지 제공할 것으로 전망된다.

디저트

이은성 신바드 대표

9년 차 디저트 유통 플랫폼 500가지 디저트 하이푸디와 자사 HACCP 베이킹센터를 통해 쌀빵류, 쿠키류 유통, 수출 중. 전국 11만개 카페 중 10%를 유통하고 호텔, 마켓컬리, 쿠팡, 백화점 등 해외 수출 경력 다수, 카페와 베이커리 창업에 필요한 전반적인 솔루션과 컨설팅 활동을 펼치고 있다.

이은성 고수와
1:1 상담 문의는 여기로!

디저트도 '헬시 플레저' '천연' '로컬' '쁘띠' 뜬다

디저트는 코로나19 팬데믹 시기에도 수요가 꺾이지 않은, 지속 성장하는 시장이다. 팬데믹 때도 주차장과 포토존이 있는 디저트 카페가 선호됐고, 관련 검색어가 네이버 포털 상위에 꾸준히 머물렀다. 홈디저트족을 겨냥한 생지 제품을 한 단계 업그레이드한 크로플, 도넛 제품도 인기를 끌었다. 엔데믹 때도 MZ세대 여성을 중심으로 인기가 사그라들지 않았다.
2024년 국내 디저트 시장은 어떻게 흘러갈까.
우선 SNS에서 눈길을 끌 만한, 뛰어난 비주얼의 '인스타그래머블(Instagramable)'한 디저트를 좇는 수요는 2024년에도 지속될 것이다. 팬데믹에도 수년간 꾸준한 인기를 끌었던 도넛, 소금빵, 베이글류 디저트도 스테디셀러 자리를 유지할 것이다. 이와 관련된 최신 트렌드를 확인하고 싶다면 '카페 노티드' '카페 Ahoo' '텅 성수 스페이스' '누데이크' '런던베이글 뮤지엄' 등 소위 디저트 성지라 불리는 곳을 방문해 인기 디저트의 방향성을 체크하는 것이 좋다.

그러나 연령대가 20대에서 30~40대로 높아지면 이렇게 달고 칼로리가 높은 디저트는 인기가 크게 떨어진다. 이들이 2024년에 보다 선호하는 것은 '건강을 의식한 디저트(Health-conscious Dessert)'다. 이는 단순히 '웰빙 디저트'를 의미하지 않는다. 생산 과정이 친환경적인지,

식재료는 천연 성분이고 칼로리는 적당한지, 심지어 '먹을 때 손에 잘 묻지 않는지'도 포괄하는 폭넓은 개념이다.

이를 예감하게 한 몇 가지 이벤트가 2023년에 있었다.

먼저 국내에선 롯데제과가 2023년 4월부터 '롯데웰푸드(LOTTE WELLFOOD)'로 간판을 바꿔 달았다. 1967년 설립 이후 무려 56년 만의 사명 변경이다. '설탕 제로' '당류 제로'를 슬로건으로 내걸고 '건강한 간식(Healthy Pleasure)' 시장을 노리고 있다.

또한 시장조사 기업 이노바마켓인사이츠(Innova Market Insights) 조사 결과, "모든 빵을 천연 재료로 만드는 빵집에서 더 많이 구매할 의향이 있다"고 대답한 소비자 비율이 71%에 달했다. 2021년에는 이 숫자가 66%였는데 2년 만에 5%포인트 상승했다. 실제 미국에서는 이미 제품 포장지 전면을 성분 목록으로만 채운 'RXBAR'와 같은 에너지바가 등장, 화제가 됐을 정도로 식품 성분에 대한 소비자 관심이 높아졌다.

RXBAR-성분 표시로 전면 디자인

이런 트렌드를 감안하면 다음과 같은 디저트 도입을 적극 검토해볼 만하다. 지역적 특색과 생산자의 진정성이 느껴지는

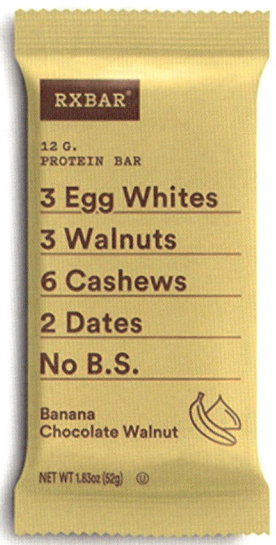

RXBAR-성분 표시로 전면 디자인.

친환경 로컬 푸드(Local Food), 소화가 편하고 영양 성분이 풍부한 비건(Vegan) 디저트, 장 건강에 좋은 프리바이오틱스 디저트, 글루텐 프리(Gluten Free) 제품 등이다.

약과와 휘낭시에를 접목한 '레트로 스타일' 디저트가 인기몰이를 한 것도 주목할 트렌드다. 해외 디저트에 한국의 전통적인 맛을 결합한 창의적인 디저트는 계속 주목받을 것이다. 핑거푸드식 구운 과자류(휘낭시에, 마들렌)처럼 맛의 변형(Variation)이 쉬운 '쁘띠(Petite·작은) 디저트'도 추천한다.

물론 디저트 메뉴는 '카페 맞춤형'으로

정해야 한다. 우리 카페의 주고객층과 상권 특성, 커피나 음료와의 궁합, 인테리어 분위기 등을 종합적으로 고려해야 한다. 단, 이런 트렌드를 감안해 다양한 질감과 향을 갖춘 디저트 라인을 자체 개발 또는 리뉴얼한다면, 카페만의 특별한 시그니처 메뉴가 될 것으로 본다.

카페에 대한 친환경 규제도 계속 신경 써야 하는 이슈다.

환경부는 2023년 11월 7일 일회용 종이컵 실내 사용 규제를 철회하고 플라스틱 빨대와 비닐봉투 사용을 제한하는 규제의 계도 기간을 무기한 연장했다. 2022년 11월 24일부터 '일회용품 사용 줄이기' 제도를 확대 시행한다고 했다가, 1년도 안 돼 입장이 바뀌었다. 덕분에 소상공인은 다회용컵 세척 시설 마련, 추가 인력 고용 등의 부담을 덜게 됐다. 그러나 친환경에 대한 소비자 관심은 여전한 만큼, 재활용 가능한 포장재와 효율적인 에너지 사용 등 ESG 경영은 꾸준히 해나갈 필요가 있다.

숙박업 ① 포쉬텔

한상욱 비에디션매니지먼트 대표

호텔 개발·운영 관련 컨설턴트.
현재 한국호텔학회 산학부회장·비즈니스호텔포럼 사무국장으로
활동 중. 숙박업 창업에 필요한 개발과 운영에 관한 코칭과 컨설팅
활동을 펼치고 있는 생생한 현직 호텔업 고수다.

한상욱 고수와
1:1 상담 문의는 여기로!

'Posh(값비싼·화려한)'+'Hostel' '포쉬텔(Poshtel)'을 아시나요?

우리나라는 2012년부터 밀려 들어온 중국인 관광객(유커)의 영향으로 외국인 관광객 1000만명을 넘어 2000만명 시대를 넘보고 있었다. 2020년부터 코로나로 인해 잠시 주춤했지만, 2023년 들어 동남아 여행객을 시작으로 다시 관광 사업이 활성화되고 있다. 한국을 찾는 관광객은 단체 여행에서 개인 자유 여행으로 변화됐다. 이에 따라 숙박업에도 여러 가지 변화가 일어나고 있다.

무엇보다 숙박업에도 '감성 소비'가 확산되고 있다. 감성적인 소비자는 상품을 선택함에 있어서 물적 사용 가치뿐 아니라, 디자인·컬러 등 감각적 가치를 중시한다. 나아가서는 상품이 창출하는 상징적 가치를 중요하게 생각하는 경향이 있다. 이에 따라 요즘 숙박객들은 진부한(Cookie-cutter) 호텔이나, 누구에게나 어울리는(One-size-fits-all) 호텔을 원하지 않는다. 유행에 민감한 세대는 '모든 사람들을 위한' 호텔보다는 지역색을 느끼며 특별한 경험을 할 수 있는 진정한 여행을 원하고 있다.

얼마 전까지만 해도 유럽 호텔 사이에서는 내 집처럼 편안한 인테리어의 호텔이 유행했다. 그러나 자유 여행객이 증가하고 문화 체험을 통해 자기 만족감을 추구하는 세대가 등장하면서, 숙박업에 대한 새로운 니즈(Needs)가 생겨났다. 숙박업의 전통적 개념인 '고급스럽고 안락한

호텔'보다, 하루를 머물러도 집보다는 좀 더 흥미로운 요소가 있는 여러 숙박 형태를 선호하게 된 것이다. 이제 젊은이들은 숙박업소에 와서 자는 것뿐 아니라 먹고, 마시고, 일하고, 만나고, 즐기는 것을 원한다. 이것이 '라이프스타일 호텔'의 태동 배경이다.

이런 맥락에서 이제 럭셔리 호텔에서 호캉스를 즐기는 것은 점점 가성비가 떨어지는 선택지가 되고 있다. 국내외 럭셔리 호텔은 객실 수에 비해 부가 서비스가 턱없이 부족한 곳이 많다. 특히, 객실 300개 규모 고급 호텔도 조식 공간이나 프런트가 너무 작고, 엘리베이터도 몇 개 없는 곳이 적잖다. 그럼에도 호텔이라고 가격은 비싸게 받으니 결국 모텔보다 손님을 적게 받게 된다.

이런 변화의 바람은 최저가 숙박업소 중 하나인 호스텔계에도 불고 있다. 단순히 숙박뿐 아니라 다양한 체험을 하고 싶어 하는 젊은 여행객 수요에 발맞춰 호스텔이 '부티크(Boutique · 규모는 작아도 멋있고 개성 있는)화'되고 있다. 요즘 유럽을 중심으로 부티크 호스텔이나, 디자인 호스텔로 불리는 '포쉬텔(Poshtel)'이 인기를 얻는 배경이다.

화려한 부티크 호스텔 '포쉬텔'
MZ세대 가성비 숙박 선호에 인기

포쉬텔이란 '값비싼, 우아한, 화려한'의 뜻을 지닌 Posh와 '값싼 숙소' Hostel의 합성어다. 서로 반대적인 의미를 지닌 단어가 합쳐졌는데, '비용은 적게 들면서 감성·디자인 면에서의 하이 스타일(High Style)을 원하는 고객의 요구를 반영한 새로운 형태의 호스텔'을 의미한다. 즉, 호스텔보다는 고급스럽지만 호텔보다는 저렴한 포지셔닝을 하고 있다. 기존의 밋밋한 호스텔보다는 고급스럽고, 화려한 실내 분위기와 커뮤니티 시설로 고객의 감성을 자극하는 것이 포쉬텔의 매력이다. 포쉬텔의 디자인 콘셉트는 저렴하지만 세련됐다(Cheap but Chic)는 것이다. 주머니가 가볍지만 스타일리시한 분위기의 숙박업소를 원하는 젊은이들이 핵심 고객층이다. 비교적 숙박비가 비싼 영국에서 시작해 서유럽에서 가장 성업 중이다. 최근에는 숙박업에도 가성비 열풍이 불며 다른 나라로도 유행이 확산되고 있다. 포쉬텔의 가장 큰 특징 중 하나는 객실 인테리어에는 크게 힘을 주지 않고, 누구나 편히 이용할 수 있는 공용 공간에 보다 신경을 쓴다는 것이다. 프랑스 파리에서 처음 오픈한 제너레이터(Generator) 호스텔이 대표 사례다. 공용 공간에 포켓

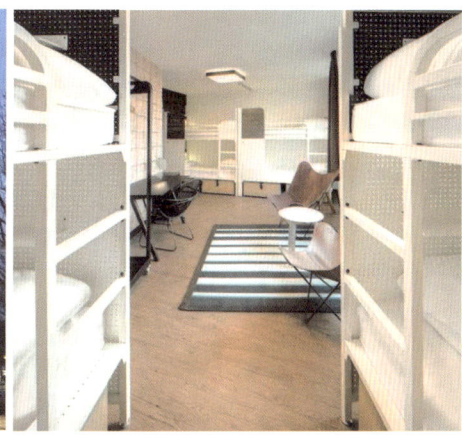

프랑스 파리에서 운영 중인 포쉬텔 '제너레이터(Generator)'.
출처:http://staygenerator.com/hotels/paris

볼장 등 오락 기구와 컴퓨터 게임을 즐길 수 있는 장소는 물론, 투숙객과 지역민 간의 자연스러운 커뮤니케이션을 위한 바(Bar)도 있다.

바에서는 라이브 음악과 지역 DJ의 감동적인 이벤트가 열린다. 춤을 출 수 있는 댄스 플로어와 휴식을 즐길 수 있는 칠아웃 라운지(Chillout Lounge)가 있다. 그리고 루프톱 테라스는 5성급 호텔 못지않은 고급스러운 분위기를 연출한다.

그렇다면 한국에서 포쉬텔을 창업한다면 어떨까. 입지와 타깃 고객만 잘 분석해서 도전하면 충분히 승산이 있다고 본다.

현재 한국을 찾는 외국인 관광객 중 게스트하우스를 찾는 관광객은 주로 여행 경비를 아끼려는 서양의 백패커(Backpacker · 배낭여행족)나 동남아 관광객 정도다.

포쉬텔은 이들을 타기팅해볼 만하다. 그럼 이들이 즐겨 찾는 지역이 어디고, 무엇을 원하는지 살펴봐야 한다. 포쉬텔을 이용하는 외국인은 주로 나이가 많은 분들은 찾아오지 않는다. 즉, 젊고 돈을 계획적으로 아껴서 여행하려는 도전을 즐기는 개인 여행객이 주류이므로 숙소 주변에 도보로 여행하며 볼거리가 많고, 한국의 정서를 느낄 수 있는 곳을 찾지 않을까. 그럼 포쉬텔 입지로서 강남은 일단 탈락이다. 명동, 종로, 광장시장, 홍대, 이태원 등 강북 지역이 적합하다. 제너레이터 호텔도 파리의 오페라극장이나 샹젤리제 거리 쪽에 있지 않다. 상대적으로 저렴한 숙박업소가 모여 있는 에펠탑 인근에 위치한다. 와이파이 등 부대시설이 굉장히 잘돼 있어 매우 성업 중이다.

지방은 부산이 마지노선이다. 제주도는 백패커들이 걸어서 여행할 만한 관광지가 많지 않아 포쉬텔 입지로서 적합하지 않다.

포쉬텔을 창업한다면 게스트하우스 같은 작은 규모로 운영하기보다, 모텔 같은 대형 건물을 매입해 운영하는 것이 바람직하다. 100~200실 규모 초대형 포쉬텔도 충분히 성공 가능성이 있다고 본다. 1층 로비에는 공용 시설을 만들고, 체크인은 전부 셀프 시스템으로 하면 된다.

물론 숙박업계는 그동안 디지털 전환에 대한 우려가 많았던 게 사실이다. 숙박은 숙소에서의 고객 경험이 중요한데, 자칫 에러가 발생하면 만족도가 크게 떨어지기 때문이다. 그러나 코로나19 사태를 거치며 디지털 전환에 대한 우려가 많이 해소됐다. 이제 체크인은 물론, 객실 출입까지 셀프 체크인 시스템이 자리 잡았다. 필자는 2023년 9월 태국에서 열린 호텔테크 전시회에 참가했는데 아코르, 힐튼, 노보텔 등 글로벌 체인들이 스마트TV를 중심으로 셀프 체크인까지 모두 디지털 전환을 한 상태였다.

객실도 화려하게 꾸밀 필요는 없다. 필자가 전 세계 호스텔 투어를 다녀본 결과, 객실 인테리어에 힘을 준 곳은 그리 많지 않았다. 4인실인데 뼈대가 철로 된, 군대에서 쓸 것 같은 2층 침대 2개와 로커 4개만 있는 방도 있다. 그런 곳도 1박에 4만원을 받는다.

중요한 건 공용 시설이다. 제너레이터는 공용 시설의 인테리어가 매우 잘돼 있다. 처음 입장하면 "와, 여기는 호스텔이 아니라 호텔인데?"라는 생각이 들 정도다. 공용 공간에는 먹거리와 즐길 거리가 필요하다. 아침이면 라운지에서 빵 하나에 계란 스크램블 정도만 제공돼도 충분하다. 아침 식사를 하며 같은 숙소에서 머무는 외국인 여행객들과 자유롭게 대화하고 함께 즉석 여행도 가는 재미가 있기 때문이다. 이것이 호스텔의 매력 아니겠는가. 밤에는 펍과 클럽이 있으면 좋다. 하루 종일 여행하고 돌아와 피곤한 상태에서, 다시 밖에 나가서 놀기는 귀찮지만 숙소 1층이나 지하에서 맥주 한잔하는 정도라면 즐기러 내려올 만하다. 그곳에 가면 전 세계에서 모인, 나와 같은 또래의 젊은 여행객이 모여 있을 테니 얼마나 매력적인 공간인가. 따라서 포쉬텔과 공용 공간 출입은 철저히 숙박객으로 한정해야 한다. 그래야 젊고 자유분방한 외국인 관광객과 교류하기 위해서라도 포쉬텔에 묵으려 할 테니.

포쉬텔은 투자 금액도 호텔보다 훨씬 저렴하다. 객실마다 TV, 냉장고 등 인테리어나 가전제품이 거의 안 들어가기 때문이다. 어메니티(일회용 세면도구)도 거의 없고 비누와 수건 정도만 갖춰 놓으면 되니 고정비와 운영비가 훨씬 절감된다. 반면 평균 객실 판매 단가(ADR · Average Daily Rate)는 상대적으로 높아 생산성이 좋다. 우리나라 저가형 호텔의 경우 ADR이 5만~8만원에 형성돼 있다. 포쉬텔은 10만원 안팎이다. 공용 시설로 확실한 차별화를 할 수 있다면 숙박업의 틈새 아이템으로 해볼 만하다.

주의 사항. 포쉬텔은 젊은 여행객이 많이 오는 만큼 남녀 객실 구분을 철저히 해야 한다. 여성 전용 룸과 별도 화장실은 필수로 배치하고, 서로 침범할 수 없도록 규율을 확실히 세워야 한다. 미연의 사고만 방지한다면 나머지는 큰 문제가 없을 것으로 생각된다.

숙박업 ② 캡슐호텔

정승호 더캡슐 대표

국내 1호, 서울 최대 캡슐호텔 운영자.
명동에서 코로나 때도 부동의 운영을 자랑, 캡슐침대 모듈 개발과
국내 첫 캡슐호텔 설립을 통해 저비용 숙박이나 에어비앤비 창업에
대한 컨설팅 가능, 유튜브·언론 보도 다수 출연했다.

정승호 고수와
1:1 상담 문의는 여기로!

팬데믹 이후 '1인 혼여' 증가세 가팔라
5성급보다 나은 1성급 '캡슐호텔' 인기

혼밥, 혼술, 혼영… 수많은 '혼○'의 행렬은 1코노미(1인 가구 경제) 열풍을 보여준다. 통계청에 따르면 국내 1인 가구 비율은 33.4%로 이미 가장 흔한 가구가 됐다. 1인 가구의 소비력은 2010년 60조원 규모에서 2020년 120조원 규모로 2배 증가했으며 2030년에는 193조원 규모까지 증가할 전망이다.

1인 가구 약진은 여행 시장에서도 마찬가지다. 글로벌 여행 플랫폼 '부킹닷컴'에 따르면 혼자 여행하는 혼행족은 팬데믹 이전에는 전체 여행객의 14% 수준이었으나 팬데믹 이후 23%까지 증가했다. 전 세계를 여행하는 사람 4명 중 1명은 혼자 다닌다는 뜻이다.

이처럼 빠르게 증가하는 1인 여행자를 위한 합리적이고 효율적인 솔루션으로 제안되는 것이 '캡슐호텔'이다. 캡슐호텔

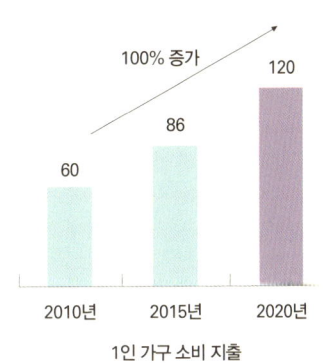

1인 소비 시장 120조원 단위:조원

100% 증가

2010년 60
2015년 86
2020년 120

1인 가구 소비 지출

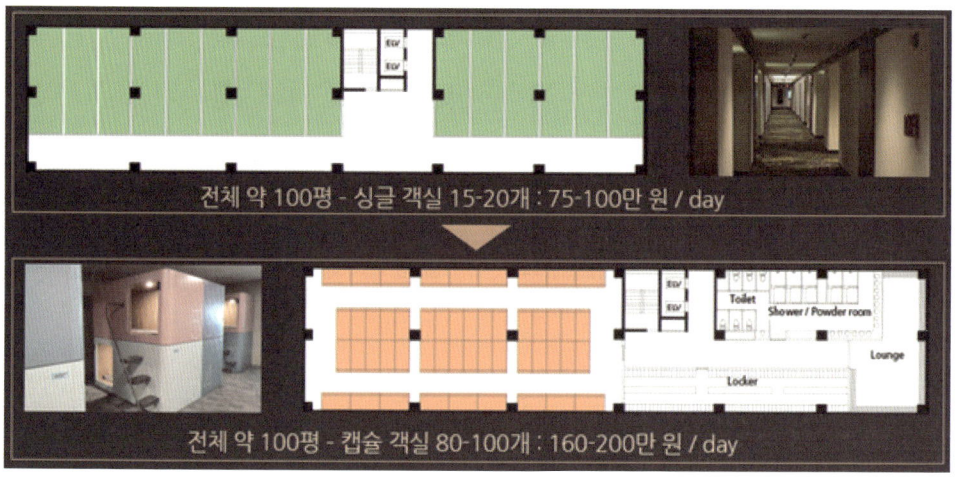

은 숙박객 입장에서는 하루 30달러(약 4만원) 내외 적은 비용으로 나만의 독립된 공간에서 숙박할 수 있다는 장점이 있다. 숙소 운영자나 투자자 입장에서도 공간을 효율적으로 분할할 수 있어 수익화에 유리하다.

가령 약 100평(330㎡) 규모 공간을 싱글룸과 캡슐호텔로 각각 구획한다고 해보자. 최소 3~4평 이상이 필요한 싱글룸은 많아야 15~20개를 만드는 데 그친다. 반면 1인당 1.5평 이하를 차지하는 캡슐호텔은 최대 100개 객실을 구축할 수 있어 면적당 매출 면에서도 우위를 가진다.

사용자-운영자 쌍방에게 상호 이득을 줄 수 있는 캡슐호텔은 본산지인 일본을 필두로 주로 아시아 시장에서 폭발적으로 확산하고 있다. 시장조사 업체 테크내비오(TechNavio)에 따르면 캡슐호텔의 2023년 기준 추정 시장 규모는 2억1000만달러, 연평균 성장률은 9.86%에 달한다.

하지만 국내에서 캡슐호텔 시장은 아직 걸음마도 떼지 못한 단계다. 호텔 개발 시장은 20여년 전의 모델인 200실 이상, 3성급 비즈니스호텔 개발에만 천착하고 있다. 1960년대에 여관과 여인숙을 기준으로 제정된 구시대적 법령 또한 걸림돌이다.

이런 상황에서도 필자는 국내 첫 '캡슐 전문 기업' 더캡슐을 설립해 캡슐호텔을 성공적으로 운영하고 있다.

2015년 서울 명동과 동대문 사이, 충무로 인근 이면도로에 지하 1층, 지상 5층

규모의 꼬마빌딩을 통임대해 34실 규모 캡슐호텔을 차렸다. 예상대로 1인 관광객이 밀려들었다. 평균 객실 가동률 85~90%, 극성수기에는 평균 95%에 달해 거의 매일 '풀방'이었다. 여행객의 씨가 말랐던 팬데믹 기간에도 60% 수준의 가동률을 유지했을 만큼, 캡슐호텔을 찾는 '혼행족' 수요는 꾸준했다.

더캡슐의 경우 수용 인원 1인당 월 수익은 75만원 정도다. 여기서 예약 사이트 수수료 15%, 임대료, 인건비, 공과금, 비품, 부대비용 등을 빼면 수익률은 매출의 약 20% 수준이다. 기존에 게스트하우스와 에어비앤비 숙소를 3개 운영했던 경험에 비춰봐도, 캡슐호텔은 숙박 시장에서 충분히 차별성이 있고, 단위면적당 수익성이 높은 산업이다.

2021년부터는 직접 설계하고 제조한 수면캡슐침대를 제품화해 판매에 나섰다. 숙박 시설뿐 아니라 기숙사, 휴게실, 당직실 등 다양한 공간에 적용될 수 있는 '1인 휴게 공간'으로서 새로운 시장을 창출했다. 필자는 기존 휴게실, 수면실이 간이침대나 안마의자를 두고 억지로 눈을 붙이거나, 철야 근무하는 극소수를 위한 특수한 상황에만 활용된다는 점에 주목했다. 근무 시간 중의 짧은 휴식이 오히려 근무 생산성을 높인다는 현대적인 시각이 확산되면서, 분리된 공간에서 혼자 편하게 휴식을 취할 수 있는 수면캡슐, 캡슐 휴게실의 수요가 증가하고 있었다. 필자가 개발한 수면캡슐은 대당 390만원의 적잖은 금액임에도 정부세종청사, 한국전력거래소, 경기도교육청 등 공공기관은 물론 포스코, 대한항공, 곤지암리조트 등 사기업에서도 직원 복지용으로 100대 넘게 팔려 나갔다.

1인 소비자들이 원하는 공간의 형태는 기존 시장에서 제공되는 공간과 확연히 달라지고 있다. 타인과 분리된 개인적인 공간에서 편안하게 나만의 시간을 보내고자 하는 경향성이 나타나고 있다. 빠르게 증가하는 1인 가구와 1인 소비자의 가능성이 주목받고 있는 만큼, 캡슐호텔과 수면캡슐 또한 국내에서 더 각광받을 수 있기를 기대해본다.

장사 고수 생각

기존 매장 인테리어 활용 '이누끼 창업'
최소 비용으로 새로운 업종 도전하기

이경욱
하와이조개 대표

10평의 포차로 시작해 업종 변경으로 성공해 현재 '하와이조개' 브랜드 가맹 사업 진행 중. 다수의 매장 확장 오픈 중에 있음. 창업 관련 유튜브 출연 등 창업 관련 어드바이저로 활약 중이다.

현재 외식업계에서 새롭게 주목받는 트렌드 중 하나는 '이누끼(いぬき) 창업'이다. 이누끼 창업이란 기존 매장 인테리어를 최대한 활용해 최소 비용으로 새로운 업종을 시작하는 창업 방식이다. 이는 특히 매출이 부진한 매장들이 적은 비용으로 다시 일어나는 '치유 창업'의 한 방식으로 볼 수 있다.

이누끼 창업의 최대 장점은 비용 절감이다. 창업할 때 가장 큰 비용 요소 중 하나는 인테리어인데, 기존 인테리어를 재활용하니 비용을 확 줄일 수 있다.

이누끼 창업이 주목받는 이유는 경기 침체와 같은 외부 환경 변화에 유연하게 대응할 수 있는 이점 때문이다. 또한 이누끼 창업은 기존 매장 분위기를 유지하면서 새로운 비즈니스 모델을 도입할 수 있는 기회를 제공한다. 이는 기존 고객을 잃지 않으면서 새로운 고객층을 확보하는 데 큰 도움이 된다.

이누끼 창업 성공을 위한 고려 사항 4가지

**업종 변경 시점, 상권 적합성,
자원 재활용, 新영업 전략**

이누끼 창업의 성공을 위해서는 다음 4가지를 꼼꼼히 따져봐야 한다.

첫째, 업종 변경이 필요한 시점인지 판단해야 한다. 이는 현재 사업의 상태와 외부 환경을 고려해 결정해야 한다.

둘째, 변경할 업종이 현재 상권과 입지에 적합한지를 분석해야 한다. 이를 위해 시장조사와 경쟁 업체 분석 등이 필요하다.

셋째, 기존 자원을 어떻게 재활용할 것인지, 필요 자금은 어떻게 조달할 것인지 등을 고려해야 한다.

넷째, 업종 변경 후 성공 전략을 세워야 한다. 새로운 업종에 대한 마케팅 전략, 영업 전략 등이 여기에 포함된다.

이누끼 창업 시 주의할 점

이누끼 창업에는 잠재적인 위험성도 존재한다.

가장 큰 문제는 새로운 업종의 특성과 잘 맞지 않는 인테리어를 사용하는 경우다. 이는 매장에 대한 고객의 첫인상을 좌우해 결국 매출에 악영향을 미칠 수 있다. 따라서 이누끼 창업을 진행할 때는 새로운 업종에 맞는 인테리어 디자인을 고려하는 것이 중요하다.

이누끼 창업의 장점과 단점을 충분히 숙지하고 자신에게 맞는 창업 전략을 세우기 바란다.

2024년에 뜨고 지는 상권은 어디인지, 핫플레이스화된 전통 시장과 지방 상권별 특징을 알아본다.

PART 2

상권 트렌드

# 상권 패러다임이 바뀐다

이도원 풍바오·쇼부다 대표

창업 1년 만에 6개의 매장 오토화시킨 풍바오·쇼부다 대표. 대전에서 프렌차이즈 직가맹점 9개 운영 중. 다점포 창업과 프랜차이즈 창업 경험을 통한 유튜브 '창업의신' 출연으로 예비 창업자들을 위한 창업 관련 강연에서 다방면으로 활약 중이다.

이도원 고수와
1:1 상담 문의는 여기로!

저출산에 우는 '약속 상권'
미식족에 웃는 '감성 상권'

필자는 첫 장사를 대전 둔산동에서 시작했다. 주로 만남의 장소가 된다는 의미로 '약속 상권' 또는 '밀집 상권, 번화가 상권, 클럽 상권' 등으로 불리는, 20대 초반 위주 상권이다. 명확한 정의는 없지만, 필자는 약속 상권을 '35석 이상 헌팅포차'를 포함한 상권으로 정의한다. 최근 이 상권들이 큰 위기에 처해 있다.

가장 큰 원인은 인구 감소다. 1998년부터 2001년까지 4년간 대전 지역 평균 출생아 수는 1만8720명이었다. 이후 4년인 2002~2005년 집계치는 1만5079명으로, 매년 20세 손님이 20%씩 줄었다. 4년 만에 핵심 연령인 20세 손님 1년 치를 통째로 잃은 셈이다.

그럼에도 점포 수는 오히려 많아졌다. 건물이 올라갈 수 있는 땅이면 죄다 건물이 세워졌다. 미디어와 언론을 중심으로 청년 사장 창업 신화 콘텐츠가 큰 인기를 끌면서 젊은 창업자도 덩달아 늘어났다. 그야말로 창업 열풍 시대인 셈이다. 실제로 자영업자를 인터뷰하는 유튜브 영상은 높은 조회 수를 기록하는 인기 콘텐츠가 됐다. 한쪽에선 창업 지표가 악화되고 있는 와중에 창업 그 자체가 대중적 인기를 끄는 기이한 모양새다.

하지만 이대로라면 약속 상권은 과거의 위상을 잃을 수밖에 없다. 인구가 줄고, 점포를 차릴 수 있는 건물과 창업자는 오히려 늘었으니 말이다. 즉, 고객은 부족한

1998~2005년 출생아 수 변화 단위:명

행정구역별	1998년	1999년	2000년	2001년
전국	614,594	620,668	640,039	559,934
서울특별시	134,604	128,120	133,154	114,764
부산광역시	43,200	41,237	41,222	35,848
대구광역시	32,231	31,308	32,477	28,111
인천광역시	35,541	34,323	34,433	30,494
광주광역시	20,796	19,244	21,148	18,198
대전광역시	19,294	18,729	19,570	17,290
울산광역시	16,697	15,740	15,816	13,600
경기도	137,066	134,335	141,704	126,264
강원도	19,421	19,143	19,482	16,873
충청북도	20,151	19,434	19,628	17,322
충청남도	24,472	24,045	24,733	21,962
전라북도	25,849	24,564	25,173	22,192
전라남도	26,841	26,363	26,046	22,588
경상북도	34,914	34,843	35,190	30,500
경상남도	42,427	41,184	41,680	36,475
제주특별자치도	8,090	8,056	8,633	7,453

데 경쟁자만 늘었다. 최악의 상황이 겹친 셈이다. 장사란 거시 지표가 주는 영향에 끊임없이 흔들리는 업종이다. 손쓸 수 없는 거대한 추세다.

이는 전국적으로 '감성 상권'이라는 새로운 상권이 탄생하는 계기가 됐다. 대전 둔산동 인근 봉명동과 갈리단길, 부산 서면 옆 전포동, 울산 삼산 옆 달동이, 수원 인계동 인근의 나혜석거리가 대표 사례다. 감성 상권은 주로 매장 규모가 작기 때문에 특색 있는 메뉴 구성이 가능하다. 손이 많이 가더라도 한정된 인원을 받으니 밀려드는 손님 응대도 충분히 가능하다. 좋은 분위기 연출이 용이하다는 것도

행정구역별	2002년	2003년	2004년	2005년
전국	496,911	495,036	476,958	438,707
서울특별시	102,008	101,227	99,828	90,468
부산광역시	30,767	30,117	28,231	25,681
대구광역시	24,260	24,513	23,259	20,804
인천광역시	26,775	26,832	25,092	23,026
광주광역시	16,036	15,954	14,729	13,327
대전광역시	15,631	15,712	15,024	13,950
울산광역시	11,666	11,720	11,151	10,469
경기도	116,854	120,433	117,812	109,533
강원도	15,314	14,349	13,776	12,657
충청북도	15,329	14,650	14,331	13,164
충청남도	19,059	18,627	18,640	17,521
전라북도	19,215	18,437	17,257	15,745
전라남도	19,242	18,333	17,256	15,818
경상북도	26,022	25,447	23,553	22,339
경상남도	32,203	32,102	20,922	28,471
제주특별자치도	6,530	6,583	6,097	5,734

장점이다. 점포비(보증금, 권리금)나 인테리어 투자금이 비교적 적게 들기 때문에 설비, 탁자, 소품 등에 넉넉한 투자가 가능하다. 약속 상권에서 투자금 1억원은 아무것도 아니지만, 감성 상권에서 1억원이면 꽤 좋은 연출이 가능하다.

전국에서 공통적으로 나타나고 있는 감성 상권의 확장은 국내 외식업 일부의 큰 변화로 해석할 수 있다. 다양한 원인이 있지만, 필자는 크게 두 가지를 꼽는다.

첫째, 상향 평준화된 미식 문화다. 인스타그램과 네이버 플레이스 발딜로 소비자는 맛집 정보를 손쉽게 얻게 됐다. 이전과 다르게 검색하고, 분석하고, '굳이

굳이' 찾아가는 방문 형태가 압도적으로 많아졌다. 이 과정에서 소비자는 날로 현명해졌다. 음식점에서 제공하는 영상과 사진은 기본이고, 가게를 설명하는 글과 손님들의 리뷰, 블로그 후기까지 참고한다. 더 이상 길 가다 보거나 전단지에 홀려 가게를 방문하지 않는다. 철저한 분석 후에 심사숙고해 방문한다. 이렇게 마케팅이 중요해지면 승자독식 구조가 굳어진다. 1등이 어딘지 검색하는 것은 식은 죽 먹기다. 맛없는 가게에 가기보다는, 웨이팅을 하더라도 유명한 가게에 찾아간다. 그렇게 소비자 입맛은 높아져왔다. 이런 흐름은 약속 상권보다 입지 경쟁력은 부족해도 본질이 뛰어난 감성 상권에 유리하게 작용한다. 감성 상권에선 '오마카세' '파인다이닝'까지는 아니더라도, '돈부리 전문점' '생면 파스타바' '양식 와인바' '중식 주점' 정도는 시도해볼 만하다. 매우 높은 수준은 아니지만, 좋은 분위기에서 적당한 맛을 제공하는 아이템인 데다, 대부분 약속 상권의 매장들보다 훨씬 고급스럽고 맛있다. 상향 평준화된 소비자들의 입맛에 맞게 새로운 상권이 생겨날 수밖에 없는 구조가 점차 고착되고 있다.

둘째, 인구수 추이다. 대전의 경우 20대 중후반이 된 1998~2001년 출생자가

20~23세 집단보다 1만5000명가량 더 많다. 통계를 보면 저출산 때문에 대전뿐 아니라 전국적으로도 비슷한 추세를 보인다. 즉, 20대 중후반이 더 강력한 소비 집단으로 떠오른 것이다. 또 나이가 들수록 구매력이 높아지기 때문에 이들은 더 비싼 음식에도 쉽게 지갑을 연다. 반면 20대 초반은 그 인구 면에서 힘을 잃었다. 더 높은 품질의 음식과 분위기를 찾는 20대 중반 소비 집단이 감성 상권 탄생 배경의 중심에 있다.

그렇다면 감성 상권이 전국 공통적으로 약속 상권 인근에 탄생한 이유는 무엇일까. 이는 지리적 요인에서 찾을 수 있다. 교통과 인프라 면에서 이점이 크고, 약속 상권에서 만나던 수십 년간 굳어진 지역 문화도 무시할 수 없다. 약속 상권과 유사한 점포가 길 건너에 생겼다면 상권 이동은 어려웠겠지만, 전혀 다른 콘셉트와 포지션의 작은 감성 점포들이 생겼기 때문에 성공할 수 있었다.

이를 바탕으로 앞으로 상권의 미래를 예측해볼 수 있다. 저출산 기조에 따라 매년 20세 소비층은 적어진다. 따라서 약속 상권의 미래는 부정적이다. 손님이 바글바글한 분위기가 필수적인 이 상권에서는 몇 개 점포만이 돈을 버는 승자독식 구조가 더더욱 굳어질 것이다.

그렇다고 감성 상권의 미래가 밝은 것은 아니다. 감성 상권의 작고 분위기 있는 점포들이 약속 상권으로 옮겨 갈 가능성이 커서다. 이미 일부 번화가에서도 감성 상권식 요리 주점들이 들어서기 시작했다. 소비자들은 약속 상권에 맛과 분위기를 잡은 점포가 있다면 굳이 '길 건너 감성 상권'까지 갈 이유가 없다. 약속 상권의 80평, 100평짜리 점포들은 30평짜리 작고 분위기 있는 점포들로 쪼개질 것이다. 작은 점포에서 좌석을 손님으로 꽉 채우고 변화된 외식 수준에 맞게 더 높은 품질의 서비스를 제공할 것이다.

만약 이처럼 승자독식 구조가 굳어진다면 현재 약속 상권의 비싼 '바닥 권리금'이 어떻게 될 것인가. 상권 가치가 떨어지면 수억원을 호가하는 바닥 권리금 역시 낮아질 수밖에 없다. 필자는 권리금이 이전부터 이미 낮아졌어야 한다고 본다. 현재는 과도기적 현상으로 가격이 어느 정도 유지되고 있다. 술집 창업을 원하는 젊은 층이 많아졌고, 또 아직 미래를 예측하지 못한 사람들 역시 가격 방어에 한몫하고 있다. 하지만 전국의 약속 상권이 과거만 하지 못한 것은 명백하다. 소위 '땜빵'식으로 유지되고 있는 높은 권리금이 과연 몇 년이나 지속될지 의문이다.

상전벽해 성수 상권

김상혁 독특한녀석들 대표

마케팅 회사·소곱창집 운영 대표.
창업의 핵심인 마케팅 부분에 특화된 전략을 사용해 다수의 사업
운영 중. 개인 매장에서 업종에 맞는 적절한 마케팅 방법에 대한 솔루션
제시와 노하우를 갖고 있는 실전 마케터다.

김상혁 고수와
1:1 상담 문의는 여기로!

2말3초 직장인 모여드는 천혜의 '감성 상권' 성수는 앞으로도 계속 잘될까? "그렇다"

2만8000명.
크리스마스이브였던 2023년 12월 24일 서울시가 추산한 성수 카페거리에 몰린 인파 규모다. 오후 7시 '순간 최대 인파' 기준 명동 9만6000명, 홍대 관광특구 9만명, 강남역 4만2000명, 건대입구 3만명에 이어 5번째로 많았다. 이태원 관광특구는 1만2000명에 그쳤다.
필자는 2021년 곱창집 '성수노루'를 오픈하며 성수로 본사를 옮겼다. 지금은 건물주가 바뀌며 문을 닫았지만, 성수노루는 한때 밀키트 판매를 포함해 월매출 2억원을 기록할 만큼 지역 맛집으로 유명세를 탔다. 팬데믹 때 권리금 1000만원을 주고 창업해 엔데믹 때 2억5000만원의 권리금을 받고 넘겼다. 요즘의 성수가 바로 이렇다. 상권이 지속 성장하며 권리금은 계속 오르고, 하방 경직성은 매우 크다. 기업이 속속 들어서며 배후 수요는 늘어나는데, 상권은 연무장길 중심으로 비교적 한정돼 있어 수요 대비 공급이 부족하기 때문이다.
반대 사례로 홍대입구 상권은 잘 찾아보면 권리금이 없는 매장도 꽤 있다. 상수, 홍대, 합정, 연남동, 망원으로 이어지는 상권이 워낙 커서 상가 밀집도가 낮기 때문이다. 유동인구는 많지만, 그만큼 상가도 많아 수요가 분산되기 쉽다. 반면, 성수는 연무장길이 딱 메인 상권으로 정해져 있고, 아무리 확장해도 서울숲, 뚝섬까지다.

필자는 햇수로 4년째 성수에서 장사하며 코로나19 팬데믹 때부터 엔데믹까지 성수의 변천사를 지켜봤다. 그 결과, 성수 상권은 앞으로도 지속 성장할 것이라고 확신하게 됐다. 이 글에선 성수 상권의 특징을 살펴보고, 2024년 창업 전략과 전망을 이야기해보겠다.

성수 상권 변천사

국내 대표 수제화 거리서
MZ세대 직장인 중심 '핫플'로

1970년대만 해도 성수는 대한민국 경공업의 중심지였다. 붉은 벽돌로 둘러싸인 인쇄소, 철강, 화학, 섬유, 수제화 공장 등이 동네를 가득 메웠다. 하지만 1980년대 들어 서울시가 추진한 도심부적격 업종 이전 정책 이후 성수는 빠르게 쇠락해 갔다. 폐공장이 하나둘 늘어나면서 성수는 서울의 대표적인 낙후 지역으로 전락했다.

2010년대 들어 분위기가 달라졌다. 폐공장과 버려진 창고 부지에 젊은 창업가들이 들어오기 시작했다. 2011년 문을 연 '대림창고'가 선구자 역할을 했다. 1970년대에는 정미소, 1990년대부터 공장 부자재 창고로 쓰였던 공간은 문화 공간으로 탈바꿈했다. 낡은 공간이 주는 특유의 감성과 높은 천장, 넓은 내부 공간이 패션쇼나 콘서트 같은 행사를 열기에 제격이었다.

대림창고 성공 이후 성수동에는 리모델링 바람이 불어닥쳤다. 조명 아티스트가 오래된 인쇄 공장을 카페로 리모델링한 '자그마치', 50년 넘게 식당·가정집·정비소·공장 등으로 쓰이던 건물을 개조해 베이커리 카페를 차린 '어니언'이 대표적이다.

패션 분야 '유니콘'으로 손꼽히는 무신사는 2020년 본사를 서울 강남에서 성수동 공유 오피스로 옮겼다. 841억원을 들여 성수동 카페 거리 인근 CJ대한통운 부지를 매입하는 등 성수동 일대 부동산을 잇따라 사들이면서 '무신사 타운'을 만들어 가고 있다. 차량 공유 업체 '쏘카'는 물론, '배틀그라운드'로 유명한 게임사 크래프톤도 2400억원을 들여 성수동 '메가박스 스퀘어'를 매입하는 등 '스타트업의 성지'가 돼가고 있다. 대형 연예기획사 SM엔터테인먼트와 현대차그룹 물류 계열사 현대글로비스도 성수동 아크로서울포레스트에 둥지를 트는 등 대기업, 연예기획사 러시도 이어지면서 상권 수요가 탄탄해졌다.

강남역 상권이 활성화된 이유 중 하나는 직장인이 많은 덕분이다. 성수동도 기업들이 잇따라 들어서며 직장인이 대거 유입, 상권 활성화의 기반이 마련됐다고 볼 수 있다. 단, 아직은 스타트업 위주여서 강남역 상권과 구매력은 다소 차이가 있기는 하다. 성수에서만 4년째 장사하며 지켜본 결과, 식당은 잘되는데 주점은 월매출 1억원 넘는 대박 매장이 아직 많지 않다. 물론, 앞으로는 더욱 늘어날 것으로 본다.

성수 상권의 주요 콘텐츠
한류 열풍에 中日 관광객 밀물…
'1인당 1만원' 좌석료 받는 곳도

성수 상권의 주요 콘텐츠 중 하나는 다양한 '팝업스토어'다. 2~3주 정도 단기간 운영하는 홍보용 매장이 숱하게 생겼다 사라진다. 60~70평 매장을 1개월 정도 임차하는 데 드는 비용은 약 1억원. 이 정도 금액을 주고 팝업스토어를 운영하는 주체는 단연 대기업이다. 성수를 즐겨 찾는 MZ세대 고객을 타깃으로 브랜드 마케팅을 하기 위해서다.

팝업스토어는 마케팅의 중심 무대가 온라인에서 오프라인으로 다시 넘어오고 있음을 보여준다. 코로나19 팬데믹 기간에 너도나도 온라인 마케팅에 뛰어들며 광고 효율이 떨어지자, 차라리 목 좋은 곳에 월세를 더 내는 게 확실한 홍보 효과를 얻을 수 있겠다는 계산이 선 것이다. 상황이 이렇자 최근 성수에선 '팝업 거지'라는 말도 돈다. 대기업이 운영하는 팝업스토어만 쭉 돌아도 각종 견본 상품을 받고 시식도 할 수 있으니, 주머니가 가벼운 젊은 커플에게 가성비 좋은 데이트 코스로 떠오르면서 나온 용어다.

성수 상권의 또 다른 큰손은 외국인 관광객이다. 카페 어니언의 경우 손님 2명 중 1명은 외국인으로 보인다. K팝, K드라마에 반해 한국을 찾은 젊은 일본인 여성 관광객과 중국인 관광객이 많다. 특히, 중국인 관광객은 과거에는 단체관광 위주로 한국을 찾았지만, 요즘은 개별 관광이 활발해졌다. 그러면서 명동, 동대문 등 주요 관광 명소 대신, 내국인(한국인)이 즐겨 찾는 '체험형 관광'이 대두, 성수로 몰리고 있다.

성수에서 잘나가는 '핫플 가게'들을 보면, 최신 마케팅 트렌드를 엿볼 수 있다.

먼저 '자연도소금빵'이다. 기본 소금빵 한 가지 메뉴만을 취급하는 데도 하루에 7000개를 판다. 4개 한 세트가 1만2000원임을 감안하면, 월매출 5억원 이상으로 추산된다. 이 가게는 폴딩 도어가 다 열려 있는 오픈형 매장인 데다, 키오스크로 먼저 주문을 하는 '결제 대기줄'과, 주문한 빵을 받는 '픽업 대기줄'이 따로 있

다. 손님 한 명이 두 번씩 줄을 서니 손님이 몇 명만 와도 멀리서 보면 '줄 서는 매장'으로 인식된다. 게다가 빵은 금방 포장되니 회전율도 높아 보인다. 행인들로 하여금 '나도 줄 서볼까' 하는 구매 심리를 자극하는 시스템이라 할 수 있다.

조개구이 전문점 '조개도'도 줄 서는 맛집이다. 바닥에 자갈을 깔아 바닷가에 온 기분을 느끼게 한다. 값비싼 가구로 인테리어를 꾸미는 가게들이 많은데, 색다른 곳에 저비용으로 포인트를 준 것이 인상적인 매장이다.

칵테일바 '신데렐라'는 세계 최초로 3D 프린터를 활용해 칵테일잔 홀더를 만들었다. 수제화 거리라는 성수동의 문화 콘텐츠를 3D 프린터라는 최신 기술과 접목해 새로운 볼거리, 즐길 거리를 제공한다. 신데렐라는 입구를 찾는 것부터 체험이 시작된다. 일반 문이 아닌, '괘종시계'를 밀어야 문이 열린다. 메뉴명도 '잃어버린 유리 구두를 찾다 만난 흰살 스테이크' '요정이 좋아하는 호박 파스타' 등 이색적이다. 동화 속 주인공이 된 기분을 만끽하게 해준다.

그러나 신박한 콘셉트로 승부하는 주점들은 인테리어나 온라인 마케팅에 들인 비용을 회수해야 하고, 대신 외부 음식 반입을 허용하는 경우도 많아 고객에게 선택권이 충분히 있다는 입장이다.
실제 성수의 한 칵테일바에 가보면, 음료가 나오고도 15~30분씩 인증샷만 찍고 있거나, 외부 음식 대신 안주를 3개씩 시키는 손님도 적잖다. 어떤 소비자에게는 가성비보다 인스타그래머블한 콘텐츠가 더 가치 있음을 보여준다.

서울숲·한강 인접한 천혜의 '감성 상권'

건대입구 '약속 상권'과 대칭…
2말3초 직장인 중심 성장 지속할 듯

성수는 앞으로도 계속 잘될까. 필자의 대답은 '그렇다'다. 성수는 서울숲과 한강이 가까이 있어 예쁜 카페나 식당이 들어서기 좋은 천혜의 '감성 상권'이다. 서울시가 2030년까지 총 1조6717억원을 투입, 성수동에 스타트업 1000곳이 입주할 수 있는 세계 최대 규모 창업지원시설을 조성하기로 하는 등 예정된 개발 계획이 아직도 많다. 현재 공사 중인 지식산업센터도 적잖다. 모두 성수 상권의 주요 타깃인 2말3초(20대 후반~30대 초반) 직장인 인구를 늘릴 만한 호재다.

반면 성수 바로 옆에 위치한 건대입구는 20대 초반 위주 '약속 상권'이다. 청춘 남녀가 만나기 위한 헌팅포차가 가장 잘된다. 인기 주류도 다르다. 성수는 카페 거리 덕분에 40대 여성도 많아 와인이 잘 팔린다. 반면 건대입구는 젊음의 거리답게(?) 소주가 잘 팔린다. 소주 한 병에 6000원 하는 헌팅포차도 있다.

단, '수제화 거리'로 유명한 성수동에서 정작 수제화 상인들은 젠트리피케이션으로 인해 쫓겨나고 있는 게 현실이다. 1평당 5000만원 하던 땅값이 2억원을 훌쩍 넘기며 새로운 건물주로 손바뀜이 일어나면서 기존 세입자들이 비싼 임차료를 감당 못하고 뚝도시장까지 밀려나고 있다. 그래도 서울시, 성동구 등 지자체는 '수제화 거리'라는 스토리텔링 키워드를 보존하기 위해 다양한 정책을 펴고 있고, 앞으로도 그럴 것이다. 외국인 관광객은 상당수가 정부나 지자체가 만든 팸플릿을 보고 찾아오는 만큼, 성수동의 정체성과 지역 자원을 마케팅해 잘 활용한다면 '로컬 크리에이터'로서 틈새시장을 개척할 수 있을 것이다.

 ## '아 옛날이여~' 홍대 상권

이홍규 부자창업스쿨 대표

프랜차이즈 점포 개발 10년 경력. 현재 온바람공인중개사사무소 대표 겸직. 저서 '알면 보이고 보이면 돈이 되는 상권의 비밀'로 YES24 경영 도서 상위권, 외부 강의 다수, 상권 분석을 통한 매출 상승에 대한 지표 제시를 통해 다양한 방면에서 활동 중이다.

이홍규 고수와
1:1 상담 문의는 여기로!

'주 7일 상권'에서 '주 2일 상권'으로
'상권'보다 '힙한 공간' 찾아다니는 트렌드

홍대입구는 1년 365일 사람들의 발길이 끊이지 않는 곳이다. 버스나 자가용을 이용해서 홍대입구역 대로변을 지나노라면 시끌벅적한 분위기에, 여전히 홍대는 많은 젊은이가 즐겨 찾는 상권임이 느껴진다. 그런데 미처 모르는 이들이 많다. 홍대입구역 인근의 중심 거리를 벗어나면 분위기가 사뭇 달라진다는 사실을.

양극화된 홍대 상권

"주말에는 주방이 미친 듯이 바쁜데, 평일에는 사람이 너무 없어요."
"마치 주 2일 상권이 된 것 같아요."
홍대입구에서 장사하는 사장님들의 하소연이다. 홍대 상권 구조는 예전과 달라졌

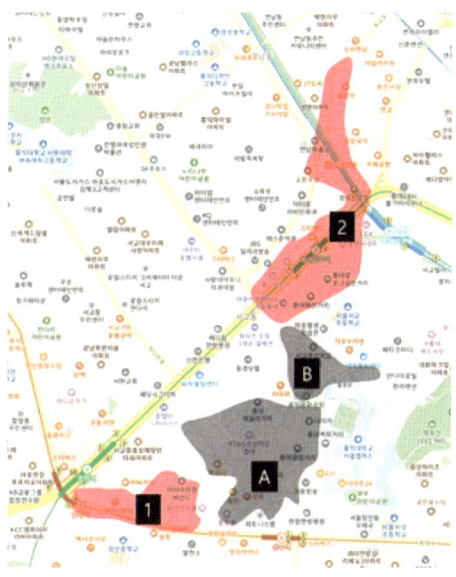

1번: 합정역 메인 상권.
2번: 홍대입구, 연남동 메인 상권. 주중과 주말의 고객 유입 차이가 적은 곳이지만, KT&G 상상마당 홍대 인근의 A지역과 홍익대 정문, 그리고 홍대놀이터가 위치한 B지역은 주중과 주말의 소비 차이가 크게 벌어진다.

주중과 주말, 홍대 상권의 큰 온도 차.

다. 아직도 연중 방문이 끊이지 않는 골목도 있으나, 반대로 고객 발길이 끊어진 골목도 늘었다.

홍대입구 메인 이면 골목은 여전히 많은 인파로 붐빈다. 그러나 홍대 예술의 거리를 넘어 상상마당 인근으로 가면서는 방문자의 생활 동선이 끊기는 것을 볼 수 있다. 홍대 클럽은 여전히 20대의 많은 사랑을 받는 장소지만, 과거 홍대의 클럽, 공연 문화를 생각하면 지금은 2010년 이전 모습을 찾아보기에는 다소 무리가 있다. 즉, 홍대 상권에도 '공백 지역'이 생긴 것이다.

주말은 이 지역도 늦은 시간까지 인파로 가득 찬다. 문제는 평일이다. 현장에 가 보면 평일에는 홍대나 합정동에 방문하는 사람들이 이 지역까지 접근을 잘하지 않는 것을 볼 수 있다. 같은 홍대 상권이라도 구체적인 입지에 따라 천지 차이인 셈이다. 2024년에 창업을 계획 중이라면 상권이 아니라 '입지'를 더욱 중요하게 봐야 하는 이유다.

이제 사람들은 예전처럼 상권을 보고 방문을 하지 않는다. 그 상권 안에 있는 '힙한 공간'을 찾아서 다닌다. 어설프게 좋은 상권만 믿거나, 눈으로 보이는 유동

도봉구 쌍리단길 리틀방콕, 오래된 방앗간을 골목 핫플레이스로 변경.

북가좌동 다세대 밀집 지역에 위치한 골목 핫플레이스.
심야식당 텐조(왼쪽), 하이쿠모(오른쪽).

인구만 믿고 임차료가 비싼 자리에 잘못 들어가면 최소 1억~2억원 손해 보기가 십상이다.

그렇다면 투자금이 부족한 예비 창업자는 어떤 자리에서 창업하는 것이 유리할까. 용산, 을지로, 홍대, 압구정로데오 등 주요 상권은 임대료, 월세, 권리금이 정말 높게 형성돼 있다. 투자금에 맞춰 유명 상권의 C급 입지에서 장사를 시작하는 것은 절대로 추천하지 않는다. 메인 골목에 있는 수많은 경쟁점을 가지 않고 접근성이 떨어지는 내 가게까지 굳이 찾아오게 만드는 것은 쉽지 않기 때문이다.

온라인 마케팅을 통해서 손님을 끌어오

겠다는 생각만으로 외진 입지에서 창업을 시작하면 내 가게만 파리가 날리는 모습을 볼 수도 있다. '내가 하면 다를 것'이라는 무모한 생각은 진심으로 모든 것을 실질적으로 준비했을 때나 해야 한다. 하지만 너무 걱정하지 마시라. 대안이 영 없는 것은 아니다.

우리 동네 핫플레이스의 시대

"이런 가게가 여기에도 있네?"
프랜차이즈를 이기는 작은 가게들이 있다. 유명 상권이 아닌 곳에서도 차별화된 공간의 힘으로 골목대장 역할을 제대로 하는 '우리 동네 핫플'들이다. 이들은 어떻게 상권을 이기는 공간이 될 수 있었을까. 바로 배후 세대다. 3000가구 이상 배후 세대가 있고 그 고객들이 찾아올 수 있는 공간을 잘 기획한다면 동네 상권에서도 충분히 안정적인 가게 운영이 가능하다. 3000가구는 파리바게뜨 매장 하나가 유지될 수 있는 규모의 배후 세대다. 배후 세대는 거짓말을 하지 않는다. 보유한 투자금으로는 접근하기 힘든 S급 상권에서 무리하게 창업하는 것보다는, 배후 세대 규모를 보고 골목 상권에서 가게를 시작하는 것도 좋은 대안이 될 수 있다.

강남, 홍대, 성수 같은 핫플레이스에만 MZ세대가 있는 것은 아니다. 인지도가 낮은 평범한 상권이나 작은 골목이더라도 배후 세대가 충분한 상권은 분명 있다. 그들이 소비할 수 있는 공간을 만들어주면 안정적인 가게 운영이 가능하다. 도봉구 쌍리단길의 '리틀방콕', 북가좌동의 '심야식당 텐조' '하이쿠모'가 대표 사례다.

10명 중 8명의 예비 창업자가 실수하는 점. 투자 금액이 부족할 때 우량 상권에서 한참 벗어난 입지에서 창업하는 것이다. '그래도 유동인구가 많고 고매출 매장이 즐비한 상권에서 시작해야지' 하고 착각하기 때문이다. 하지만 이것은 대형 상권일수록 경쟁 강도 또한 높다는 것을 전혀 고려하지 않은 결과다.

'굳이 우리 가게를 찾아와야 하는 이유가 있는지'에 대한 자기 객관화가 정말 중요하다. 이미 상권의 주요 동선에서 우리 가게와 유사한 콘셉트로 더 잘 기획된 매장이 운영 중이라면, 과연 고객은 접근성이 떨어지는 우리 가게에 올 이유가 있을까. 고객과 입장을 바꿔서 고민을 해봤으면 한다. 결국 우량 상권의 벗어난 입지보다는, 다세대 밀집 지역의 핵심 동선(Main Line)에서 장사를 시작하는 것이 더 좋은 선택이 될 수 있다.

다시 한 번 강조하지만, 배후 세대는 절대로 거짓말을 하지 않는다. 핫플에 가야만 볼 법한 의외성을 갖춘 가게를 작은 골목 상권에 만든다면, 그곳에서도 충분히 매장 운영이 가능하다. 물론 매장의 디테일을 살릴 수 있는 공간과 메뉴 기획은 충분한 벤치마킹을 한 후에 시작해야 한다.

2024년 창업을 계획 중이라면 꼭 알아야 할 상권 분석 포인트

'경쟁점'이란 무엇인가. 대부분 사람은 '동일 업종'이 나의 경쟁점이라고 잘못 생각한다. 삼겹살집 예비 창업자는 삼겹살집을, 카페를 하려는 사람은 '카페'를 주요 경쟁점으로 생각한다. 과연 이게 맞을까. 100점짜리 답변이라 할 수는 없다. 상권 내 경쟁점을 판단하는 기준은 한마디로 다음과 같다.

경쟁점 = 우리 가게 피크타임 때 사람들이 많이 방문하는 모든 가게

운영 시간이 8시간 내외인 업종에서는 피크타임에서의 매출액이 전체 매출액의 70%를 넘어가는 경우도 있다. 따라서 피크타임 때의 매출액은 정말 중요하다.
단, 업종이나 브랜드에 따라, 상권에 따라, 아이템 특성에 따라 피크타임은 제각각이다. 우선 내가 경쟁해야 하는 시간이 언제인지 확인하기 위해 업종별 피크타임을 알아보자.

삼겹살집 피크타임: 18~21시
맥줏집 피크타임: 20~23시
오피스 상권의 백반집 피크타임: 11시 30분~13시

이렇게 볼 때, 삼겹살집의 경쟁점은 18~21시에 사람들이 많이 방문하는 모든 가게다. 오피스 상권 백반집 경쟁점은 11시 30분~13시에 피크타임이 동일하게 나타나는 가게다. 생각보다 많은 경쟁자가 상권에 존재한다. 이를 이해하면 김치찌개 식당의 경쟁자, 돈가스 식당의 경쟁자가 각각 같은 김치찌개, 돈가스를 파는 식당이 아님을 알 수 있다. 서로일 수도 있고, 다른 가게일 수도 있다.
이 경쟁점에 대한 본질을 제대로 이해한다면 "여기는 동태탕 식당이 없네. 여기서 동태탕 팔면 대박 나겠다" 같은 오류를 범하지 않을 수 있다. 같은 피크타임을 점유하는 곳이라면 모든 곳이 나의 경쟁점임을 잊지 말자. 판매자 관점이 아니라, 고객 관점에서 경쟁점을 정의해야 한다.

핫플 시장

나건웅·조동현 매경이코노미 기자

젊어진 120살 전통시장
WELCOME TO '광장'

2024년에 주목할 또 다른 상권 트렌드는 '핫플이 된 전통시장', 즉 '핫플 시장'이다. 20여년에 걸친 지속적인 전통시장 현대화 작업으로 '하드웨어(외관, 시설 등)'가 나름 세련돼진 데다 최근 스타벅스, 어니언 등 MZ세대에게 인기 있는 브랜드가 잇따라 전통시장에 입점하며 '소프트웨어(콘텐츠, 브랜드, 서비스 등)'도 업그레이드된 덕분이다. 여기에 해외여행 대중화로 몰려드는 외국인 관광객들이 한국 고유문화를 체험하려는 수요가 더해졌다는 분석이다.

핫플 시장 트렌드는 2023년 초 백종원 더본코리아 대표가 리뉴얼하며 명소가 된 예산시장이 방아쇠를 당겼다고 볼 수 있다. 그러나 이웃 나라 일본에서는 이미 수십 년 전부터 전통시장의 핫플화가 진행돼왔다. 도쿄의 쓰키지시장, 오사카 도톤보리시장, 쿠로몬시장, 교토 니시키시장은 각각 '도시의 부엌' 역할을 하며 국내외 관광객이 방문하는 필수 코스가 됐다. 50년 전 감성으로 리뉴얼한 예산시장도 쇼와 일왕 시대를 재현한 오이타현 분고타카다시의 '쇼와노마치'와 닮아 있다. 전통시장에 배어나는 지역성과 역사성, 수백 개 상가가 밀집된 집적도 등 전통시장 자체가 지닌 강점이 MZ세대와 해외여행 대중화 시대를 맞아 발현되고 있는 셈이다.

전통시장이 제2전성시대를 맞고 있음은

통계로도 확인된다. BC카드 신금융연구소가 2019년(1~4월)부터 2023년(1~4월)까지 5개년 동안 전국 주요 전통시장 15곳 서울(경동, 광장, 동묘, 망원, 신당), 인천(신포국제), 강원(강릉중앙, 속초중앙), 대구(서문, 칠성), 부산(국제, 기장, 부평깡통), 충남(예산), 제주(동문) 등의 매출 데이터를 분석한 결과, 결제액과 방문 고객 지수가 2019년 각각 100에서 올해 각각 149과 142로 늘었다. 특히 충남 예산시장의 경우 2019년 대비 2023년 방문한 MZ 고객 증가율이 934%에 달했다. 서울 신당시장은 117%, 강원 강릉중앙시장은 70%, 제주 동문시장은 25%, 서울 망원시장은 18%가 늘었다.

전통시장의 외국인 관광객 매출 역시 덩달아 급증 추세를 보였다. 2023년 1~4월 전통시장에서 발생한 외국인 관광객 매출은 입국 규제가 강화됐던 2021년의 같은 기간 대비 753% 증가했다. 코로나19 초기였던 2020년과 비교해도 65% 증가했다.

MZ세대와 외국인 관광객 유입에 힘입어 전통시장 매출은 국내 코로나19 발생 직후인 2021년을 기점으로 매년 가파른 증가 추세를 기록하고 있다. 전통시장 결제 금액은 2019년 1~4월 대비 2023년 49% 증가했다.

최근 서울에서 가장 '핫플 시장'으로 떠오른 광장시장은 어떨까.

2023년 12월 26일 오후 6시께 찾은 서울 종로구 광장시장 먹거리 골목은 그야말로 '북새통' 그 자체였다. 이른 저녁이지만 앞으로 한 발짝을 내딛기 힘들 정도로 골목과 가게마다 사람이 가득가득 들어찼다. 어둑어둑해진 거리와 달리 시장 내부는 대낮같이 환하다. 빈대떡, 칼국수, 비빔밥 등 노점마다 걸려 있는 수백 개 전등에서 쏟아지는 불빛 덕분이다. 편집숍, 와인바, 전통주 전문점, 탕후루, 카페 등 최근 광장시장에 새로 들어온 매장 간판도 휘황찬란하다. 꽈배기·호떡 같은 길거리 음식을 사 먹기 위한 대기줄은 시장을 넘어 차가 다니는 대로변까지 길게 늘어서 있다.

시장을 걷다 보면 곳곳에서 영어·중국어·일본어 등 다양한 외국어도 들려온다. 좁은 의자에 끼어 앉아 낯선 자세로 비빔밥을 비비고 있는 이들부터 처음 맛보는 튀김과 막걸리를 앞에 두고 호기심 가득한 눈으로 연신 사진을 찍는 이들까지 각양각색이다. 아예 영어 메뉴를 큼지막하게 간판으로 내건 곳도 있다. 광장시장에서 2대째 빈대떡 가게를 운영하고 있다는 한 70대 상인은 "코로나 팬데믹 이후 하늘길이 열리면서 시장이 다시 활기를 띤다"며 "손님 10명 중 2~3명 정도는 외국인이다. 먹고 가는 이도 있지만 포장하거나 들고 먹으면서 가는 걸 선호하는 이가 많다"고 들려줬다. 고려대에서 유학하는 딸을 보러 아내와 함께 리히텐슈타인에서 왔다는 마틴 씨는 "딸이 '한국 여행은 광장시장부터'라고 추천하기에 한국에 들어온 후 가장 먼저 오게 됐다"며 "한국 전통 먹거리를 먹고 한복도 구경할 수 있어 좋았다"고 말했다.

대한민국 최초 상설시장이자 120년 전통을 자랑하는 '광장시장'이 서울의 새로운 힙플레이스로 당당히 자리매김한 모습이다. 단순히 방문객만 늘어난 것이 아

2023년 12월 27일 오후 3시에 찾은 광장시장. 호떡과 꽈배기를 사 먹기 위한 대기줄이 대로까지 이어져 있었다. 윤관식 기자

니다. 고루한 전통시장 이미지를 벗고 젊은이가 많이 찾는 'MZ 광장'으로 떠올랐다. 대를 이어 가게 운영에 뛰어든 2·3세 젊은 상인이 늘었고 손님 연령대도 한층 낮아졌다. 하루가 멀다 하고 팝업스토어가 열리고 맛집으로 이름난 외부 유명 브랜드 입점도 늘어났다. 방문 외국인 국적이 다양해진 것도 이전과 다른 트렌드다.

코로나 이전보다 더 잘나가
K-콘텐츠 열풍에 외국인 '급증'

광장시장 인기는 사실 어제오늘 일은 아니다. 육회·빈대떡·김밥 등 '한국의 푸드코트'라고 불리는 광장시장 먹거리 골목은 예전부터 평일·주말, 점심·저녁 할 것 없이 북적였다. 허기를 달래러 온 인근 직장인과 상인은 물론 과거부터 오랜 시간 광장시장을 찾았던 60대 이상 노년층 방문도 워낙 많은 곳이었다. 한국 길거리 음식과 전통문화를 서울 한복판에서 접할 수 있다는 점에서 원래도 외국인 관광객이 즐겨 찾는 명소였다.

하지만 광장시장도 코로나 팬데믹에서 자유롭지 못했다. 2020년 시작된 사회적 거리두기와 하늘길 봉쇄로 광장시장 매출이 급감했다. 발 디딜 틈 없이 북적이던 시장은 도소매업자만 오가는 한산한

종로 일대 맛집 검색 상위권 차지한 광장시장 가게

순위	매장명	메뉴
1	총각네붕어빵	붕어빵
2	방아다리감자국	감자탕
3	영춘옥	꼬리곰탕, 해장국
4	동해루	중식당
5	진옥화할매원조닭한마리	닭한마리
6	우래옥	평양냉면
7	승우네식당	순두부백반
8	예담	한식뷔페
9	원조순희네빈대떡	빈대떡
10	육회자매집	육회, 낙지탕탕이
11	부촌육회	육회, 육회비빔밥
12	은성횟집	생선회
13	창신육회	육회, 육회비빔밥
14	계림	마늘닭도리탕
15	호남집	수구레국밥, 닭발

※ 2023년 9~12월 검색량 증가 기준
※ 노란 배경 글씨는 광장시장 인근 매장
자료: 식신

곳으로 전락했다.

위기는 기회가 됐다. 광장시장은 재정비의 시간을 거치며 한층 '업그레이드'됐다. 위기의식을 느낀 상인들은 저마다 위생과 내외부 인테리어 개선에 나섰고 팬데믹 여파로 생겨난 공실은 이전에는 없던 '힙'한 브랜드가 입점하는 계기가 됐다.

최근 광장시장에는 전에 찾아보기 어려웠던 힙한 외부 브랜드 입점이 이어지고 있다. 사진 왼쪽은 디저트 카페 '일호상회', 오른쪽은 제주 크림빵 맛집 브랜드로 유명한 '아베베베이커리 서울'.
윤관식 기자

운도 따라줬다. 전 세계적으로 K-콘텐츠 열풍이 불며 한국 관광과 문화, 먹거리에 대한 관심이 커졌다. 팝스타 샘 스미스 등 셀럽을 비롯해 해외 유명 유튜버들이 너 나 할 것 없이 광장시장을 찾아 인증샷을 찍고 먹방 영상을 공유하면서 인지도가 더욱 올랐다. 글로벌 인기를 자랑하는 넷플릭스 다큐멘터리 시리즈 '길 위의 셰프들'에서 광장시장을 조명한 것도 효과가 있었다. 2019년 방영된 '길 위의 셰프들: 아시아 서울편'에서 광장시장에 위치한 '박가네 빈대떡' '고향칼국수' 등을 다루면서 외국인 관광객 사이에서 꼭 찾아야 할 명소로 떠올랐다.

포스트 코로나 시대를 맞아 떠났던 손님 발길이 다시 몰리기 시작했다. 이제는 코로나 이전보다 오히려 장사가 잘된다. 빅데이터 전문 기업 나이스지니데이타에 따르면 2023년 1월부터 11월까지 광장시장 월평균 매출(카드 결제 기준)은 152억원이다. 코로나 팬데믹이 한창이던 2020년(80억원)과 비교하면 두 배 수준, 팬데믹 이전인 2019년(107억원)보다도 확연히 늘었다. 음식 업종에 한정하면 성장세가 더욱 두드러진다. 2019년 48억원에서 2020년 28억원까지 떨어졌던 월평균 매출은 2022년 60억원, 2023년에는 72억원까지 증가했다. 주시태 나이스지니데이타 실장은 "한식·고기·음료 등 대부분 업종에서 2019년 대비 2023년 월평균 매출이 크게 늘었다"며 "노점이 많은 광장시장 특성상 현금 결제와 계좌이체 비중이 상당하다. 이를 감안하면 개선된 매출폭은 집계한 데이터보다 더 클 수도 있다"고 설명했다.

뉴페이스 급증…'신구 조화' 성공
카페 어니언 화제몰이…팝업도 '후끈'

최근 광장시장 변화를 가장 잘 설명하는 단어는 '신구 조화'다. 대를 이어 가게를 운영해온 수십 년 전통 맛집이 건재한 가운데 1~2년 사이 새로 자리를 잡은 '힙'한 가게들의 약진이 두드러진다. 전통과 트렌드의 조화는 최근 인기 상권에서 공통적으로 찾을 수 있는 화두다. 공장 지대에서 최신 패션과 트렌드의 메카로 탈바꿈한 '성수동', 낙후된 도심 속 한옥 거리를 리모델링해 인기를 얻은 '익선동'과 궤를 같이한다.

2022년 8월 광장시장 남문 입구 쪽에 새로 들어선 '어니언'이 대표적이다. 어니언은 성수, 안국, 미아에 이은 4호점으로 광장시장을 낙점했다. 최근 젊은 세대 사이에서 가장 유명한 카페 중 한 곳이지만 외관만 보면 120년 광장시장과 크게 이질감이 없다. 박스 테이프를 칭칭 휘감은 테이블과 등받이 없는 둥그런 플라스틱 의자, 골판지 박스를 뜯어 펜으로 휘갈긴 듯한 메뉴판에는 시장 감성이 고스란히 담겼다. 가격도 커피 한 잔에 3500원으로 타 매장보다 상대적으로 저렴하게 책정했다. 어니언 외에도 광장시장에는 최근 유명 브랜드 분점 출점이 활발히 이뤄지고 있다.

제주 특산물을 넣어 만든 크림빵으로 유명한 '아베베베이커리', 충남 예산시장에 위치한 유명 애플파이 맛집 '사과당'도 2023년 들어 광장시장에 새롭게 입성한 브랜드다. '경주십원빵' '베이글 광장' '크라상점' 등도 2023년 잇달아 문을 열었다. 유주형 어니언 대표는 "이미 자리 잡은 윗세대에게 사랑받으면서도 젊은 세대 유입을 일으킬 수 있는 장소를 물색하던 중 광장시장을 선택하게 됐다"며 "입점을 준비하기 훨씬 이전부터 기존 상인들과 유대감을 쌓는 데 주력했다. 어니언으로 상대적으로 한산했던 광장시장 남문 쪽에도 유동인구가 늘어나면서 상인분들도 좋아해주신다"고 분위기를 전했다.

과거와 달리 젊은 세대 방문 비중이 높아지면서 팝업스토어도 활발히 열린다. 2023년 5월 수제맥주 기업 '제주맥주'는 광장시장에 '제주위트 시장-바' 팝업스토어를 오픈했다. 제주맥주 대표 제품인 제주위트에일과 한국 길거리 음식의 조합으로 특별한 미식 경험을 제공하겠다는

2022년 광장시장에 문을 열며 화제몰이를 했던 '어니언 광장시장'은 광장시장 분위기와 조화를 이루는 내외부 인테리어로 호평받는다.
윤관식 기자

취지다. 안주는 광장시장 대표 맛집 '박가네 빈대떡', 유명 셰프 홍석천·이원일과 협업으로 많은 관심을 모은 바 있다.

최근 문을 연 디저트 카페 '일호상회'도 광장시장 팝업의 좋은 사례다. 광장시장에서 가장 오래된 '001호' 점포를 계승한다는 의미로 만든 브랜드다. 한국로스팅대회 챔피언 출신 바리스타가 운영하는 카페로 크림 커피 '광장블랑'이 시그니처 음료다. 팝업스토어를 활용, 디저트 메뉴가 매달 바뀐다는 점도 이색적이다. 2023년 12월에는 한국 제54대 조리명인이자 궁중음식 연구가 윤영실 대표가 운영하는 '윤영실레시피'와 협업해 한국 전통 디저트 '주악'을 소개하고 있다. 일호상회 관계자는 "전통시장을 찾은 이에게 익숙함과 특별함을 동시에 선사하는 데 초점을 맞추고 있다"며 "외국인 고객이 전체 80%를 차지할 정도로 관심이 뜨겁다"고 설명했다.

식음료뿐 아니다. 아코디언 모양 숄더백으로 유명한 친환경 굿즈 브랜드 '플리츠마마' 역시 두 번째 플래그십 스토어를 광장시장에 열었다. 어니언과 마찬가지로 주변과 어우러지는 공간 구성에 초점을 맞췄다. 전통시장 분위기가 묻어나는

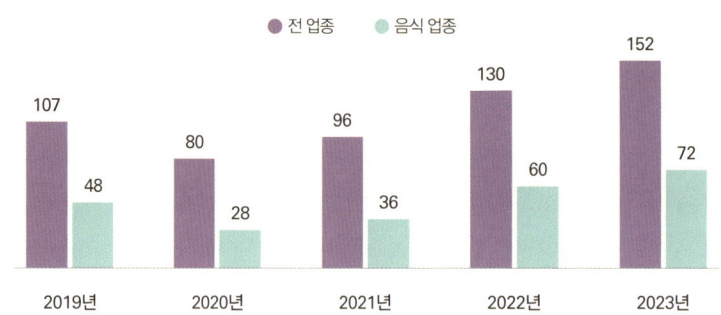

코로나 바닥 찍고 급증한 광장시장 매출 (단위:억원)
● 전업종 ● 음식 업종
2019년: 107, 48
2020년: 80, 28
2021년: 96, 36
2022년: 130, 60
2023년: 152, 72

※ 월평균 매출 기준, 2023년은 1~11월
자료: 나이스지니데이타

집기와 양철 지붕 인테리어가 특히 눈길을 끈다. 벽면은 플리츠마마 특유의 리사이클링 원사를 활용했다. 기존 시장 상인과 적극적인 협업도 주목받는다. 플리츠마마는 30년 이상 자수 경력을 보유한 광장시장 '성북자수' 윤정숙 장인 자수 서비스를 제공하는 오픈 기념 이벤트를 열었다. 이 밖에도 전통주와 광장시장 굿즈를 판매하는 편집숍 '365일장', 조선시대 갓과 꽃무늬 조끼 등 전통적인 느낌을 주는 소품을 활용한 네컷 사진관 '플레이인더박스'도 광장시장 새내기다.

광장시장에서 10년 넘게 칼국수를 팔았다는 한 상인은 "예전에는 광장시장 구성이 분식·육회 등으로 한정적이었다면 요즘은 메뉴나 업종 측면에서 그 종류가 다양해졌다"며 "시장이 젊어지면서 손님 연령대도 내려갔고 외국인 비중은 급증했다. 과거에는 중국인이 대부분이었다면 최근에는 태국·인도네시아 등 동남아는 물론 미국·유럽 등 서구권 관광객이 크게 늘었다"고 설명했다.

광장시장, 향후 전망은

'바가지 논란' 불식은 과제

광장시장에 쏠리는 관심이 급증하기는 했지만 동시에 혹독한 '성장통'도 겪고 있다.

최근에는 이른바 '바가지 논란'이라고 불리는 대형 악재가 터졌다. 사건 전말은 이렇다. 2023년 11월 한 유튜버가 베트남에서 온 지인 2명과 함께 광장시장을 찾았다가 가격에 비해 부실한 음식을 받은 영상을 공개했다. 해당 유튜버는 1만 5000원짜리 모둠전 한 접시를 주문했으나 접시에 담겨 나온 건 전 8점가량이 전부였다. 해당 전집은 유튜버 일행에게 추가 주문을 유도하기도 해 상인회로부터 10일간 영업 정지 처분을 받았다.

해당 영상이 일파만파 퍼지고 논란이 공론화되면서 광장시장 전체가 큰 타격을 입었다. 국내에서부터 '악덕 상인 불매'가 펼쳐지며 시장을 찾는 방문객이 크게 줄었다. 주로 유튜브를 통해 광장시장을 접했던 외국인 관광객에게도 이미지 추락이 불가피하다. 정확한 집계는 어렵지만 "논란 이전 대비 매출이 절반 이상 줄었다"는 게 상인들 중론이다. 시장을 찾는 유동인구 때문에 방문객이 많은 것처럼 보이지만 실상은 비어 있는 가게나 좌판이 많다는 얘기다.

광장시장은 상인회를 중심으로 대책 마련에 나섰다. 서울시, 종로구 등 지자체도 합류했다. 서울시는 2024년 중으로 소비자 이해를 돕기 위해 광장시장 메뉴판 가격 옆에 중량 등을 표시하는 '정량표시제'를 도입하기로 했다. 상인들과 협의를 거쳐 1월 중순부터 품목마다 단계적으로 도입한다는 방침이다. 가격 조정이 필요한 경우에는 신설되는 '사전가격협의체'를 거치도록 했다. 서울시 관계자는 "가격 결정에 직접 개입하는 건 아니지만, 인근 시장 가격 동향 등 정보를 지원해 물가 수준을 권고한다는 계획"이라고 밝혔다. 박재용 서울시 노동공정상생정책관은 "서울 대표 명소인 광장시장의 신뢰 회복을 위해 종로구, 광장전통시장 상인회와 함께 다각도 대안을 마련하고 추진할 것"이라고 덧붙였다.

상인들도 자체 노력을 이어가고 있다. 상인회에서는 시장 내 점포를 수시 점검해 위반 업체에 관해 영업 정지 등 강력한 제재를 내리기로 했다. 상인 대상으로 한 교육도 강화한다. 매월 지속적인 교육을 실시하고, 불참 시에는 영업 정지 1일과 재교육 등 강도 높은 자정 활동을 추진하기로 했다. 2023년 12월에는 광장시장 먹거리 제조 업종 모든 상인이 참석한 가운데 서비스 향상을 다짐하는 '결의대회'를 진행하기도 했다. 조병옥 광장전통시장 상인회 상근이사는 "세계적으로 광장시장 먹자골목이 알려져 고객이 많이 모이는 만큼 바가지 논란 등 재발 방지를 위해 최선을 다하고 있다"며 "같은 논란이 생기지 않도록 상인들 모두 알아서 조심하는 분위기"라고 귀띔했다.

한편에서는 무분별한 상권 확장을 우려하는 목소리도 들려온다. 광장시장 주변으로 창업 관심이 급증하면서 주변 지역으로 상권이 커지다 보면 기존 상권 희소성을 떨어뜨릴 수 있다는 지적이다. 김영갑 KYG상권분석연구원 교수는 "상권이 활성화될 경우 주변으로 확장되는 건 자연스러운 현상이지만 기존 상권이 약화하는 문제가 발생할 수 있다"고 설명했다.

광장시장에 점포를 열기 전 고려해야 할 점은 뭘까.

매장 임대는 다른 일반 상권과 동일한 방식으로 진행된다. 현재 광장시장 매장 중 약 3분의 2는 광장주식회사 소유, 나머지는 일반 개인 건물주가 갖고 있다. 건물주에게 임대료를 내고 기존 상인에게 권리금을 내는 방식으로 가게를 얻을 수 있다. 전통시장이라고 해서 특별한 제약은 없는 셈이다.

창업 시 고려해야 할 점으로 '합리적인 가격'을 꼽는 전문가가 많다. 전통시장 특성상 애초에 저렴한 제품이 많은 데다 최근 바가지 논란 탓에 가격에 특히 더 민감하게 반응하는 분위기가 형성됐기 때문이다. 안병익 식신 대표는 "시장 또는 시장 인근 창업의 경우 식재료와 원재료를 저렴하고 빠르게 조달 가능하다는 점에서 유리한 부분이 있다"며 "기대하는 가격대가 분명 있는 만큼, 합리적인 가격을 책정해 '가성비'를 제공하는 것이 가장 중요하다"고 강조했다.

| 인터뷰 |

팝업·와인바 새 도전
"놀 거리 더 많아져야"

추상미
박가네 빈대떡 대표

'박가네 빈대떡'은 3대를 이어 운영 중인 광장시장 터줏대감이다. 1960년대 나물 가게로 시작한 가게는 이제 3대인 추상미 대표가 이어받았다. 최근에는 본인 가게를 넘어 광장시장 문화 전반을 개선하기 위한 법인 '321플랫폼'을 설립했다. 추 대표는 추귀성 광장시장상인회장 딸이다.

Q. 광장시장 방문객 증가를 체감하나.
A. 2023년 11월까지는 좋았다. 하지만 '바가지 논란'이 터진 이후에는 힘든 시간을 보내고 있다. 유동인구는 여전히 많지만 매장에 방문해 체류하는 시간이 크게 줄었다. 문제 해결을 위해 상인들이 노력을 정말 많이 한다. 가격 정책을 다듬는 건 물론 위생모 착용, 앞치마 통일 등 인식 개선을 위한 다양한 시도를 이어가는 중이다.

Q. 그럼에도 최근 광장시장이 '힙플레이스'로 주목받고 있다.
A. 확실히 시장이 젊어졌다. 어니언, 아베베베이커리, 플리츠마마 등 잘하는 외부 브랜드가 입점하기 시작했다는 게 가장 큰 변화다. 위생이나 메뉴 다양성 면에서도 개선됐다. 순희네 반찬가게, 육회자매집, 강가네떡볶이, 광장시장 찹쌀꽈배기 등 전통의 가게도 2·3세 젊은 대표가 뛰어들면서 전반적인 마케팅과 운영 역량이 높아졌다.

Q. 예전보다 특색 있는 가게들이 확실히 늘어난 것 같다.
A. 다양성 측면에서 의미 있는 변화라고 본다. 가게 하나하나가 잘하는 것도 중요하지만, 넓게 봤을 때 광장시장 자체가 주는 경험의 질을 끌어올리는 것이 필요하던 차였다. '321플랫폼'이라는 회사를 새로 기획한 것도 같은 이유다. 획일화된 먹거리로만 인식됐던 광장시장 내 다양성을 높이는 게 목표다. 전통주를 기반으로 한 그로서리 스토어 '365일장', 돼지 부속물을 활용한 음식이 시그니처인 루프톱 와인바 '히든아워' 등을 운영한다. 제주맥주 등 팝업스토어 유치도 주도하고 있다.

Q. 광장시장이 지금보다 더 흥하기 위해 필요한 건 무엇일까.
A. 바가지 논란 등 무너진 방문객 신뢰를 회복하는 게 급선무다. 현재 메뉴판도 없이 운영하는 매장과 노점이 많다. 한번 만들면 바꾸기 힘든 메뉴판만 있어도 고무줄 가격과 정량 논란이 많이 사라질 것이다. 현재 사업자 등록을 못 받고 운영 중인 노점상 문제도 해결될 필요가 있다. 다른 것보다 당장 카드 결제가 안 된다는 불편함이 있다.

CASE STUDY

일본 전통시장 부활 사례 '쇼와노마치'

50년 전 쇼와 시대로 시간 여행 '레트로 리뉴얼' 2년 새 관광객 8배

노승욱
창톡 대표

장사 노하우 공유 플랫폼 '창톡' 창업자 겸 대표. 매경이코노미 창업전문기자 12년 근무 후 매일경제신문사 사내벤처로 '창톡'을 설립해서 2023년 3월 분사. 장사고수와 소상공인 간 가교 역할을 하고 있다.

어느 평일 이른 오후에 일본 오이타현 분고타카다시에 위치한 전통시장 '쇼와노마치'를 찾았다. 시장 입구에 설치된 전시관에는 1950~1980년대에 일본에서 쓰던 각종 생활용품과 영화 포스터 등이 진열돼 있다. 백발이 성성한 두 할머니 관람객은 "그래, 이런 느낌이었어"라고 감탄사를 내뱉으며 이야기꽃을 피우다 이내 추억에 잠긴다.
시장에 들어서면 그야말로 한순간에 '타임 슬립(시간 여행)'을 한 듯하다. 낡은 나무판자에 두꺼운 붓으로 거칠게 갈겨 쓴 간판들, 개화기 사극에서나 본 듯한 브라운관 TV와 가구들이 상점마다 그득 진열돼 있다. 30대 후반인 필자도 어린 시절 추억 속 한 자락에 남아 있는 풍경이다.
쇼와노마치를 관리하는 분고타카다시의 직원은 "코로나19 사태 전에는 일본 전역에서 연간 40만명의 관광객이 방문했다. 코로나19 사태로 한동안 침체됐지만 최근 방문객이 76% 정도 회복됐다"고 전했다.
일본 규슈섬 동쪽 한가운데에 위치한 쇼와노마치는 일본 전통시장의 대표적인 혁신 사례로 꼽힌다. 인근 철도역 상권이 붕괴돼 지역 주민 발길이 뜸해지자 시장을 통째로 20세기 초반 풍경으로 리모델

링해 관광지 상권으로 재탄생시켰다. 쇼와노마치는 1926년부터 1989년까지 재위한 일왕 '쇼와'의 거리라는 뜻이다. 상권 침체를 걱정하던 쇼와노마치는 어떻게 기적을 이뤄낼 수 있었을까.

쇼와 시대로 복고풍 리뉴얼 화제
반세기 전으로 타임 슬립…관광객 밀물
분고타카다시는 오이타현 동북부에 동그랗게 튀어나온 쿠니사키반도에 위치하고 있다. 에도 시대부터 기항지로 번창했고, 쇼와 일왕 시대에 전성기를 맞았다. 한때 300여 점포가 들어서 활기를 띠었다. 그러나 쇼와 시대가 저물고 1990년대가 되자 상권 침체가 시작됐다. 자동차가 보급되며 철도역 인근 상권이 붕괴하고 주민 왕래가 급감했다. 4개 상점가에는 53개 회원 점포 중 빈 점포가 절반에 달했다. '개와 고양이밖에 다니지 않는다'는 야유가 흘러나올 지경이었다.

'이러다가는 다 죽겠다'. 위기감을 느낀 상인들이 먼저 발 벗고 나섰다. 1992년 일본 광고 전문 대기업 '덴쓰'에 용역을 주고 상권 활성화를 위한 대책 마련에 나섰다. 그러나 덴쓰가 1년간 연구 끝에 내놓은 대책은 허탈할 정도였다. 바로 '대형 경기장'을 만들라는 것. 예산과 권한이 한정된 상인회에 대규모 재개발 사업은 무리였다.

다시 머리를 맞대 시시 활성화 내책 마련에 나섰다. '기존 상점가 재생연구의 회'를 결성하고 상공회의소, 행정기관에

일본 오이타현 분고타카다시의 상점가 쇼와노마치는 일본 전통시장의 대표적인 혁신 사례로 꼽힌다. 상점가가 번성했던 쇼와 일왕 시대 모습을 재현해 관광객이 급증했다.

도 도움을 요청했다.

이들의 물음은 '왜 상권을 활성화해야 하는가?'에서 시작됐다. 답을 찾기 위해 일단 1996년 분고타카다 시가지의 '거리 이야기(Street Story)'를 작성하기로 했다. 에도 시대부터 근대에 이르기까지 역사 자료를 조사해 다른 상점가와 차별화된 거리의 개성을 찾았다.

여러 가지 아이디어를 받아 하나씩 가능성을 점검했다. 일단 16~17세기에 유행했던 '조카마치(城下町·성 밑에 건설한 도시)' 콘셉트는 이미 다른 곳도 많이 하고 있었다. 일본이 전성기를 구가했던 1910~1920년대 '다이쇼 로망(다이쇼 일왕 시대의 낭만주의 사조)'도 차별점이 없었다.

그러던 중 수도권에서 쇼와 시대를 테마로 한 라면 박물관이 문을 여는 등 전국적으로 쇼와 붐이 이는 흐름이 읽혔다. 마침 2000년 '상가의 거리 풍경 조사 사업'을 통해 중심 상가 301건을 조사한 결과와 부합했다. 모든 가옥의 토지 도면, 건물 도면 대장을 전수조사한 결과 상가 건물 중 약 70%가 1955년대 이전 것으로 판명된 것. 쇼와 시대를 테마로 한 관광지 조성이 가능하겠다 싶었다. 2001년 9월 상업과 관광 부흥을 위한 '쇼와의 거리' 건설 작업이 시작됐다. 상권 활성화를 결의하고 방법을 찾아 나선 지 8년 만의 일이다.

"쇼와 시대를 테마로 한 상점가는 다른 곳도 많았지만 재생만 했을 뿐, 실제 역사적 근거는 없었습니다. 반면, 쇼와노마치는 실제 쇼와 시대에 가장 번영했고, 3~4대에 걸쳐 살고 있는 주민도 많았어요. 현재 남아 있는 56개 가게 중 15개는 100년 이상 된 가게입니다."

분고타카다시 직원의 설명이다.

이후는 일사천리. 쇼와 시대의 거리, 역사, 상품, 그리고 사람을 재생한 '4대 재생'이 시작됐다.

우선 1950년대 도시 경관 조성을 위해 건축 재생에 나섰다. 현대식 알루미늄 간판을 뜯어내고 나무로 만든 옛날식 간판을 내걸었다. 당시 쓰던, 이제는 골동품이 된 옛 물건을 수집해 가게마다 비치했다. 쇼와 시대를 떠올리게 하는 귀한 물건과 상품을 하나씩 선보이는 '일점일보(一店一寶)' '일점일품(一店一品)'에 나섰다. 아이스캔디, 카레크로켓 등 옛날 먹거리도 팔았다.

재생 대상은 거리 풍경과 상품만이 아니었다. 상인도 그 시절의 마음가짐으로 돌아가야 한다는 '쇼와 시대 상인 재생'도 추진했다. 접객 매뉴얼에 따른 판에 박힌 서비스가 아니라, 이웃처럼 환대하며 친근하게 대화를 나누는 자연스러운 접객에 나선 것.

거리 입구에는 관광 거점 시설로 '쇼와 로망구라' 창고를 정비했다. 마을의 대표 부자였던 노무라 씨가 쌀 1만포대를 저장하던 농업 창고를 쇼와 시대 물건이 진열된 박물관과 식당으로 리뉴얼했다. 박물관은 후쿠오카시에서 구멍가게를 운영하던 고미야 유센 씨가 보유한 10만점 넘는 쇼와 시대 장난감 컬렉션으로 채워졌다. 상공회의소가 중심이 돼 고미야 씨에게 쇼와 로망구라에 출점해달라고 삼고초려해 유치(2002년)한 덕분이다. 동화 삽화가 구로사키 요시스케의 그림책

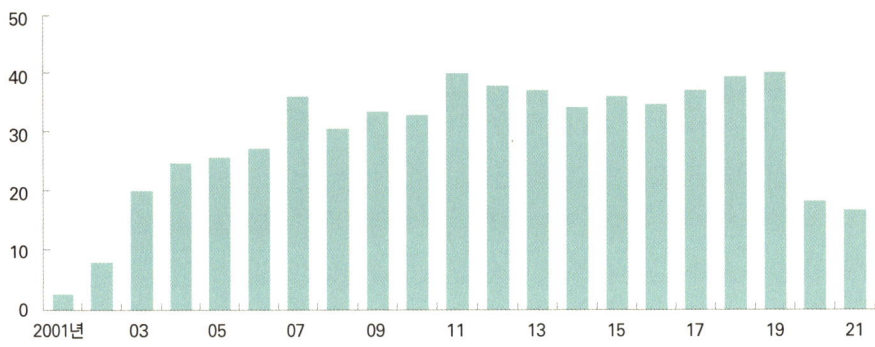

쇼와노마치 연도별 관광객 수 단위:만명
자료:분고타카다시

을 모은 '쇼와 그림책 미술관(2005년)', 1950~1960년대 민가와 상점, 교실을 재현한 '쇼와 꿈마을3초메관(2007년)'도 잇따라 문을 열었다. 식당에서는 지역 토산품으로 음식을 만들어 팔았다. 마을 역사를 방언을 섞어 안내하는 전문 안내인도 배치했다. 옛날 사람들이 타고 다니던 보닛 버스를 복원해 일요일마다 운행하기도 했다.

결과는 대성공. 거리 전체가 대변신하자 관광객들은 반세기 전으로 타임 슬립한 듯한 재미에 빠져들었다. 입소문이 퍼지며 일본은 물론, 해외에서도 관광객이 밀려들었다.

2001년 2만5000명에 불과했던 관광객 수는 이듬해 8만명, 2003년에는 20만명으로 불과 2년 만에 8배 급증했다. 이후에도 꾸준히 늘어 2007년부터는 매년 30만~40만명이 거리를 찾았다. '나미야 잡화점의 기적' '언덕길의 아폴론' 등 영화 촬영지로도 유명세를 타며 외국인 관광객도 밀려들었다. 한국인 단체 관광객을 포함, 쇼와노마치의 외국인 관광객은 2014년 1900명에서 2019년 1만6500명으로 5년 만에 8배 이상 늘었다.

"처음에는 어린 시절을 추억하는 40~50대 이상 중장년층이 주로 찾았습니다. 여행사에서 버스를 대절해 단체 관광객을 모셔 왔죠. 요즘은 미디어와 SNS를 통해 알게 된 젊은이가 절반에 달합니다. 부모, 조부모 세대가 옛날에는 어떻게 생활했는지 보며 즐거워하더군요."

관광객이 밀려와 상권이 살아나자 상인들도 다시 찾아왔다.

쇼와노마치에서 가게를 운영하겠다는 외지인들의 신청도 줄을 이었다. 분고타카다시는 이들의 월세와 상가 리모델링을 지원하며 상권 활성화를 돕고 있다. 덕분에 한때 9개까지 줄어들었던 쇼와노마치 상점은 최근 약 60개까지 다시 늘어났다. 쇼와노마치가 브랜드화되며 인지도가 높아지자 지역에 대한 주민들 자부심도 높아졌다.

지역의 특성 살려 성공

"외부 지원 의존 말고 상인들이 나서야"

전문가들은 지역 개성을 살린 것이 쇼와노마치의 성공 비결이라고 꼽는다. 미쓰하시 시게아키 전 일본 마치즈쿠리협회 이사장은 저서 '전통시장 이렇게 살린다'를 통해 쇼와노마치에 대해 다음과 같이 평가했다.

"상점가는 저마다 다른 개성을 갖고 있다. 따라서 각 상점가마다 번영 조건, 침체 요인, 활성화 방법이 모두 다르다. 쇼와노마치는 신설 테마파크가 아닌, 기존 상점가 거리에 쇼와 시대 마을의 분위기를 재현함으로써 지역 자원을 살려 관광 산업력을 만든 사례다."

분고타카다시 직원은 "쇼와노마치는 상권 침체에 위기감을 느낀 상인들이 먼저 적극적으로 나선 것이 주효했다. 지자체 등 외부의 도움에 의존하지 않고 상인들이 주인의식을 갖고 주도적으로 혁신 노력을 하는 것이 중요하다"고 강조했다.

지방 상권은 지금

노승욱 창톡 대표

장사 노하우 공유 플랫폼 '창톡' 창업자 겸 대표.
매경이코노미 창업전문기자 12년 근무 후 매일경제신문사 사내벤처로
'창톡'을 설립해서 2023년 3월 분사. 장사고수와 소상공인 간 가교 역
할을 하고 있다.

노승욱 대표와
1:1 상담 문의는 여기로!

'출혈 경쟁' 부산 광안리 · '마케팅 격전지' 제주
'한옥마을 쏠림' 전주 · '프랜차이즈 도시' 천안

2023년 10월 9~24일까지 15일간 '장사 고수 전국투어'를 떠났다. 제주, 부산, 울산, 대구, 광주, 전주, 대전, 천안, 오송(청주), 인천 등 10개 도시에서 33명의 장사 고수를 만나 지역 상권은 요즘 어떤지 물었다. 다음은 그중 6개 도시에 대한 이야기다. 지역 상권에 대해 더 궁금하다면, 해당 지역 장사 고수에게 문의해보시길.

부산 (인터뷰이 : 고일민 고향연화 대표)

광안리 뜨자 출혈 경쟁…
차라리 부산역 앞이 낫다?

'부산의 대표 상권' 하면 어디가 떠오르는가. 그동안은 도시의 중심부 '서면'이 첫손에 꼽혔다. 부산대가 인접한 남포동도 주요 상권이었다. 그런데 요즘은 서면과 남포동이 다소 지고, 광안리 상권이 뜨는 '젠트리피케이션'이 일어나고 있다. 광안리가 뜨자 그야말로 부산에서 장사 좀 한다는 이들이 다 광안리로 모여들며 광안리 상권이 과열되기 시작했다. 특히, 백사장에서 광안대교가 정면으로 보이는 지역과 측면이 보이는 지역 간 월세나 권리금 격차는 2배 이상 난다. 가령 30~40평 규모 1층 상가의 경우 광안대교 정면 쪽은 권리금이 4억원 안팎에 달한다. 광안리에서 식당을 운영 중인 A씨는 "경쟁이 너무 치열해져 요즘은 광안리 상권 수익성이 오히려 하향 평준화됐다. 새로운 가게도 많이 생겨 포털 검색에서 상단에 노출되지 않으면 힘들다"고 토로했다.
서면은 그나마 서부산 지역 젊은이들이 즐겨 찾는 대표적인 '약속 상권'으로서 입지가 굳건해 일부 지역은 여전히 잘된다. 다만 남포동은 2~3년 전 임대료가 크게 오르면서 메인 상권이 많이 침체됐다. 대형 프랜차이즈 빼고는 공실이 상당하다는 전언이다.
동부산에서는 해운대와 기장이 주요 상권이다. 해운대는 관광지 상권이어서 평일에는 유동인구가 상대적으로 적다. 기장은 울산 사람도 많이 오는 지역이다. 부산울산고속도로를 타고 30분이면 도착해서, 울산 상권 수요를 부산이 빨아들이는 '빨대 효과'가 꽤 크다. 백화점과 대형 카페, 대형 식당이 많아 울산뿐 아니라 부산에서도 '드라이브 상권'으로 인기를 얻었다. 그러나 2023년 엔데믹에 접어들며 '도심 외곽 대형 카페' 인기가 사그라들어 요즘은 다시 시내 상권으로 U턴하고 있다고.
부산의 장사 고수는 요즘 주목할 만한 상권으로 '부산역 상권'을 꼽는다. "부산역과 자갈치 시장이 있어 관광객이 많고, 최근에는 스타트업 모임 공간 등 오피스도 확산되고 있어 복합 상권으로 발전하고 있다"는 설명이다.

"부산역 앞의 국밥집, 피잣집도 매출이 잘 나오는 편입니다. 백반, 생선구이, 국밥, 낙지요리 등 한식을 하면 매출이 안정적으로 나올 수 있는 상권이죠. 그런데 '멋있는 음식'을 하고 싶어 하는 이들이 많아 한식은 상대적으로 창업을 잘 안 하더라고요."
고일민 고향연화 대표의 전언이다.

부산 사장님이라면 주목!

'장사 고수 전국투어기'를 기고한 배민외식업광장에서 정리한 지역 상권별 창업 전략

- 관광지 상권을 무리해서 진입하지 말고 상권별로 인기 있는 메뉴를 찾아보세요.
- 인기 상권에서 살아남을 시그니처 메뉴를 개발하세요.
- 로컬은 떠오르는 키워드! 부산만의 이야기를 살릴 수 있는 가게가 돼보세요.

울산 (인터뷰이 : 김준헌 오사카에프앤비 대표)

공업 도시라 유행 늦지만…
구매력은 갑 '울산부르크'

울산은 지방의 '빨대 효과'를 이야기할 때 자주 거론되는 지역이다. KTX를 타면 대구, 부산에 30분 내 도착해 소비가 유출된다는 우려가 적잖다. 그래도 울산이 어떤 도시인가. 국내 조선업 거점 도시로서, 1인당 GRDP(지역 내 총생산)가 전국에서 가장 높은 곳이다. 1인당 GDP가

가장 높은 룩셈부르크에 빗대어 '울산부르크'라는 말이 나올 정도다.

울산에서 가장 번화한 지역은 남구, 그중에서도 가장 크고 대표적인 상권은 삼산동이다. 울산 최대 번화가인 삼산동은 롯데백화점, 현대백화점, 업스퀘어 등 대형 쇼핑몰은 물론, 대로변을 따라 호텔, 병원, 금융기관 등이 다수 몰려 있어 '울산의 강남'이라 불린다. 실제 서울 강남처럼 원래 논밭뿐이었던 곳에서 개발이 시작된 후, 2001년 롯데백화점이 들어서면서 본격적인 상권이 형성됐다. 현대백화점 뒤편으로는 '디자인거리'라 불리는 상권이 형성돼 카페, 동전노래방, 소품숍, 가성비 식당, 옷 가게 등이 즐비하다.

불과 십수 년 전만 해도 이곳은 울산 최대 유흥 상권이었다. 그런데 2011년께 대로 건너편에 생겨난 클럽 '세컨드호텔'이 초대박이 나면서 상권이 이동했다. 주점들이 점점 클럽 근처로 넘어가기 시작하면서 주점과 먹자골목 상권이 통째로 옮겨 갔다. 그곳은 서울의 강남, 부산의 서면, 대구의 동성로와 비슷한 상권이 됐다. 이제 디자인거리는 주점이 흔적도 찾아보기 힘들 정도로 상권이 아예 바뀌었다.

삼산동 이전에 울산에서 가장 변화한 상권은 중구에 위치한 성남동이었다. 삼산동에 밀렸지만 현재까지도 울산 '제2번화가' 타이틀을 유지 중이다. 성남동 중에서도 가장 중심가인 '젊음의거리'는 차량 통행이 금지되고 아케이드가 설치돼 있다. 삼산동 디자인거리와 느낌이 비슷한 상권으로, 학생들과 20대 초반 젊은 층이 주 소비층이다.

2010년대 중반 야시장이 전국적으로 유행할 때 이 성남동에도 '울산 큰애기 야시장'이 생겼다. 당시 엄청난 돌풍을 일으켜 거리를 제대로 지나가지도 못할 만큼 인파가 몰렸다. 하지만 3개월이 지나자 거짓말처럼 거품이 꺼져 현재는 매대 몇 대만이 남아 있다.

북구에는 송정이라는 신도시 상권이 있다. 아파트 단지가 형성된 지 5~6년쯤 밖에 되지 않았다. 울산의 주력 산업 공장 단지들이 가까이 있고, 남구에 비해 상대적으로 저렴한 집값으로 인해 젊은 신혼부부들이 선호하는 지역이다. 젊은 세대가 많아 번화가에나 있을 법한 트렌디한 업장도 많이 생기는 추세다. 단, 신도시 특성상 보증금, 임대료 등 점포 비용이 비싼 편이다. 점포 시세에 비해 유동인구는 그렇게 많지 않아 창업 시 주의가 요구된다.

동구에는 최대 번화가 일산지가 있다. 일산해수욕장 인근 상권을 일컫는데, 규모나 수준 차이는 있겠지만 인천 을미도와 부산 광안리를 합쳐놓은 느낌이다. 최근 인근 대왕암공원이라는 곳에 생긴 흔들다리가 관광 명소로 떠오르면서 울산 각지에서 사람이 모여들며 유동인구가 늘고 있다.

> **울산 사장님이라면 주목!**
> - 울산은 공업 도시라 유행이 늦게 도입돼요. 시시각각 변하는 트렌드를 좇아가지 말고 나만의 필살기로 승부해보세요.
> - 인구와 구매력을 갖춘 도시 울산! 소비력에 맞는 프리미엄 메뉴들을 구성해보세요.
> - 울산은 상권별 공실률 차이가 매우 커요. 번화가 상권인지, 생활밀착형 상권인지 각 상권의 특색을 잘 파악하고 입점하세요.

제주 (인터뷰이 : 이호영 자연샤브 대표)

관광객 감소에 불황…
광고 대행사도 기피하는 '마케팅 격전지'

최근 방문한 제주는 예전보다 인파도 줄고 거리에 다소 활기가 없는 모습이었다. 엔데믹에 일본으로 관광객이 옮겨 갔기 때문이었을까. 실제 2023년 10월 제주 방문 관광객 수는 122만2000명으로 전년 동월 대비 5만9000명 줄어들었다.

사실 제주는 우리나라에서 장사하기 가장 어려운 지역 중 하나로 꼽힌다. 전국에서 폐업률이 가장 높은 축에 속한다. 치열한 마케팅 경쟁이 원인으로 꼽힌다. 사연은 이렇다. 제주도 면적은 서울보다 3배 이상 더 크다. 제주를 찾은 관광객은 보통 '제주 맛집' 또는 '서귀포 맛집'으로 맛집을 검색한다. 반면 서울은 '서울 맛집'으로 검색하는 경우가 거의 없고 '강남 맛집' '교대 맛집' '사당 맛집' '신림 맛집' 등 동네별로 맛집을 검색한다. 즉, 서울에선 동네 안에서만 마케팅 경쟁을 하면 되지만, 제주도 식당은 섬 전체 식당들과 키워드 경쟁을 해서 승리해야 겨우 소비자에게 노출이 될 수 있다. 그러다 보니 제주도는 광고 대행사도 영업을 꺼릴 정도다.

여기에 '제주=바가지'라는 인식이 퍼져 관광객이 안 오니 제주도에서 식당을 운영하는 자영업자들은 더욱 힘들다고 하소연이다. 이에 대해 일부 제주 토박이들은 다소 억울하다고 항변한다. 제주는 대부분 식자재가 물을 건너오다 보니 물류비 탓에 원가가 높고, 흑돼지 등 농산물은 수요가 몰린다고 공급을 늘릴 수 없는 구조여서 가격 변동이 크며, 무엇보다 바가지를 씌우는 비싼 가게들은 제주도민이 아닌, 육지에서 온 외지인인 경우가 많다는 것.

어느 상권이 갑자기 뜨면 여기저기서 상인이 모여들기 마련이다. 일본 '오사카의 부엌'이라 불리는 쿠로몬시장 상인회장도 "외지에서 온 상인들이 바가지의 주범"이라며 항변한 적이 있다. 상황은 이해되지만, 제주도 차원에서 풀어야 할 숙제로 보인다.

제주 사장님이라면 주목!

- 제주도는 맛집 키워드 경쟁이 치열한 곳이에요.
- '맛집+차별화 키워드'로 가게를 홍보해보세요.
- 높은 가격! 오히려 품질 좋은 식자재를 사용한다는 점과 차별화된 가게 콘셉트로 고객 인식을 긍정적으로 바꿔주세요.
- 가게 주요 고객이 관광객인지, 지역 로컬인지를 구분해보고 그에 맞는 전략을 세워보세요.

전주 (인터뷰이 : 서동국 멘야케이 대표)

**관광객은 한옥마을만 가고,
물가 상승에 '서민형 한정식' 침체**

'전주' 하면 뭐가 떠오르는지. 아마 십중팔구 '한옥마을'을 제일 먼저 떠올리지 않을까. 그런데 전주에서 장사하는 이들을 만나보니 오히려 "한옥마을 때문에 고민"이라고 입을 모은다. 관광객이 한옥마을만 들르고는 휙 가버려서 쏠림 현상이

심하다는 것. 전주시가 아중호수 명소화 등 다른 관광지도 개발하는 등 관광객 체류 시간을 늘리는 데 집중하고 있다지만 아직은 체감이 어렵다는 전언이다. 물론 광주 자영업자 입장에서는 이것도 부러운 고민이다. 광주는 유명 관광지가 많지 않아 관광객이 전주나 여수로 새버리고 잘 안 오기 때문이다.

그런데 전주 자영업자들은 또 광주를 부러워한다. 인구가 광주의 절반도 안 돼 내수가 작은 게 전주의 약점이라는 이유다. 내수가 작다는 것은 장사하기에 때로는 유리하기도, 불리하기도 한 요인이다. 전주시 전체가 하나의 상권처럼 축소돼 바이럴 마케팅이 금방 퍼지기 때문이다. 전주에서 식당을 운영하는 B씨는 "보통은 '동' 단위로 맛집을 검색하는데, 전주는 '구' 단위로 검색한다. 그래서 맛집이 한 번 생기면 시 전체에 금방 알려지고 다른 구에서도 찾아오더라"라고 말했다.

'전주' 하면 또 떠오르는 게 '비빔밥'과 '콩나물국밥'이다. "관광객에게 인기가 좋아, 타지에선 경쟁력이 없어도 전주에선 창업 아이템으로 나쁘지 않다"고 2대째 전주에서 맛집을 운영 중인 C대표는 말했다. 단, 콩나물국밥은 해장 수요가 대부분이라 저녁은커녕 점심만 해도 손님이 뜸해지는, 전형적인 아침 장사라고. "전주는 시민들 입맛이 보수적이다"라는 평도 있다. 새로운 메뉴에 대한 호기심보다는 전통 음식에 대한 선호가 더 높다는 것. '맛의 고장'이면서도 전주에서 유래한 프랜차이즈가 거의 없는 이유도 이것과 무관치 않다는 분석이다.

그래도 맛의 고장답게 입맛이 높으니 장사하기가 쉽지 않을 터. 국내산 대신 중국산 김치가 상에 오르면 중국집에서도 안 먹는 손님이 많고, 반찬이 넉넉하게 안 나오면 "이 집 찬이 별로네~" 하면서 박차고 나가는 손님도 있다고. 상황이 이렇다 보니 최근 전주에서는 '서민형 한정식' 가게가 많이 문을 닫고 있다고 한다. 과거에는 6000~7000원대 저렴한 가격에도 반찬을 푸짐하게 냈는데, 식자재 물가가 상승하자 더 이상 같은 가격에 전주 시민의 입맛을 맞추기 어려워졌기 때문이다.

결론. 전주에선 전통 메뉴를 가성비 있게 잘하는 식당이 살아남는다.

전주 사장님이라면 주목!

- 내수 시장이 작은 전주! 관광지 근처에 위치한 가게라면, 관광지 코스의 일부분으로 가게를 홍보해보세요. 관광지와 접근성이 떨어진 가게라면, 온라인 가게 홍보에 집중해주세요.
- 동네 손님을 사로잡으세요! 동네 시식회를 개최한다면 빠르게 입소문이 날 수 있어요.
- 식재료비를 줄이는 방법을 탐구해보세요! 전주를 대표하는 푸짐한 한상을 준비하면서도 가격을 줄이는 노하우를 찾아보세요.

대전 (인터뷰이 : 이도원 풍바오·쇼부다 대표)

둔산동서 봉명동으로 '젠트리피케이션'… 원인은 저출생?

'성심당의 도시' '노잼 도시'라고 불리는 대전. 노잼 도시라도 젊은이가 모이는 유흥 상권은 존재한다. 바로 서구 둔산동이다. 그런데 최근에는 둔산동이 침체되고, 갑천 건너편에 위치한 유성구 봉명동이 떠오르고 있다. 대전도 코로나 팬데믹을 거치며 젠트리피케이션이 일어난 것.

둔산동은 한때 유성구 주민도 갑천을 건너 찾아올 만큼 번성한 상권이었다. 그런데 코로나 사태로 높은 임대료를 못 버틴 자영업자들이 빠져나가며 공실이 속출했다. 코로나가 한창이던 2021년에는 둔산동 중대형 상가 공실률이 16.81%로 6곳 중 1곳이 공실일 정도였다.

코로나 사태가 종식되면 상권이 회복될

까 싶었지만 대전 상권의 왕관은 봉명동으로 넘어갔다. 봉명동은 모텔촌이 사라지고 아파트, 오피스텔 등 주거 단지와 신축 빌딩이 잇따라 들어서며 기존보다 상권이 2~3배 확대됐다. 주거 상권과 오피스 상권이 결합된 대형 복합 상권으로 거듭난 것.

그러자 봉명동 상권을 방문하는 유동인구 구성도 달라졌다. 신축 오피스텔과 사무동에서 일하는 화이트칼라 MZ세대가 주축이 됐다. 구매력 높은 이들의 유입은 객단가 상승으로 이어져, 봉명동에는 보다 세련되고 고급스러운 주점과 맛집이 들어서기 시작했다.

'대전 토박이'이자 대전에서 5개 이상 매장을 운영하는 장사 고수, 이도원 풍바오·쇼부다 대표는 대전시의 이런 상권 변화가 '저출생'으로 인한 자연스러운 흐름이라고 말한다. 그에 따르면, 둔산동처럼 클럽이 많고 번화한 약속 상권은 20대 초반 젊은 층이 주 고객층이다. 대전시의 2004~2005년 출생아 수는 1만명대 초반대로, 2000~2001년 당시 출생아 수보다 절반가량 급감했다. 이 격차는 이들이 성인이 돼 소비 주체가 된 2020년대 들어 비로소 상권에 영향을 주고 있다는 분석이다. 수년 전보다 20대 초반 젊은 층이 줄자 약속 상권인 둔산동은 침체되고, 대신 20대 후반~30대 초반이 즐겨 찾는 객단가 높은 세련된 복합 상권인 봉명동이 새롭게 주목받게 됐다는 얘기다.

이도원 대표는 "세대교체로 인한 상권 지형 변화는 부산 서면, 대구 동성로, 울산 삼산동, 수원 인계동 등 지방 주요 번화가들이 공통적으로 맞닥뜨리고 있는 현실이다. 주 고객층 연령대가 높아지며 외식업도 보다 감성적이고 작은 매장, 음식 맛은 더 향상되는 식으로 상향 평준화되고 있다"고 강조했다.

대전 사장님이라면 주목!
- 상권의 흐름을 보는 눈을 키우세요. 다양한 상권 분석 시스템을 통해 유동인구의 흐름을 파악해보세요.
- 살아남는 가게의 비밀은 맛과 서비스! 맛의 상향 평준화가 어렵다면 서비스에서 차별화를 만들어보세요.
- 콘셉트가 일관된 가게 인테리어로 고객 만족도를 높여보세요.

천안 (인터뷰 : 박호영 천안짬뽕작전 대표)

일자리 찾아 전국서 모여…
트렌드 민감해 프랜차이즈 인기

천안은 서울과 지방을 잇는 교통의 요지다. 천안삼거리는 서울에서 경상도와 전라도로 내려가기 위해서는 반드시 거쳐야 하는 지역. 이렇게 교통이 발달하고 제조업 공장이 몰려 있다 보니, 천안은 전국에서 일자리를 찾아 모인 이들이 많은 도시다. 여기서 비롯된 천안 상권만의 특징이 두 가지 있다.

첫째, 주택, 원룸 그리고 공단이 함께 근접한 복합 상권이 많다. 이들 상권의 활성화 정도는 인근 공단 경기와 연동되는 경향이 있다. 공단이 활발히 돌아가는 곳은 주변 상권도 활황이 되지만, 그렇지 않은 공단 인근 상권은 같이 어려워진다는 의미다.

둘째, 천안은 트렌드에 민감하다. 서울과 KTX로 불과 40분 거리고, 전국에서 사람들이 모여들어 다양성이 공존한다. 외식 트렌드를 살펴보면 어떤 특정 콘셉트보다는, 인기 프랜차이즈 브랜드가 천안에 빠르게 생기면서 금세 자리를 잡는다. 그래서인지 천안은 독립 매장보다는 프랜차이즈 매장들이 많은 편이다.

천안의 번화가는 두정동과 백석동, 불당동 그리고 최근 대형 상권이 형성된 신불당동이다. 두정동은 직장인보다는 20대 연령층이 주류를 이룬다. 지갑이 얇은 이들을 공략하려면 객단가가 조금 낮은 콘셉트의 점포가 유리하다.

불당동은 직장인이 많이 찾는 상권이다. 건물이 다소 오래됐고, 노포 같은 점포도 꽤 많아 두정동과 다르게, 직장인 발길을 붙잡는 콘셉트의 점포가 즐비하다. 최근 개발된 대형 상권 신불당동은 20대부터 직장인, 중장년층까지 남녀노소가 찾는 밀집도 높은 상권이다. 점포 권리금과 임차료가 비교적 높은 편이지만, 감성 터지는 다양한 콘셉트의 가게를 보는 게 어렵지 않다.

천안 사장님이라면 주목!

- 상권이 발달한 곳일수록 차별화된 경험을 제공해주세요.
- 식당의 재료, 정성에 대한 스토리를 손님에게 안내해주세요.
- 권리금이 부담스럽다면 C급 상권을 공략해보세요. 스마트폰의 발달로 맛집 소문만 난다면 어디서든 손님이 찾아오거든요.

이제 SNS 마케팅은 필수! 스마트플레이스, 인스타그램부터
배달 앱, 숏폼까지 채널별 핵심 마케팅 전략을 전한다.

PART 3

마케팅 트렌드

줄 서는 가게 비결 '온라인 마케팅'

구자호 가음막창 대표

양산에서 가음막창 운영 중. 스마트플레이스 상위노출 강의·컨설팅 300회 이상의 경력으로 SNS 광고를 기반으로 한 마케팅 전략에 대해 전자책 출간, 밀키트 납품, 위메프 메인 행사 참여 등 다수의 외부 활동에서도 활약 중. 유튜브 '보따리TV'에도 출연해 창업 초기 자영업자들에게 마케팅 방법을 제시하고 있다.

구자호 고수와
1:1 상담 문의는 여기로!

추천 채널은 단연 '네이버 플레이스' 그다음 채널은 2030 여성 대상 '인스타'

영업 시작을 앞둔 시간이면 여러 통의 전화벨이 울린다. '혹시 예약 손님일까?' 해서 받아보면 십중팔구 마케팅 영업 전화다. 멘트도 판박이다.

"사장님 매장을 검색해보니 양산 맛집 순위가 많이 밀려 있네요. 저희가 1페이지에 넣어드립니다. 가격은 한 달에 150만 원부터 300만원까지입니다."

"대표님 블로그 포스팅 저렴하게 대량으로 해드립니다. 1건에 5000원으로 100건만 우선 해보세요."

SNS 상단에 노출해준다는 말에 혹해 덜컥 결제를 하는 사장님이 많을 것이다. 그러나 자칫 기대했던 효과는 못 거두고 돈만 날리는 경우도 적잖다. 그렇다고 SNS 광고를 아예 등한시한다면 구더기 무서워 장 못 담그는 격이다. 가게 문만 열면 손님이 들어오던 시대는 지났다. 이제 온라인, 오프라인에서 내 매장을 적극 홍보해야 손님이 찾아오는 시대다.

그렇다면 SNS 광고를 어떻게 하는 것이 효과적일까. 필자가 가장 추천하는 채널은 단연 네이버의 스마트플레이스다.

네이버에서 어떤 단어를 검색하면 카테고리별로 검색 결과가 나온다. 블로그, 네이버 검색광고(파워링크), 뉴스, VIEW 등…. 이 중 지역 맛집을 검색했을 때 노출되는 카테고리가 '플레이스'다. 실제 매장에 방문하기 위해 고객들이 검색하는 키워드인 만큼 상단에 노출되면 상당

검색엔진 점유율

순위	구분	기간 내 평균	기간 시작 (2023. 01.01/A)	기간 끝 (2023. 11.28/B)	기간 내 변화율 (B-A)
1	NAVER	58.03%	65.31%	57.18%	−8.13%
2	Google	32.1%	26.07%	30.64%	4.57%
3	Daum	4.52%	3.75%	4.32%	0.57%
4	bing	2.63%	1.26%	3.01%	1.75%

※ http://ewesofkorean.com 　　　　자료:인터넷트렌드

한 방문 유도 효과를 기대할 수 있다. 물론 플레이스에 광고하려면 비용이 든다. 가격은 지역이나 키워드 수준에 따라 천차만별이다. 일례로 필자가 '가음막창'을 운영 중인 경남 양산 지역 대표 키워드는 클릭당 입찰가가 무려 2600원에 달한다. 하지만 세부 메뉴명이 들어간 중소형 키워드는 클릭당 50원 최저가에 노출 가능하고, 구매 전환율도 높은 편이다. 때문에 금전적으로 여유롭지 않은 영세한 소상공인들에게는 효율이 좋은 마케팅 방법 중 하나다.

네이버가 최근 검색엔진 시장에서 약세를 보이고 있기는 하다. 웹로그 분석 사이트 '인터넷트렌드'에 따르면, 2023년 1월과 11월 국내 검색 시장점유율이 네이버는 65.31%에서 57.18%로 8.13%포인트 떨어졌다. 반면, 구글은 같은 기간 26.07%에서 30.64%로 4.57%포인트 올랐다.

이를 보고 혹자는 "요즘 누가 네이버로 맛집 검색하냐? 구글로 갈아타야 하는 것 아니냐"고 말할 수 있다. 물론 구글 마케팅도 같이 준비하면 좋겠지만, 그래도 네이버 마케팅을 최우선으로 해야 하는 이유가 있다. 요식업과 서비스업 부문에서 네이버 검색률은 79%에 달한다. 자영업자와 소상공인에게 네이버는 국내에서 가장 큰 광고판인 셈이다. 여기에 지도(위치) 기반으로 가게 주변 검색 이용자들에게 노출되니 소상공인에게는 필수라 해도 과언이 아니다.

네이버 다음으로 추천하는 SNS 마케팅 채널은 인스타그램이다. 외식업 트렌드 세터인 20~30대 젊은 여성층이 주로 이용하는 데다, 최근 네이버 지역 맛집 순위와 알고리즘을 불신하는 소비자가 늘며 '맛집 검색' 대체재로 각광받고 있다.

마케팅하기 전 재방문율부터 높여라
본질 경쟁력 없으면 광고해도 다시 안 와

지금부터는 필자가 운영하는 가음막창의 온라인 마케팅 성공 사례를 전하려 한다. 그 전에 한 가지 짚고 넘어갈 것이 있다. 마케팅은 보조적 수단일 뿐, 내가 팔려는 제품이나 서비스의 본질적 가치가 우선 확실히 갖춰져 있어야 마케팅 효과가 배가 될 수 있다. 본질적 경쟁력이 없다면

아무리 뛰어난 마케터도 한 번 이상 방문을 만들어내지는 못한다. 식당을 예로 들면, 재방문율이 30% 미만이라면 마케팅을 해도 극적인 효과를 기대하기 어렵다. 가음막창은 온라인 마케팅을 본격화하기 전에 이미 재방문율이 50%에 달했다. 50번 이상 재방문한 고객도 많고 100번 이상 재방문한 고객도 3명이나 된다. 이 같은 본질적 경쟁력 덕분에 가음막창은 스마트스토어에서 돼지 막창을 파는 업체가 1만2000여개에 달함에도 온라인 마케팅에 나선 지 8개월 만에 전국 2등에 올라설 수 있었다. 따라서 마케팅을 시작하기 전에 우선 우리 가게의 재방문율을 높이기 위한, 즉, 맛과 서비스 등 식당의 본질적 경쟁력을 갖추기 위한 노력을 선행하기 바란다.

오픈채팅방 100여개 가입해 정보 탐색
마케팅은 시간·비용·노력 꾸준히 들여야

본질적 경쟁력을 갖췄다면 다음은 마케팅에 상당한 비용과 시간, 노력을 투입하는 일이다. 필자도 온라인 마케팅이 처음부터 쉬웠던 것은 아니다. 중형차 한 대 가격에 달하는 마케팅 비용과 그만큼의 시간, 노력이 더해진 결과다. 필자는 그간 마케팅 공부를 위해 수백만원의 수업료를 지불하고 오픈채팅방도 100여개에

가입돼 있을 만큼 정보 탐색에 집중했다. 그 결과, 2021년 12월 검색어 순위가 '양산 맛집' 146위, '북정동 맛집' 9위에 불과했던 가음막창은 현재 지역 내 최상위 수준으로 올라설 수 있었다.

다음은 필자가 시도했던 온라인 마케팅 방법이다. 특히 공을 들인 채널은 네이버 스마트플레이스와 스마트스토어, 인스타그램, 릴스 등이다.

일단 스마트플레이스에서 상위 노출이 되는 알고리즘 중 하나는 검색 트래픽이 많은지다. 이를 위해 자동으로 검색을 무한 반복하는 불법 매크로(Macro) 프로그램을 쓰는 일부 마케팅 업체도 있다. 그러나 이런 작업은 실제 고객에게 도달하기 어려울뿐더러, 네이버에 적발돼 영구 정지를 당하는 등 위험성이 커 바람직하지 않다. 필자는 블로그 체험단 업체도

이용하지 않고 하루에 1만원만 마케팅비로 쓰기로 했다. 그리고 인스타그램에는 3일에 한 번씩 피드를 올렸다. 인스타그램에서 가음막창 사진을 보고 네이버에서 검색하는 트래픽을 유도한 것이다.

이 밖에도 네이버 초록색 검색창에서 '가음막창'을 검색해달라는 의미의 그림을 가게 유니폼과 자동차 창문에 붙여놨다. 필자에게 전화가 오면 자동으로 스마트플레이스 링크가 문자로 보내지도록 설정해놨다. 물론 광안리, 해운대 등 대형 상권에서는 이 정도 노력만으로는 상위 노출을 담보할 수 없다. 경쟁이 치열한 만큼 온갖 광고를 다 해야 한다. 그러나 대다수 작은 동네 상권에서는 이렇게 일상에서 고객 참여를 유도하는 마케팅을 생활화하는 것만으로도 양질의 트래픽이 꾸준히 발생할 수 있다.

이렇게 꾸준히 하자 98일 만에 스마트플레이스에서 '양산 맛집' 11위, '북정동 맛집' 2위로 올라설 수 있었다. 양산이 전국에서 두 번째로 큰 신도시로서 외식업 경쟁이 엄청나게 치열한 지역임을 감안하면 상당한 성과였다.

이쯤 되자 필자는 궁금해졌다. 가음막창이 특출 나서 성과가 좋았던 것일까, 아니면 다른 업종도 온라인 마케팅을 열심히 하면 성과가 나는 것일까. 곧장 실험에 나섰다. 네일, 요거트, 돈가스, 앤티크 카페, 브런치 카페 등 일부러 다른 업종 5개를 선정해 셀프 마케팅 1기 모임을 꾸리고 4주간 함께 온라인 마케팅을 시작했다.

결과는 기대 이상이었다. 기존에 아무런 마케팅을 하지 않았던 브런치 카페는 광고를 살짝 하자 트래픽이 1941회 발생, 기존보다 100배 이상 상승했다. 네일숍은 368회 상승하고 앤티크 카페는 부모님이 운영하고 계셨는데도 젊은 고객 방문이 눈에 띄게 늘었다. 그릭요거트는 스마트플레이스 기준 지역 1등 맛집으로 올라섰다. 가음막창뿐 아니라, 어떤 업종이든 마케팅을 하면 효과가 있음을 확인할 수 있었다.

'부산 막창' 검색 시 '부산막창' 상호의 가게 3곳 상위 노출

상호만 잘 지어도 온라인 마케팅 효과를 톡톡히 누릴 수 있다.

일례로 '부산 삼겹살 맛집'으로 검색하면 가장 먼저 상위 노출되는 업체는 실제 상호명이 '부산삼겹살'이다. '부산 막창'으로 검색했을 때도 '부산막창'이라는 상호의 가게 3곳이 연이어 상위 노출된다. '부산 요트투어'를 검색하면 상위 노출되는 55개 업체의 상호가 '부산요트투어'다.

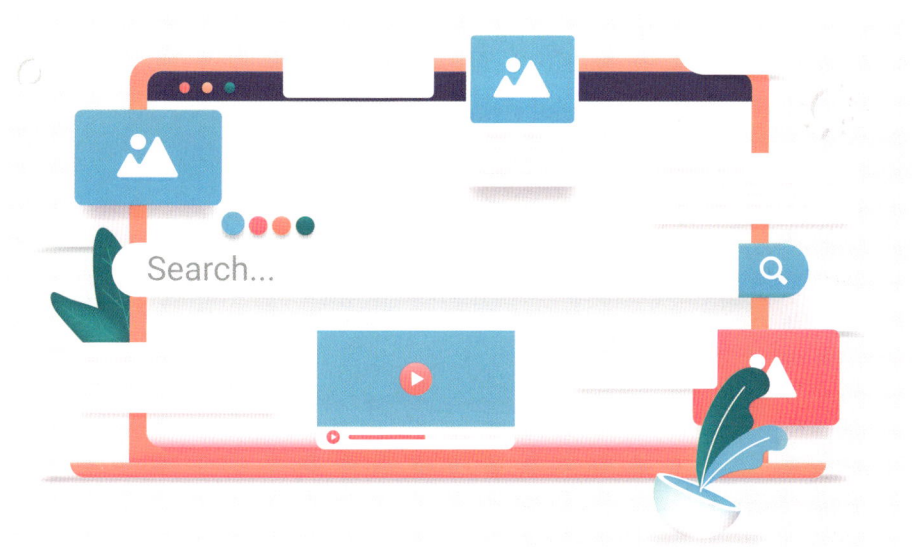

'진주혁신도시 맛집' 검색어에 대한 상위 노출 가게들도 '○○○ 진주혁신도시점'과 같이 상호에 검색어가 포함된다.

물론 이들 가게는 단순히 상호만이 아니라, 본연의 경쟁력이 더해졌으니 상위 노출이 된 것일 테다. 그러나 다른 업체에 비해 상호명 효과를 누린 부분도 있다고 본다. 이처럼 상호 로직만 잘 활용해도 매달 100만원의 마케팅 비용을 아낄 수 있다.

대표 키워드는 '스마트플레이스의 꽃'이라 할 수 있다. 내가 노출하고 싶은 키워드가 있다면 대표 키워드로 설정하면 된다. 단, 스마트플레이스는 지역 기반으로 노출되니 굳이 대표 키워드에 지역명을 입력할 필요는 없다.

가음막창의 대표 키워드는 수시로 변경된다. 원동 축제 시즌에는 가족 모임, 가족 회식, 삼겹살 데이 때는 삼겹살 관련 키워드로, 연말에는 회식, 모임 등으로 변경한다. 하지만 막창, 삼겹살, 곱창 같은 대표 키워드는 항상 유지하고 있다.

대표 키워드는 내 가게의 '그릇'이다. 무엇이든 그릇보다 큰 것을 담으면 탈이 나는 법. 무작정 큰 키워드를 잡을 게 아니라 키워드 검색량이 1000건 안팎인 세부

조회 수 27만건을 기록한 릴스 가음막창 소개 영상

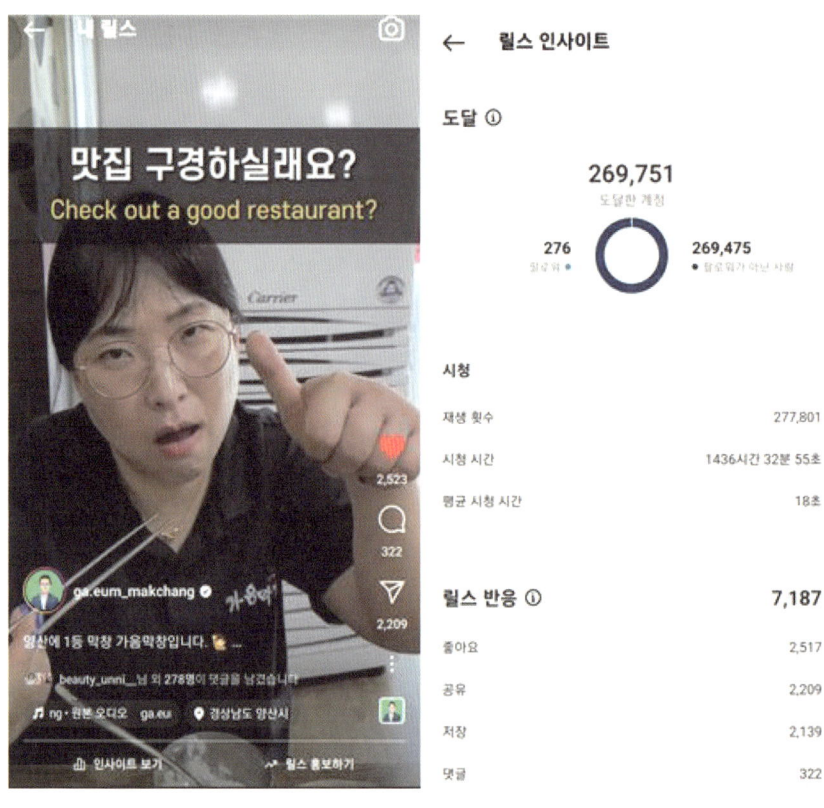

키워드로 설정하는 것이 노출에 유리할 수 있다.

2천만명 쓰는 인스타·릴스 마케팅도 필수

2023년 말 기준 우리나라의 인스타그램 사용자 수는 2000만명에 달한다. 현존하는 SNS 중 사용자가 가장 빨리, 꾸준히 늘고 있다. MZ세대들은 뭔가 멋진 콘텐츠를 발견하면 카카오톡보다 인스타그램이나 릴스의 태그, 다이렉트 메시지(DM), 스토리 등으로 공유하고 소통한다. 맛집이나 핫플도 인스타그램에서 먼저 검색한 후 해당 매장 인근에 가서 지도를 찾기 위해 다시 네이버로 검색하는 추세다. 네이버는 물론, 인스타그램 마케팅도 반드시 병행해야 하는 이유다.

특히, 인스타그램에서 요즘 밀고 있는 숏폼 영상인 릴스를 활용한 마케팅을 해볼 만하다. 릴스는 1분 미만 짧은 먹방 영상으로 강렬한 인상을 줄 수 있고, 효과적인 타기팅도 가능하다. 인스타그램은 사용자의 행동, 관심사, 선호도, 지역 등에 따라 타깃 광고를 할 수 있다. 소비자가 클릭을 해야 비용이 지급되기 때문에 관심 있는 고객에게만 노출하고 비용도 절감된다. 콘텐츠가 훌륭하고 타기팅 작업을 잘하면 같은 1만원 광고비를 써도 광고 효과를 10배 이상 끌어올릴 수 있다. 여기에 인스타그램 댓글로 고객과 실시간 소통도 할 수 있다.

일례로 가음막창은 릴스로 가음막창 소개 콘텐츠를 만들어서 상당한 마케팅 효과를 거뒀다. 한 릴스 영상은 조회 수 27만건에 저장과 공유 횟수는 4000건을 돌파했다. 단순히 후킹성 짧은 영상이 아니라, 1분가량 길이에 매장에 대한 정보성 영상으로 만든 것이 주효했다. 해당 릴스 영상이 '떡상'한 이후 6개월이 지난 현재까지 웨이팅이 이어지고 있다. 영상을 본 타 유튜버와 각종 먹방 크리에이터가 계속 방문해 자발적으로 방송을 해준 덕분이다. 물론 그 매장이 9000원 정식에 10가지 반찬이 무한리필 되는, 본질에 충실한 매장이기에 가능한 일이기도 했다.

소비자 구매 패턴 메커니즘은 'A-I-S-C-E-A-S'다. 우선 주의(Attention)-흥미(Interesting)를 통해서 소비의 필요성을 느끼고, 검색(Search)-비교(Comprehension)-검토(Examination)를 통해 실제로 구매까지 이어지는 행동(Action)을 한다. 끝으로 소비자가 만족해 지인들에게 공유(Share)하는 과정까지 진행된다면 가장 이상적인 소비자 구매 패턴이 완성된다.

이 과정은 대부분 네이버, 인스타, 릴스 등 검색엔진과 SNS에서 이뤄진다. 시각적인 숏폼 콘텐츠를 중심으로 한 SNS 마케팅을 잘 활용한다면 브랜드의 가시성을 높이고 성공적인 브랜드 구축에 큰 도움이 될 것이다.

장사 고수 생각

마케팅 사기를 피하는 3가지 방법

이호영
자연샤브 대표

네이버 스마트플레이스 상위 노출 전문가. 배달의민족 한식 맛집 랭킹 1위 국밥여행 대표, 개인 브랜드 자연샤브 론칭, 강남역클라쓰 강사, 유튜브 '잘파는 사람들' 채널 운영, 제주특별자치도 '우수 관광 업체' 선정·언론 다수 인터뷰 이력이 있다.

'1억6355만원'.
필자가 2023년 10월에 올린 매출이다. 배달 매출 아니냐고? 100% 홀 매출이다. 오픈발 아니냐고? 5년째 같은 매장을 운영하고 있다. 2023년만 유난히 잘된 것 아니냐고? 2022년 10월 매출은 1억6068만원이었다.
비결 딱 1개만 꼽으라면 단연 '마케팅'이다. 물론 처음에는 필자도 막막했다. 홀 매장을 시작했을 때, 마. 케. 팅.이라는 3글자만 들으면 어디서부터 뭘 공부해야 할지 엄두가 안 났다.
그렇다고 업체에 맡기자니 믿음이 안 갔다. 맡긴다 해도 매출이 마케팅 때문에 오른 건지, 내가 잘해서 오른 건지 알 수가 없었다. 그렇게 시간이 흐르고, 점점 마케팅에 대한 열정이 식는 게 느껴졌다. 그러던 어느 날. 보통 300만원 정도 나오던 일매출이 갑자기 150만원으로 확 떨어졌다. 다음 날도 150만원, 그다음 날은 120만원, 그리고 그다음 날은 55만원! 콩알만 했던 불안은 눈덩이처럼 불어났다. 가게가 잘될 때 받아놓은 대출 이자가 무섭게 느껴지기 시작했다.
"이러다간 진짜 파산이라도 하겠다. 이제는 진짜 뭐라도 해야 돼. 일단 매출을 끌어올려야 하니 마케팅부터 시작하자."
"전에 ×× 사장님이 좋다고 했던 마케팅

업체가 있었는데…."
…
그렇게 사기를 당했다.
사기당해보니 알겠다. 어떤 놈이 사기꾼인지.

매출이 잘 나올 때는 딱히 마케팅에 대한 필요성을 못 느낀다. 오히려 마케팅 열심히 하는 사람들이 한심해 보인다.
'굳이 돈 써가면서 매출 올려야 되나. 음식 맛있고 서비스 좋으면 장땡이지.'
필자도 이렇게 생각했다. 마케팅을 안 해도 돈을 버니까.
그런데 대외적인 요인으로 매출이 급감하기 시작했다. 그렇게 매출이 줄어드니까 급하게 마케팅을 찾게 됐다. 대부분의 자영업자들이 겪는 과정이다. 이들은 마케팅 대행사의 아주 좋은 먹잇감이 된다. 지금 필자는 대행사의 견적서만 받아봐도 이 업체가 장난을 치나 안 치나 구분할 수 있다. 하지만 예전에는 견적서를 받아보면 너무 그럴듯하게 잘 써놔서 뭐가 뭔지도 모르고 다 좋아 보였다. 영업직원 말을 듣고 있으면 정말 논리적으로도 잘 맞는 듯했다. 하지만 나중에 알고 보니, 그 견적서에는 실제 매출 상승에 전혀 도움이 되지 않는 비용이 무지막지하게 포함돼 있었다.

마케팅에 투자를 하기로 결정했다면 반드시 알아야 하는 것이 있다. 바로 '사기를 당하지 않는 것'이다.
몇 차례 사기를 당한 후, 필자는 사기 업체의 특징을 3가지로 분류했다.

마케팅 사기 업체의 3가지 특징
- 운의 영역에 대해 100%라고 말하는 업체
- 작은 사기를 당할 기회를 주지 않는 업체
- 전화로 영업하는 업체

이 세 가지 부류만 피해도 사기 업체를 만날 가능성을 크게 줄일 수 있을 것이다. 하나씩 자세히 살펴보자.

운의 영역에 대해 100%라고 말하는 업체
'매출 상승 100%' '××맛집 상위 노출 100%' '네이버 상위 노출 보장'.
이런 문구는 사장님 마음을 흔들기에 충분하다. 이런 말을 쓰는 업체는 사기 업체일 가능성이 높다. 운의 영역에 대해 100%라고 말하고 있기 때문이다.
세상에는 '운'과 '실력' 두 가지 요소가 존재한다. 예를 들어 하루에 가위바위보를 1000번씩 연습한 고수와 태어나서 처음 가위바위보를 해보는 초보기 가위바위보 대결을 한다고 가정해보자. 아무리 가위바위보 고수라 해도 초보에게 100% 승리할 수 있을까? 아니다. 승률이 60% 정도는 될 수 있겠지만 100% 모든 가위바위보를 이길 수는 없다. 가위바위보는 '실력'보다 '운'의 영역에 가깝기 때문이다. 그런데도 가위바위보에서 100% 이길 수 있다고 말하는 업체들이 있다. 이런 업체는 셋 중 하나다. 가위바위보가 운의 영역인 줄 모르거나, 남들이 모르는 특별한 비법을 쓴다면서 입금되면 잠적하거나, 진짜 가위바위보를 100% 이기지만, 알고 보면 상대와 미리 짜고 친 고스톱이거나. 첫 번째 업체는 자기 분야에 대한 전문성이 부족한 것이고, 두 번째는 말 그대로 사기꾼이다. 세 번째는 부정행위다. 처음에는 효과가 있겠지만 나중에 뒤탈이 생길 수 있다. 가짜 방문자를 대폭 늘려 일시적으로 상위 노출이 되나 싶다가도, 3개월도 안 돼 순위가 대폭 하락하는 경우가 부지기수다. 이 세 가지 유형은 모두 거래하지 않는 게 바람직하다. '매출 상승 100%' '××맛집 상위 노출 100%'라는 문구를 쓰는 업체도 마찬가지다.

그렇다면 마케팅 '실력'이 있는 업체는 어떻게 찾을 수 있을까. 다음 문구를 쓰는 업체를 주목하면 된다.

'클릭률 높은 사진 기획' '체류 시간을 높이는 콘텐츠 제작' '구매 전환을 높이는 글쓰기' '내가 노출시킬 수 있는 키워드와 노출시킬 수 없는 키워드 구분하기'….

이런 영역에서 제대로 실력을 발휘하다 보면 시간은 다소 걸려도 자연스럽게 노출 순위가 상승하게 된다.

작은 사기를 당할 기회를 주지 않는 업체

'사기'라는 단어를 들으면 대부분 부정적으로 생각한다. 그러나 필자는 '좋은 사기'도 있다고 본다. 공부가 되면서도, 돌이킬 수 없는 피해는 주지 않는, 싸게 배울 수 있는 기회를 주는 '작은 사기'가 그것이다.

가령 월 300만~500만원에 플레이스 상위 노출을 시켜준다는 업체가 있다고 치자. 처음부터 이런 거액의 계약을 해야 하는 업체라면 피하는 것이 좋다. 반면 이 업체가 5만~30만원짜리 마케팅 원데이 클래스 프로그램을 운영한다면 얘기가 달라진다. 실력 있는 마케터라면, 자신이 잘하는 마케팅을 다른 사람에게도 가르칠 수 있을 테고, 설령 사기를 당해도 이 정도 금액이면 값싸게 세상을 배울 수 있는 '작은 사기'에 해당하기 때문이다.

가장 좋은 것은 사기 당하기 전에 스스로 공부하는 것이다. 마케팅 업체를 선정하기 전에 마케팅 관련 도서를 10권만 보더라도 사기 당할 확률은 크게 낮아진다.

여러 마케팅 업체에서 운영하는 교육 프로그램을 듣는 것도 많은 도움이 된다. 월 300만원짜리 마케팅 대행을 맡기기 전에 딱 한 달만 미뤄라. 그리고 그 절반의 비용으로 책을 사고 교육을 들어라. 그러고 나서 업체를 선정해도 늦지 않다. 책은 읽기 쉬운 순서대로 '마케팅 천재가 된 맥스(제프 콕스)' '마케팅이다(세스 고딘)' '변하는 것과 변하지 않는 것(강민호)'을 추천한다.

작다는 것은 상대적인 개념이다. 누군가에게는 작은 사기가 누군가에게는 큰 사기가 될 수 있다. 그래서 '자기 자신을 아는 것'이 가장 중요하다. 지금 당장 머릿속으로 생각해보라. '나는 한 달에 얼마의 사기를 당해도 괜찮은가?' 그 금액만큼 반드시 배우는 데 사용하길 바란다. 지금 당장 작은 사기를 당해라.

전화로 영업하는 업체

전국에 마케팅 대행사가 6000여곳 존재한다. 이들 중 90%는 '전화 영업'을 한다. 비용도 덜 들고, 무엇보다 아직도 많은 소상공인이 전화 영업에 속아 넘어가기 때문이다.

전화 영업을 하는 마케팅 업체는 그냥 사기 업체라고 생각하는 게 좋다.

식당을 예로 들어보겠다. 오픈할 때부터 문 닫을 때까지 줄 서는 맛집에서 배달하는 것을 본 적 있는가. 매장에서 팔기 바빠 죽겠는데 배달할 짬도 안 날뿐더러, 제값 받고 팔아도 줄 서 있는데 굳이 비싼 수수료를 내면서 배달을 할 이유가 없다. 즉, 잘 팔리는 것은 굳이 찾아가지 않는다.

배달을 하면 포장 용기, 인건비, 수수료 등 추가 비용이 발생해 음식값이 높아진다. 마케팅도 마찬가지다. 전화 영업하는 직원들 월급 주고, 밥 먹이고, 사무실 유지하려면 그 비용이 다 어디로 가겠는가. 마케팅 대행료에 들어간다. 그래서 전화 영업하는 업체들은 똑같은 마케팅을 해도 비용이 더 비쌀 수밖에 없다. 이들이 100% 사기 업체는 아닐 수 있지만, 실력 있는 업체일 가능성은 매우 낮다는 게 필자의 생각이다.

이 3가지 내용만 숙지해도 마케팅 업체에 사기당할 확률은 90% 이상 줄어들 것이다.

네이버도 가세했다…숏폼 전성시대

윤승진 숏만연구소 대표

숏폼비즈니스 전문 기업 숏만연구소 운영 중. 온라인과 바이럴 마케팅에 관한 구매 전략과 콘텐츠 기획·제작까지의 과정을 인정받아 소상공인부터 대기업까지 콘텐츠 의뢰 건 다수. 마케팅 자문위원으로서 이커머스와 숏폼커머스 시장의 전문가로 활약 중이다.

윤승진 고수와
1:1 상담 문의는 여기로!

"숏폼 콘텐츠는 롱폼 콘텐츠와 다르다"
제2의 배달 앱 '숏폼'에 올라타라

2023년은 글로벌 3대 플랫폼 유튜브, 인스타그램, 틱톡 간 숏폼 경쟁이 본격화된 해였다. 유튜브는 쇼츠로, 인스타는 릴스로, 각각 틱톡의 글로벌 독주를 저지하고자 노력했다. 각 플랫폼에서의 숏폼 도입 성과가 가시화되며 숏폼 활용이 확장돼 가고 있는 상황이다.

앱·리테일 분석 서비스 와이즈앱이 한국인 스마트폰 사용자(안드로이드, iOS)를 표본조사한 결과, 2023년 8월 기준 유튜브(쇼츠), 틱톡, 인스타그램(릴스) 등 숏폼의 1인당 월평균 사용 시간은 46시간 29분이다. 같은 기간 넷플릭스, 웨이브, 티빙, 왓챠, 쿠팡플레이 등 OTT 플랫폼의 1인당 월평균 사용 시간은 9시간 14분에 머물렀다. 즉 OTT 대비 숏폼의 월평균 사용 시간이 약 5배 많은 셈이다.

상황이 이렇다 보니 네이버는 '클립'으로, 당근마켓은 '스토리' 등으로 앱 체류 시간을 늘리기 위해 숏폼 도입을 테스트하고 있다.

이런 온라인 플랫폼의 지각변동 속에, 자영업자는 숏폼을 어떻게 바라봐야 할까.

숏폼은 메가 트렌드
모든 브랜드가 숏폼을 만들어야 하는 시대

결론부터 얘기하자. 무조건 먼저 도전하는 자가 기회를 잡게 될 것이나. 2024년은 숏폼 마케팅 시장을 선점할 수 있는 마지막 기회가 될 것이다. 숏폼의 등장과

숏폼 vs OTT 플랫폼 1인당 월평균 사용 시간 비교

- 숏폼 플랫폼: 46시간 29분 (유튜브, 틱톡, 인스타그램)
- OTT 플랫폼: 9시간 14분 (넷플릭스, 웨이브, 티빙, 디즈니플러스, 왓챠, 쿠팡플레이)

※ 2023년 8월, 한국인 Android+iOS 사용 시간 추정

활용은 마치 배달 플랫폼 등장과 같이 자영업 생태계 전반을 뒤흔들 메가 트렌드가 될 수 있다. 먼저 하는가, 늦게 하는가의 문제일 뿐, 결국 모두가 숏폼을 만들 수밖에 없게 된다.

최근 숏폼에 대해 뉴스에서 보도되는 부정적인 이야기들을 보면 숏폼이 도파민 중독을 일으키고, 숏폼의 자극적인 영상에 익숙해진 이용자가 롱폼 혹은 긴 글에 집중하지 못하는 식이다. 이미 이런 숏폼에 중독된 사람이 2023년 기준 전 세계 10억 명을 넘기고 있고 하루 평균 92분이라는 시간을 숏폼 소비에 쓰고 있다고 한다. 숏폼 트렌드가 우리보다 4년 먼저 시작된 중국에서는 2023년 기준 하루 평균 3시간을 사람들이 숏폼을 보는 데 소비한다. 숏폼에 중독되는 이용자의 미래를 어느 정도 예상할 수 있다.

이런 숏폼의 미래를 막을 수 있을까. 미국에서 틱톡 금지법이 발효된 것처럼 서비스를 중단시킬 수 있을까. 필자 생각에는 불가능에 가깝다. 틱톡 서비스가 중단될 수 있을지 몰라도 유튜브 숏츠 또는 인스타 릴스가 그것을 대체할 것이다.

숏폼을 도입하면 모바일 플랫폼의 체류 시간이 확연히 길어진다는 것은 이미 증

매장에서 직접 숏폼 콘텐츠를 만드는 닭갈비 전문점 류몽민.

명됐다. 숏폼이라는 형식은 이용자가 가장 편하고 빠르게 정보를 접하는 방식이 됐다. 내가 먼저 도입하고 장려하지 않는다면 플랫폼 간 경쟁에서 유저를 뺏기는 상황이다. 안타깝게도 이런 흐름은 추세고 정해진 미래다.

그럼 자영업자는 어떻게 해야 할까. 숏폼을 삭제하고 보지 말아야 할까. 비즈니스를 하는 입장에서는 확실시되는 미래를 준비하지 않을 수 없다. 거스를 수 없다면 누구보다 먼저 그 생태계에 뛰어드는 것이 유리하다.

2024년, 국내 숏폼 시장은 어떻게 변화할까

네이버는 2023년 8월부터 네이버 앱 하단에 '클립' 버튼을 전면 배치했다. 또 숏폼 크리에이터를 선발해 활동비를 주고 콘텐츠 업로드를 장려하고 있다. 클립을 네이버 지도의 데이터베이스에 연결해 이용자의 클릭을 유도하기도 한다. 클립을 보고 연결된 네이버 지도를 통해 매장을 찾아가도록 유도하는 식이다. 또 클립에 스마트스토어를 연결해 콘텐츠를 보고 구매하도록 유도하고 있다. 숏폼이 단순 콘텐츠 소비에 머물지 않고 다른 서비

 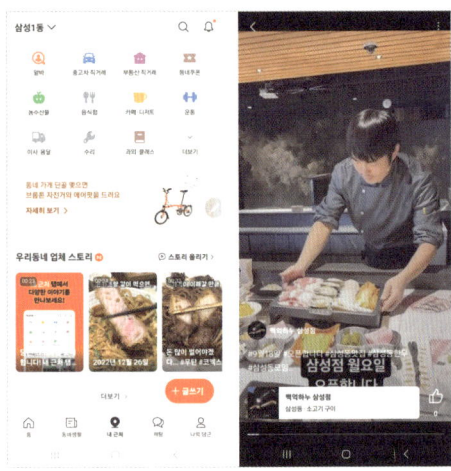

메가 트렌드에 대응해 숏폼을 준비하는 네이버 클립, 당근마켓 스토리.

스 이용으로 확장되는 모습이다.

또한 각 플랫폼은 숏폼의 로컬 기능을 강화하고 로컬형 숏폼 콘텐츠를 만드는 크리에이터를 전략적으로 지원, 양성하고 있다. 틱톡은 2023년 로컬 인플루언서 양성 과정 프로그램을 서울과 부산에서 진행했다. 쇼츠, 릴스는 콘텐츠를 업로드할 때 장소를 체크하게 하는 기능을 도입했다. 지역을 기반으로 콘텐츠를 생성하도록 유도하는 것이다.

이 미래는 과연 어디에 가 닿을까.

필자 생각에는 숏폼 콘텐츠를 만든 로컬 브랜드에 노출의 기회를 더 많이 가져다줄 것이 분명하다. 그리고 로컬형 콘텐츠가 어느 정도 쌓이면 로컬커머스와 연계된 새로운 비즈니스 모델이 생겨날 수 있다. 로컬의 공간적 한계를 넘어선, 오프라인 매장의 디지털 전환이 숏폼을 통해 이뤄지는 셈이다.

'숏폼 선진국' 중국서 뜨는 숏폼커머스

전 세계적 숏폼 열풍을 만들어낸 건 틱톡이었다. 중국에서 성공한 틱톡이 세계적으로 퍼져 나가며 글로벌 플랫폼 생태계를 변화시키고 있다.

숏폼 트렌드가 시작된 중국의 현재는 어떨까. 콘텐츠의 오프라인 확장과 커머스 연결이 자유롭다. 숏폼 콘텐츠는 POI(Point of Interest · 관심 지점 또는 최종 목적지) 버튼과 함께 노출된다. 그 버

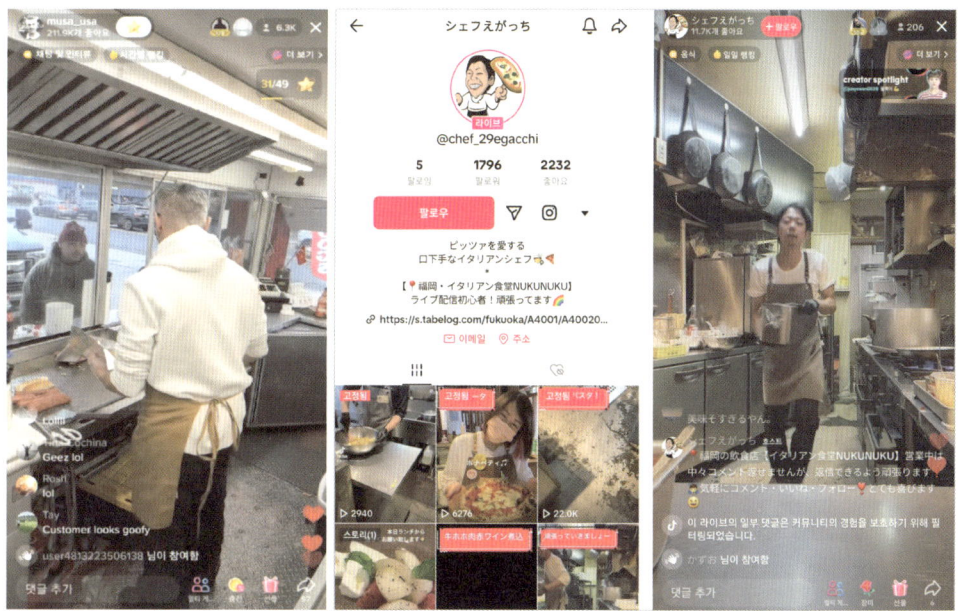

숏폼과 연계해 라이브 스트리밍을 활용하는 미국과 일본의 사례.

틀을 클릭하면 매장 정보를 볼 수 있을 뿐 아니라 예약을 하거나, 쿠폰을 다운받거나, 내비게이션을 통해 매장에 찾아갈 수도 있다. 심지어 배달도 가능하다.

숏폼 콘텐츠에 등장한 매장이 이용자와 멀리 위치해 있다면 찾아갈 수 있을까. 답은 '그렇다'다. 숏폼의 노출은 AI 알고리즘에 의해 개인 맞춤형으로 이뤄진다. 로컬 콘텐츠가 많아질수록 내가 방문할 수 있는 거리의 매장이 노출된다. 숏폼 플랫폼이 수집하는 이용자 위치 정보가 숏폼 알고리즘에서 적용돼 타깃 노출이 가능하다. 네이버가 2024년에 클립을 통해 본격화하려는 생태계의 완성된 모습이 바로 이런 것이다.

매장에서 숏폼으로 라이브커머스를

지역의 숏폼 콘텐츠는 라이브커머스와도 연계된다.

숏폼의 라이브커머스는 우리가 경험한 네이버나 그립 등 이커머스 플랫폼의 라이브커머스와 다르다. 숏폼 라이브커머스는 소비자가 일부러 찾아가는 '목적형 구매'가 아니다. 콘텐츠 임의 노출에 의해 수동적으로 구매하는 '관심형 구매'다. 때문에 브랜드 입장에서는 막대한 광고비를 지불하지 않아도 콘텐츠에 관심을 보인 이용자에게 자동으로 노출된다. 맛집 콘텐츠에 '좋아요'를 누르고 공유를 하는 관심 고객에게 비슷한 맛집 콘텐츠를 보여주고, 라이브커머스가 노출되는 식이다.

이 같은 숏폼형 라이브커머스는 숏폼이 급성장하고 있는 미국, 일본에서도 대중화되고 있다. 미국, 일본 등지에서는 숏폼 플랫폼에서 라이브 스트리밍을 켜고

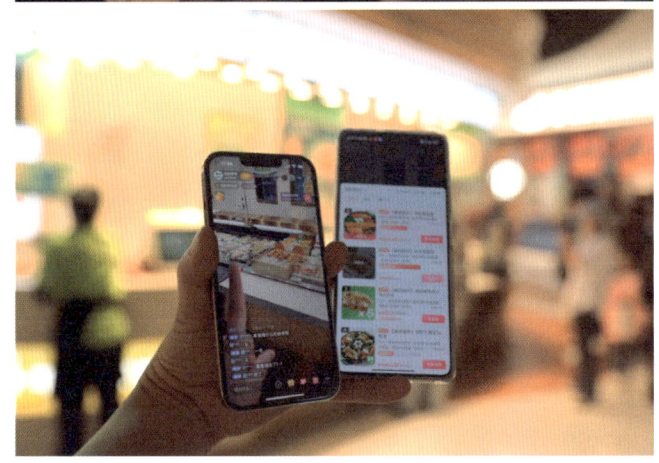

매장에서 라이브커머스로 일매출 1000만원을 만드는 중국의 숏폼커머스 사례.

하루 종일 일하고 있는 사람들을 어렵지 않게 볼 수 있다. 2024년 국내에서도 해외처럼 숏폼커머스 기능이 완성되면 어떻게 될까. 오프라인 매장에서 라이브커머스를 하며 매장 방문을 위한 할인 쿠폰을 팔고, HMR 제품을 노출시켜 전국으로, 해외로 판매하는 외식 브랜드들이 생겨나게 될 것이다. 중국처럼 외식업 현장 전문 라이브커머스 MC라는 직업도 생겨날 테다.

좌측 사진에 보이는 모습은 외식 전문 라이브커머스 MC '이이'가 작은 초밥 매장에서 하루 평균 1500만원의 매출을 숏폼의 온라인 쿠폰을 통해 판매하고 있는 모습이다. 초밥 매장이 숏폼을 통해 오프라인이라는 지역적 한계를 벗어나, 온라인으로 전국의 고객을 만나는 디지털 전환이 이뤄지는 것이다.

자영업자의 대응 전략

그럼 어떻게, 다가올 미래를 준비해야 할까. 숏폼 시대를 대비하는 방법은 크게 두 가지다.

첫째, 직접 숏폼을 만들고, 다양한 플랫폼에 업로드하며 고객과 소통하는 것이다. 숏폼 콘텐츠를 주기적으로 제작하면서 하나의 IP(Intellectual Property · 지식재산 · 이 글에선 개인 브랜드나 채널을 의미함)를 키워가는 방법이다.

둘째, 본인이 직접 숏폼 크리에이터가 되기 어렵다면, 유명 숏폼 크리에이터와 협업을 통해 이용자가 모이는 숏폼 플랫폼에 나의 매장을 노출시키는 방법이 있다. 물론 쉽지 않다. 전자는 성공하기 어렵고, 후자는 비용이 많이 든다. 그럼에도 불구하고 두 가지를 모두 공략하는 전략은 숏폼 시장을 선점하려는 브랜드에 꼭 필요하다.

보통은 숏폼 크리에이터를 활용해 브랜드 계정의 영향력을 키우는 두 번째 전략을 추천한다. 다만, 도전을 하기 전에 꼭 알아야 하는 사실이 있다. '숏폼 콘텐츠는 롱폼 콘텐츠와 다르다'는 것이다. 이 사실을 먼저 분명하게 인지해야 예산 낭비를 피할 수 있다.

숏폼은 롱폼과 과연 무엇이 다를까.

첫째, '노출 알고리즘'이 다르다. 숏폼의 노출 알고리즘은 이용자의 상호 작용(Interaction)에 의해 결정된다. 광고비를 통한 노출보다 영상 자체의 상호 작용이 중요하다. 광고 같은 영상에는 아무도 댓글을 달거나 '좋아요'를 누르지 않는다. 그런데도 많은 이가 이를 혼동해 숏폼으로 광고를 찍으려 한다. 짧은 숏폼 영상을 찍겠다고 값비싼 카메라로 훌륭한 영상미와 연예인을 등장시킨다. 이런 접근은 오히려 참패할 수 있다. 숏폼은 숏폼스럽게 접근해야 한다. 차라리 평범한 스마트폰으로 촬영해 전략적으로 친근한 느낌을 줄 것을 추천한다.

또한 숏폼의 노출 알고리즘을 체계적으로 공부하고, 업체에 맡기기보다는 직접 도전해보는 것이 중요하다. 사실 누구나 스마트폰만 있으면 모바일 편집 앱을 활용해 무료로 숏폼 영상을 만들 수 있다. 직접 해봐야 로직(Logic)을 이해할 수 있고, 이렇게 접근해야 성공할 수 있다.

숏폼은 새롭게 뜨는 시장이기 때문에 기존에 콘텐츠를 제작하는 업체는 숏폼의 로직을 잘 모를 수 있다. 기존 전문가가 실제 전문가로 인정받기 힘든, 새롭게 성장하는 시장이기 때문이다.

또 숏폼의 계정 운영은 지속 가능해야 한다. 100만뷰 노출을 만든 하나의 콘텐츠가 중요한 게 아니라, 지속적으로 100만 뷰를 만들어낼 수 있는 고정된 시나리오 형식과 숏폼을 계속 생산해내는 능력을 갖추는 게 중요하다.

일례로 대학로에서 '계향각'이라는 중식당을 운영하는 중식 고수 신계숙 교수님은 스토리텔링과 레시피를 통해 차별화된 숏폼 콘텐츠를 만들었다. 반복되는 형식과 시나리오의 패턴화가 중요하다. 또 강남 논현에 있는 '류몽민'은 사장님과 알바생이 함께 숏폼을 직접 제작하고 밀키트를 판매하는 도전을 하고 있다. 2024년 숏폼의 커머스 연동이 본격화된다면 숏폼을 통한 홍보는 물론 커머스로의 전환도 기대할 수 있다.

둘째, 숏폼은 '기존 SNS'와 다르다. 숏폼 크리에이터를 활용하는 경우, 숏폼은 기존 SNS 생태계와 노출 알고리즘이 다르다는 점을 기억해야 한다. 숏폼 노출은 소셜 그래프인 구독자(Follower) 기반이 아닌, 콘텐츠 기반으로 이뤄진다. 많은 기업이 구독자가 많은 크리에이터에게 비싼 돈을 주고 PPL 같은 광고를 진행한다. 이는 숏폼을 잘못 이해하고 접근하는 것이다. 구독자가 많은 크리에이터가 기준이 되는 게 아닌, 현재 조회 수가 지속적으로 잘 나오는 크리에이터를 활용해야 한다. 효과적인 노출법은 구독자는 적지만 조회 수가 잘 나오는 크리에이터를 활용하는 것이다. 그래야 적은 비용으로 효율적으로 우리 매장을 홍보할 수 있다.

위에서 언급한 접근법 외에도 숏폼 생태계를 접근하는 방법은 수없이 많다. 자주 묻는 질문 중에 '본인이 꼭 나와서 크리에이터가 돼야 하냐'는 걱정이 있다. 꼭 본인이 직접 주인공이 될 필요는 없다. 직원 스토리로 콘텐츠를 만들 수도 있고, 제품을 중심으로 콘텐츠를 생산하는 방법도 있다. 또 직접 계정 운영을 하지 않고, 숏폼 크리에이터와의 제휴를 통해 숏폼 시장을 공략할 수도 있다. 중요한 것은 숏폼의 미래를 내다보고 그 미래를 잡고자 준비하는 의지와 태도다. 숏폼 생태계를 제대로 이해하려는 공부가 필요하다.

많은 이들이 숏폼을 외주로 처리하고자 하는 경향이 있다. 이런 방식은 분명 실패 확률을 높일 것이다. 본인이 직접 콘텐츠도 만들어보고 운영 로직을 이해하고 있어야만 효율적으로 숏폼을 활용할 수 있다.

2024년에 숏폼은 자영업 시장에도 새로운 바람을 만들 것이다. 마치 배달 시장이 외식업의 전체 지형을 바꾼 것처럼, 하나의 매장이 숏폼을 통해 전국으로 홍보되거나 해외 진출을 하는 사례도 생길 수 있다. 또한 숏폼 커머스라는 새로운 이커머스 시장 환경에서 숏폼을 통해 판매에 성공하는, 오프라인 매장의 디지털 전환 성공 사례도 속출할 것이다. 2024년 새로운 변화의 기회를 누군가는 잡지 않을까.

# 지방 소멸에 뜨는 '로코노미'

반진욱 매경이코노미 기자

2019년 매경이코노미 입사 후 유통·콘텐츠·게임·상권 등 분야 취재.
'포스트 코로나 신상권지도' 공동 집필.

이색적이고 특별한 '로컬'이 곧 '힙'
지역名 붙으면 인기 폭발

'전라남도 진도 특산물 대파를 활용해 만든 햄버거' '강원도 평창에서 갓 수확한 햇감자로 만든 감자튀김'.

동네 음식점의 광고 문구가 아니다. 글로벌 유명 프랜차이즈 브랜드 맥도날드와 파이브가이즈가 내건 광고 문구다. 맥도날드가 내놓은 '진도 대파 크림 크로켓 버거'는 판매 시작 일주일 만에 50만개가 팔렸다. 평창 햇감자로 만든 감자튀김은 하루 대기팀만 300팀에 달하는 파이브가이즈에서 가장 인기 많은 메뉴다. 두 업체는 '지역 특색' 메뉴를 앞세워 재미를 톡톡히 봤다.

2023년 상반기부터 유통업계에서 화두로 떠오른 단어가 있다. '로코노미(Loconomy)'다. 지역(Local)과 경제(Economy)의 합성어로, 지역의 특색을 담아 만든 상품을 뜻한다. 지역 특산물을 활용해 만든 식품, 관광 명소를 활용한 여행 상품 등이 대표적인 '로코노미 상품'이다.

로코노미 인기는 숫자로 나타난다. 시장조사 전문기업 엠브레인 트렌드모니터가 성인 남녀 1000명을 대상으로 설문조사한 결과 응답자 10명 중 8명이 '로코노미 상품'을 구매한 경험이 있다고 답했다. 앞으로도 구매 의사가 있다는 비율도 높았다. 지역 특색을 담아 한정판으로 나온 상품이라면 구매할 의향이 있다는 답변이 80%에 달했다.

세계적인 프랜차이즈 업체들 모두 '로코노미'를 내세운다. 한국맥도날드는 창녕 갈릭 버거, 진도 대파 크림 버거 등을 선보였다(좌). 파이브가이즈는 평창에서 수확한 감자로 만든 감자튀김을 판매해 인기를 끈다(우).
한국맥도날드, 한화갤러리아 제공

이런 트렌드에 맞춰 식품·유통업계도 재빠르게 움직이는 중이다. 로코노미 관련 제품을 속속 내놓으며 소비자의 마음을 사로잡기 위한 경쟁을 치열하게 벌이고 있다.

토종 상품 활용한 식품 인기

진도 대파 버거, 제주마음샌드 '불티'
로코노미 트렌드를 가장 적극적으로 활용하는 곳은 프랜차이즈업계다.
한국맥도날드는 로코노미 상품의 선구자 격인 회사다. 맥도날드는 현지 식료품의 맛을 살린 특화 상품을 내놓는 정책으로 유명하다. 해당 정책에 맞춰 한국맥도날드도 3년 전부터 '한국의 맛(Taste of Korea)' 프로젝트를 가동, 꾸준히 지역 특색을 입힌 상품을 판매했다. 2021년 8월 창녕에서 재배된 햇마늘을 넣은 '창녕 갈릭 비프 버거'를 공개했다. 판매를 시작한 뒤, 한 달 동안 약 160만개가 팔렸다. 2021년 여름 한정 제품으로 기획했는데, 마늘 맛 버거에 입맛이 꽂힌 고객의 재출시 요청이 빗발치면서 햇마늘이 수확되는 매년 8월마다 시즌 상품으로 팔고 있다. 2022년까지 누적 판매량만 300만개에 달하는 '베스트셀러'다.

2022년에는 보성 녹돈 버거가 판매량 120만개를 기록하며 화제를 모았다. 올해는 진도 대파 크림 크로켓 버거로 이목을 끌었다. 2023년 12월 28일 기준 '한국의 맛' 메뉴 누적 판매량은 1900만개를 돌파했다.

파리바게뜨는 지역 매장에서만 살 수 있는 '로컬 메뉴' 상품을 선보인다. 2019년

8월 선보인 제주마음샌드가 대표적인 예다. 제주 특산물인 우도 땅콩을 사용해 만든 디저트로, 제주도 일부 매장에서만 살 수 있다. 판매 장소가 한정적인데도 누적 판매량이 1000만개를 넘어설 정도로 인기를 끌었다. 제주공항 안의 파리바게뜨 매장에는 제주마음샌드를 사기 위해 줄 서 있는 관광객의 모습을 쉽게 볼 수 있다.

스타벅스도 지역 특산물을 활용한 상품을 꾸준히 만든다. 스타벅스 로코노미 상품 유형은 2가지다. 하나는 재료가 나오는 지역 매장에서만 파는 공간 한정판 메뉴다. 제주 지역 매장에서만 판매하는 '제주 말차 앤드 애플망고 블렌디드' 같은 상품이다. 다른 하나는 특산품은 활용하되, 전 매장에서 판매하는 상품이다.

전남 고흥 유자로 만든 '유자 패션 피지오'가 대표적이다. 최근에는 국내산 수박과 성주 참외를 사용한 '스타벅스 수박 블렌디드'처럼 제철 식재료 메뉴를 선보이기도 했다.

이디야커피는 제철마다 충남 지역의 특산물을 활용한 제품을 내놓는다. 2022년 여름에는 논산 수박과 부여 대추방울토마토를 사용한 생과일주스 2종을 공개했고, 같은 해 겨울에는 논산 딸기로 만든 신메뉴를 출시해 화제를 모았다.

편의점은 자체 생산 브랜드(PB) 제품을 내세워 로코노미 유행 흐름에 올라탔

편의점 업체들 역시 지역 특산물을 강조한 상품을 연달아 내놓는다. 세븐일레븐은 이천 쌀로 만든 '임금님표 이천쌀맥주'를 출시했다(좌). CU는 자사 인기 PB 상품인 연세 크림빵 시리즈에 제주 지역 특산물 '한라봉'을 얹은 제품을 추가했다(우).   세븐일레븐, CU 제공

다. GS25는 부산시와 손잡고 '부산의 맛'을 주제로 한 간편식 시리즈를 판매한다. '부산의 맛 돼지국밥' '부산의 맛 가래떡 떡볶이 2종'으로 라인업을 꾸렸다. GS25 관계자는 "부산 대표 먹거리 발굴에 적극 나설 계획으로, 발굴된 메뉴를 기반으로 부산의 맛 간편식 시리즈를 확대할 방침"이라고 설명했다.

CU는 인기 PB 제품인 연세우유 생크림빵 시리즈에 로코노미 상품을 추가했다. 제주산 한라봉을 활용해 만든 '한라봉 생크림빵'이다. 연세우유 크림빵 시리즈 가운데 지역 특산물 연계 첫 사례다.

세븐일레븐은 이천 쌀로 만든 '임금님표 이천쌀맥주'를 선보인다. 수제맥주 브루어리인 어메이징브루잉컴퍼니와 손잡고 6개월간 개발했다. 세븐일레븐은 이천쌀맥주 외에도 지역 특산물을 활용한 제품을 더 내놓는다는 계획이다. 세븐일레븐 관계자는 "앞으로도 농가 발전에 도움을 줄 수 있는 다양한 상품을 고민하고 출시해나갈 것"이라 밝혔다.

로코노미 인기 이유는

이색적이고 특별한 경험으로 여겨

왜 소비자들은 '로코노미'를 활용한 제품을 찾는 걸까.

연령대별로 이유가 갈린다. 젊은 세대는 '이색적'이라서, 중·장년층은 원산지가 확실해 믿을 만하다는 이유로 로코노미 상품을 선호했다. 엠브레인 트렌드모니터 설문 결과(응답자 1000명) 로코노미

식품을 사고 싶은 이유로 49.6%의 응답자가(중복 응답) '대체로 지역 특색이 반영된 점이 이색적이어서'라고 대답했다. 이어 특별한 경험(39.2%)이라는 응답 순이었다. 20대와 30대일수록 로코노미 식품이 '특별'해서 먹고 싶다는 응답이 많았다.

중·장년층은 안전하기 때문에 선호한다는 답변이 많았다. 50대 응답자의 41.7%가 원산지가 확실해 로코노미 상품을 선호한다고 답했다. 50대 응답자의 36.4%는 선호 이유로 '재료가 신선할 것 같아서'라고 밝혔다.

지역 특색을 담은 'IP'로 개발

수도권 MZ에게 '힙'한 지방 도시

로코노미 범위는 더 넓어지는 중이다. 단순히 지역 특산물을 활용하는 것을 넘어 지역 특색을 살려 'IP'처럼 활용하는 사례가 늘어나는 분위기다. 이를 가장 잘 활용한 도시가 강원도 양양이다. 전체 인구가 2만명에 불과한 소도시지만, 관광객 수는 1638만명에 달한다(2022년 연간 기준).

2010년대 후반까지만 해도, 평범한 지방 도시였던 양양은 지역 해수욕장이 서핑에 적합하다는 점을 내세워 도시를 서핑의 중심지로 홍보하기 시작했다. 곳곳에

강원도 양양은 단순히 지역 상품을 판매하는 것을 넘어 '서핑의 성지'라는 지역 IP를 개발, 성공을 거둔 케이스다(위). 지역 상품 판로를 늘리기 위한 차원에서 로코노미 트렌드를 적극 활용하기도 한다(아래).

매경DB, 롯데쇼핑 제공

서퍼들을 위한 서퍼 비치를 만들었고, 서핑을 즐긴 관광객들이 쉬고 놀 수 있는 공간을 적극 개발했다. 입소문을 타면서 2030세대 사이에서 '서핑의 성지'로 떠올랐다. 관광객이 늘면서 상권이 자연스레 개발됐다. 각종 클럽이 즐비한 양양군 인구해수욕장 일대는 서울 홍대입구, 강남에 꿀리지 않는 S급 상권으로 거듭났다. 에그슬럿(샌드위치), HDEX(운동 의류), 롯데웰푸드(과자) 등이 줄줄이 양양에 팝업스토어를 냈다.

유통업계 관계자는 "지역 특색을 살린 결과 소멸 위기의 시골 도시가 수도권에서 가장 '핫'한 지역으로 거듭났다. 여름 팝업스토어의 성지는 성수가 아니라 강원도 양양이라는 말이 나올 정도다. 단순 특산물 활용을 넘어 지역 경제 자체를 부활시킨 로코노미의 성공 사례"라고 평가했다.

양양과 같이 로코노미를 활용, 지역 경제를 살리려는 움직임은 꾸준히 이어지고 있다. 문체부와 중기부가 진행하는 '로컬크리에이터' 사업이 대표적이다. 지역의 '힙'한 매장, 상품을 발굴해 관광객을 모으고, 지역 경제까지 살리자는 취지의 프로젝트다. 지난해 최우수 로컬크리에이터로 선정된 경북 칠곡의 므므흐스 버거는 지역 농가에서 조달한 식재료로 화제를 모은 가게다. 가게가 위치한 매원마을은 하루에 버스 2대만 들어가는 외진 산골이다. 시골에 자리 잡은 가게지만 매출은 도시의 인기 가게에 밀리지 않는다. 월평균 버거 판매량은 6300개, 연매출은 7억원에 달한다. 므므흐스 버거 가게의 인기 덕분에 소멸 위기까지 갔던 매원마을은 다시 활기를 되찾는 중이다.

배달은 '상위 노출' 전쟁

강혁주·박은정 평안도식당 대표

주식회사 잇츠굿 평안도식당 프랜차이즈 5년 운영, 직영점 4개 운영, 주식회사 강남역클라쓰 유튜브 채널 3년 운영 등 다수의 창업 관련 세미나를 정기적으로 운영 중. 창업의 초기 세팅부터 연매출을 올리는 전략에 대한 전반적인 컨설턴트 역할을 하고 있다.

강혁주·박은정 고수와
1:1 상담 문의는 여기로!

배달 앱 알고리즘 치트키 '무료 배달'
'무배' 시작하고 주문량 변화 지켜보라

104.3.

통계청이 발표한 2023년 12월 기준 외식배달비지수다. 2022년 11월의 외식배달료를 100으로 놓고 비교한 결과다. 국내 외식배달료가 13개월 만에 4.3% 상승했다는 얘기다. 같은 해 11월 상승률(3.9%)보다 0.4%포인트 더 커졌다.

반면 배달 앱 이용자는 꾸준히 감소하고 있다. 빅데이터 플랫폼 기업 아이지에이웍스 모바일인덱스에 따르면, 주요 배달 앱 3사(배달의민족, 요기요, 쿠팡이츠)의 월간 활성화 이용자 수(MAU) 총합은 2023년 4월부터 11월까지 8개월 연속으로 전년 동월 대비 적게는 2.5%, 많게는 12% 감소했다. 배달료가 오르며 배달 앱 이용자가 꾸준히 이탈하고 있음을 유추할 수 있는 대목이다.

이처럼 2023년 배달 시장은 껑충 뛴 배달료로 인해 전쟁을 치렀다. 이 전쟁은 2024년 배달 시장에서도 계속될 전망이

외식배달비 분포 단위:원, %

최대	최빈	1천원 미만	1천원대	2천원대	3천원대	4천원대	5천원대	6천원대	계
7000	3000	2.7	6.4	30.9	47.3	11.3	1.1	0.3	100

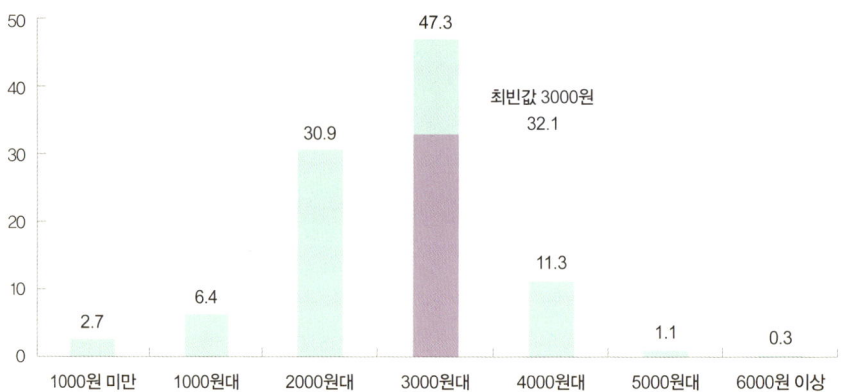

다. 배달 앱 3사가 알뜰배달, 요기패스, 와우 할인 등 배달료 인하 프로모션에 나서며 등 돌린 고객 잡기에 안간힘을 쓰고 있기 때문이다.

배달 앱 알고리즘에 발탁되기 위한 치트키 '무료 배달'

이런 상황에서 배달 앱에 입점해 장사를 하는 자영업자라면 어떤 전략을 취해야 할까.

필자가 제시하는 답은 '무료 배달(이하 '무배')'이다. 이는 우리 가게를 배달 앱 알고리즘 눈에 띄게 하기 위한 최고의 전략이다.

배달 앱 입장에서 생각해보자. 전술했듯, 배달 앱 3사는 높은 배달료에 등 돌린 고객 마음을 되돌리기 위해 전쟁을 치르고 있다. 배달료는 누가 정하는가. 가게 사장이 정한다. 배달 앱 입장에선 음식값만 받거나 배달료를 적게 받으면 주문이 더 늘어날 텐데, 갈수록 배달비가 높아지니 주문이 줄어들고 배달 앱 이용자가 이탈하고 있는 상황이다. 이를 감안하면 배달 앱 입장에선 배달료가 저렴한 가게일수록 화면 상단에 노출하려는 유인이 커질 수밖에 없다. 아예 배달료를 받는 유료 배달(이하 '유배') 대신 그냥 무배를 하는 가게라면 어떨까. 무배 가게가 배달 앱의 상위 노출 1순위일 것임은 쉽게 짐작할 수 있다. 물론, 맛과 서비스에 대한 평점,

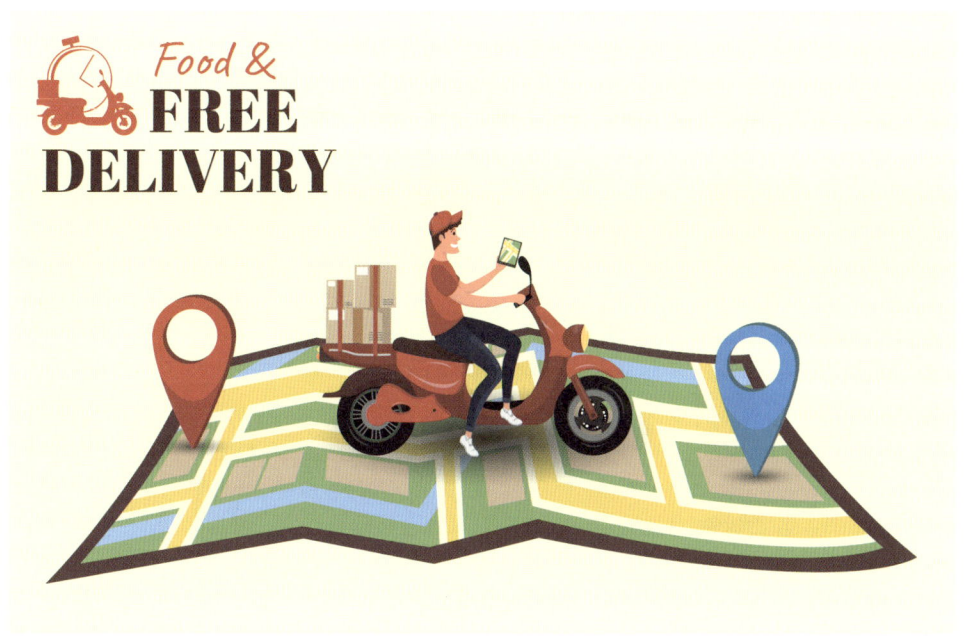

리뷰가 좋은 것은 기본이라는 전제다. 예를 들어 A가게는 순댓국이 8000원, 배달료 3000원이고, B가게는 순댓국 1만 5000원, 배달료는 0원(무배)이라고 하자. 배달 앱은 음식값이 얼마인지는 그야말로 '안물안궁(안 물어보고 안 궁금함)'이다. 중요한 것은 유배냐, 무배냐. 유배보다는 무배가 배달 앱에서 소비자가 주문할 가능성이 높아지기 때문이다.

혹자는 "그래도 무배는 가게 부담이 너무 크다"며 배달료를 1000원만이라도 받으면 안 되겠냐고 물을 수 있다. 필자의 대답은 "일단 무배를 해보라"다. 그럼 주문이 실제로 더 들어오는지, 안 들어오는지 테스트라도 해보라는 것이다.

무배를 하면 당연히 처음에는 남는 게 없을 수 있다. 그러나 단기적 이익보다 중요한 것이 '상위 노출'이다. 명심하자. 배달은 상위 노출과의 전쟁이라는 것을. 아니, 배달뿐 아니다. 배달의민족, 요기요, 쿠팡이츠 등 배달 앱 3사는 물론, 네이버 플레이스, 스마트스토어, 유튜브 등 모든 것이 상위 노출과의 전쟁이다.

그럼 상위 노출이 되는 원리, 즉, 어떻게 해야 상위 노출이 잘될 수 있는지를 생각해봐야 한다. '어떻게 하면 플랫폼이 돈

을 벌 수 있는 구조가 될까'를 역으로 생각해보자. 필자는 여기서부터 무배 전략을 짜서 평안도식당에서 실험해보고, 전국의 많은 매장에서 시도해봤다.

결과는 대성공이었다. 무배를 하니 월매출 3000만원은 기본으로 나왔다. 배달 앱 측에서 이런 알고리즘을 공식적으로 밝히거나 인정한 적은 물론 없고, 앞으로도 공개하지 않을 것이다. 그러나 필자를 비롯해 많은 고매출 자영업자들이 실험해본 바에 따르면, 단언컨대 배달 앱 알고리즘은 유배보다 무배일 때 상위 노출을 해준다. 적어도 동시간대, 동지역, 동일 카테고리 안에서 가장 낮은 배달비를 제시해야 한다.

혹자는 또 이렇게 질문할 수 있다.

"1.5km까지는 무배를 하겠는데, 3~4km 장거리는 배달대행료도 크게 오르니 이건 유배를 해도 되지 않을까요?"

이에 대한 대답은 "그것도 마케팅비로 투자한다고 생각합시다"다. 신규 오픈한 가게가 무배를 해서 상위 노출이 되면 고객 인지도와 평점, 리뷰, 단골 고객, 맛집 랭킹 점수가 순식간에 쌓인다. 일단 이 상태를 만들고 나서 유배로 전환하거나 메뉴 가격을 인상하면 그때부터는 신규 고객의 빠른 구매 전환과 단골 고객 재방문 등에 힘입어 매출이 지속 상승하는 선순환 구조가 된다. 그때까지는 단기적으로 손해를 감수하고 마케팅에 투자하는 것이 바람직하다.

대량 주문 소화할 최적화된 조리 시스템 갖춰야

여기까지 동의해서 무배를 시작한 사장님이라면 또 다른 도전에 직면하게 된다. 무배로 인해 상위 노출이 되면 이전에 경험해보지 않았던 엄청난 주문량이 순간적으로 쏟아질 것이다.

이때부터가 중요하다. 수많은 주문을 소화하기 어렵게 되면 더 이상 주문을 받지 않으려 배달 앱에서 '영업 중지' 상태로 전환할 것이다. 이게 가장 위험하다. 그럼 우리 가게는 다시는 상위 노출이 되지 않을 수 있다.

상위 노출이 한번 됐으면 그것을 유지해야 한다. 어떻게 유지하냐고? 역시 배달 앱 알고리즘이 좋아할 만한 행동을 해야 한다. 즉, 영업 중지, 휴무, 일시 정지 등을 하지 않고, 주문이 들어오는 대로 계속 열심히 '쳐내는' 것이다.

생각해보라. 배달 앱은 '영업 중지'를 하는 가게를 좋아할까, 싫어할까. 당연히 후자다. 영업 중지를 하면 배달 앱 입장에선 '돈이 안 되는 가게'가 된다. 그렇게 한두 번 '찍히면' 상위 노출을 해줄 리 없다. 이런 배달 앱 알고리즘이 얄미운 건 사실이지만, 사장님 입장에선 이를 이용해야 성공할 수 있다.

그래서 필자는 오후에 브레이크 타임(Break Time·쉬는 시간)도 없이, 24시간 영업을 하며 배달 주문을 모두 받는다. 점심 피크 시간에 홀에 손님이 꽉 차서 눈코 뜰 새 없이 바빠도 절대 배달 앱에서 '영업 중지'를 하지 않는다. 어떻게든 배달 주문까지 다 소화하기 위해 노력한다. 말 그대로 '어떻게든'이다. 이를 위해서는 사전에 시스템을 정비해둬야 한다. 주방 동선을 최적화하고, 직원이 효율적으로 일하도록 교육하고, 조리 시간을 단축할 수 있는 시스템을 만들어야 한다. 아무리 맛있고 저렴해도 배달이 안 되거나 오래 걸리면 고객은 언제든 돌아설 수 있다. 이를 위해 평안도식당은 30초마다 10인분의 음식이 나오는 시스템을 만들었다. 점심 피크 타임 2시간을 위해선 10시간 이상 미리 준비한다. 직원을 더 채용할 여건이 되자 빠른 접객과 조리는 점점 더 쉬워졌다.

이렇게 배달에 최적화된 조리 시스템을 만드는 데 성공하면 사장님은 돈을 벌고, 그렇지 못하면 월매출 3000만원이 안 되는 가게가 되는 것이다. 아무리 힘들어도 어려워도 영업을 중지하거나 브레이크

타임을 갖지 않는 것이 유리하다. 이는 고객을 불편하게 하고, 경쟁 매장을 경험할 수 있는 기회가 된다. 혹자는 '너무하다'고 할지 모르지만, 이것이 외식업이라는 무한 경쟁에서 살아남기 위한 현실적인 조언이다.

목표 매출 진입하면 유료 배달로 전환… 미세 조정은 계속해야

무배를 통해 사장님이 원하는 목표 매출에 진입했다면 이제 유배로 전환하면 된다. 단, 이때도 곧바로 비싼 배달료를 책정하기보다는 메뉴 특성이나 성수기, 비수기, 객단가, 이벤트 등 매장별 다양한 요소를 고려해 항상 상위 노출에서 밀리지 않도록 수시로 배달료를 조정하는 것이 중요하다. 잠시라도 이 작업을 게을리하면 어렵게 상위 노출이 됐다가도 금세 하위로 밀려날 수 있다.

실제 평안도식당은 정해진 배달료가 없다. 왜냐하면 배달 앱 상위 노출 알고리즘은 영원불변한 것이 아니라, 계속 살아 움직이고 변화하기 때문이다. 그렇다면 배달료도 당연히 그에 맞춰서 계속 변화해야 한다.

지역별로 우리 가게가 몇 번째 페이지에 노출되는지 실시간으로 계속 검색해보면서 상단에 노출되는 최저 배달비를 맞춰 조정할 필요가 있다. 홀이나 배달이 많이 몰리는 시간에 노출도를 낮추고 싶다면 배달료를 하위 노출되는 적정 금액으로 조정하면 된다.

성수기와 비수기에 따른 배달료 조정도 필수다. 가령 우리 가게 메뉴가 비수기일 때는 무배나 낮은 배달료로 최상단에 노출하고, 반대로 성수기에는 배달료를 다소 높여도 매출과 이익이 늘어날 수 있다.

일정 수준 고매출을 달성하고 나면 이때부터는 선순환이 된다. 맛집 랭킹, 재방문율, 단골 고객 등 이미 형성된 트래픽이 상위 노출을 견인해줘 배달료를 점차 높여도 상대적으로 알고리즘 저항이 적어진다. 또한 주력 메뉴와 사이드 메뉴, 세트 메뉴 등의 가격을 조정해 객단가를 높이기 위한 세팅을 해두면 무배나 낮은 배달료로도 일정한 마진을 확보할 수 있다. 중요한 것은 무배로 시작해 고매출을 달성한 뒤, 끊임없이 배달료를 미세 조정하며 상위 노출과 중장기적 수익 구조를 최적화하는 것이다.

하지만 많은 자영업자에게 "지금 배달의민족 사장님 사이트에 접속해보세요" 하면 아이디도 기억을 못해 접속 못하는 경우가 적잖다. 배달 앱을 처음에 가입할 때만 세팅해놓고, 이후에는 거의 손을 안 대고 방치해두기 때문이다. 그러면 안 된다. 필자는 하루에도 수차례 사장님 사이트에 접속한다. 수시로 로그인해 배달료와 최소주문금액을 오르락내리락 조정한다. 배달 장사를 하는 경우라면 배달 앱의 '사장님 사이트'와 친해져야 한다.

CASE STUDY

상암동 야키니쿠집 '아고야'

'2회 리필 깍둑 소고기' 콘셉트로 인스타·릴스서 1600만 클릭 '대박'

김경문
노마드포레스트 대표

프랜차이즈·점포 마케팅을 전문으로 하는 외식업 마케팅 전문 회사 노마드포레스트 대표로, 8년간 1000개가 넘는 외식업 브랜드 마케팅 이력으로 스타트업, 대학교, 중소기업 마케팅 컨설턴트·강사, 자문위원으로 현재 활발하게 활동 중이다.

A급 상권에서 손님이 줄을 서던 식당이 휑하고, 1인분에 1만원도 안 되는 냉동삼겹살이나 대패 고깃집은 줄을 선다. 배달업계에서는 배달비를 줄일 수 있는 포장 매출이 늘고 있다. 서민의 술이었던 '소맥'도 인기가 시들하다. 맥주 2병에 소주 1병이면 1만5000원이 넘으니 부담스러워진 것. 강남에는 소주 1병에 9000원까지 올라간 곳도 있다.

2023~2024년 연말연시 먹자골목의 풍경이다. 고금리, 고물가가 지속되며 소비심리가 위축된 결과다. 당분간 경기가 좋아질 기미가 보이지 않아 2024년은 그 어느 때보다 '가성비'가 중요할 전망이다.

이럴 때 '가성비'에 주안점을 두고 '비주얼(시각적 효과)'도 강조해 성공한 브랜드를 소개하고자 한다. 필자가 마케팅 컨설팅을 담당한 서울 상암동 야키니쿠(일본식 소고기 화로구이) 가게 '아고야'다.

단골 고객 위에 신규 고객을 쌓다

아고야는 상암 먹자골목 측면 상권 지하 1층에서 7년간 운영해온 20평 규모 식당이다. 요리에 관심이 많았던 아고야 사장님은 건축 회사를 다니다 평소 하고 싶던 식당을 차리기 위해 과감히 퇴사했다. 경험도, 자본도 부족한 상태에서 일단 '야키니쿠'라는 전체적인 콘셉트만 잡

다찌 형식의 테이블로 혼술족에 맞는 인테리어 구성을 적용.

고, 관련 고깃집이나 식당에서 일을 배우기 시작했다. 숯 피우기부터 고기 굽기, 서빙, 주방 일까지 뭐든 열심히 하며 몸에 익혔다.

그렇게 창업 준비를 했지만, 창업비용이 다소 부족했다. 상암동 상권을 수개월 돌아다니며 예산에 맞는 곳을 찾았다. 다행히 건축 회사를 다녔고 직접 시공을 할 수 있어 인테리어비를 대폭 줄일 수 있었다.

처음에는 찾는 사람이 거의 없었다. 유동인구도 적고 무엇보다 지하에 입지했기 때문. 사장님은 직접 거리로 나가 전단지와 X-배너를 들고 수개월간 홍보를 했다. 고객 만족을 최우선으로 음식과 서비스 품질에 신경 썼다. 그러자 점점 단골이 늘면서 적자에서 흑자로 전환됐다. 아고야의 고객 만족 포인트는 크게 5가지로 볼 수 있다.

소고기를 배부르게 먹을 수 있는 '맛과 양의 가성비'

'직장인 때 소고깃집에 가면 눈치 보여서 마음껏 먹지 못했던 서러움을 우리 가게에서는 느끼지 않게 하자.'

아고야 사장님이 창업을 결심했던 초심이다. 그런데 한우를 쓰기에는 현실적으로 원가율이 너무 높았다. 그래서 수입산을 쓰면서도 최고급 숯과 그릴판을 통해, 숯향과 그릴링으로 높은 수준의 식감과 맛을 냈다.

지방이 적은 부위부터 순서대로 먹는 코스 요리 형식의 모둠 구성.

샘플 그릴링: 처음 한 점으로 느끼는 최상의 한입!

처음에는 직원이 부위별로(총 5개 부위가 모둠으로 나온다.) 한 점씩 구워줘서 가장 맛있을 때 고객이 한입 맛보게 한다. 그럼 이후에 고객이 고기를 못 구워 맛이 없더라도 고기 탓은 안 하게 된다. 지속적으로 그릴링해주는 다른 곳보다 인건비를 훨씬 줄이면서 고객 만족도는 높이는 방법이다.

유한리필 시스템: 가격은 동일한데, 고객에 따라 식사량을 맞춤으로 제공

아고야는 '1인분'이 아닌, '1인당' 주문하는 시스템이다. 처음에는 1인당 350g의 소고기를 제공했다. 하지만 대부분 여성 고객은 다 못 먹고 남기는 경우가 많아 로스율이 상당히 높았다. 그렇다고 1인분으로 바꾸면 테이블 단가가 낮아져 매출이 떨어지는 상황이었다.

두 번 리필되는 것까지 더하면 상당히 많은 양.

그래서 '두 번 리필되는' 시스템을 도입했다. 아무리 수입육이라도 무한리필로 질 낮은 고기를 제공하고 싶지는 않았다. 처음에는 200g이 나가고 리필 요청을 하면 100g, 그다음에는 50g이 나가는 방법을 썼다. 아무리 잘 먹는 손님도 똑같은 양을 계속 먹기는 쉽지 않기 때문이다.

앞사람과 대화를 허하라

고깃집은 후드 때문에 앞사람을 제대로 보면서 대화를 하기 어렵다. 아고야는 흡기구를 바닥에 깔고 테이블 후드에서 연기를 뺄 수 있도록 했다. 그러자 앞사람과 편하게 대화를 할 수 있어 커플이나 가족 단위 고객이 많아졌다.

오래 구워도 타지 않는 생고기와 고품질 사이드 메뉴

처음에 양념육을 제공했지만, 조금만 타이밍을 놓쳐도 많이 타버리는 단점이 있었다. 양념이 밑으로 떨어지면 숯이 빨리 꺼져 자주 교체해야 되는 문제도 생겼다. 그래서 양념육 대신 생고기만 쓰기 시작했다. 양념육이 주는 소스 맛은 직접 제조한 타래소스에 찍어 먹을 수 있도록 대체했다. 그리고 고깃값을 1인당으로 내는 대신, 저렴하고 품질 좋은 사이드 메뉴를 제공해 만족도를 끌어올렸다.

이렇게 다양한 시도와 노력으로 7년을 운영하자 코로나19 팬데믹 때도 매출이 크게 줄지 않고 유지됐다. 그런데 오히려 엔데믹 때 힘들어지는 상황이 됐다. 아무래도 상권과 지역의 한계가 있는 데다, 팬데믹 이후 새로운 매장들이 많아져 노출 경쟁에서 밀리게 된 것이다.

이때 아고야 사장님은 '온라인 마케팅'을 배우기 위해 필자 강의를 신청했다. 마케팅 전문가인 필자가 볼 때 아고야는 더할 나위 없는 좋은 브랜드였다. 그 힘든 팬데믹도 버틸 정도로 7년간 브랜드가 잘 잡혀 있는데, 온라인 마케팅을 한 번도 하지 않았으니 말이다. 사장님의 적극적인 마인드와 실행력도 발군이었다. 마케팅을 하면 반드시 잘될 것이라는 확신이

들었다.
그래서 하나씩 계획을 짜기 시작했다.
먼저 네이버 플레이스 순위 상승, 블로그 상위 노출, 인스타 광고, 당근마켓 광고 등 할 수 있는 것들은 다 알려줬다. 이런 채널들을 하나씩 세팅하다 결국 인스타에서 콘텐츠가 대박을 터뜨렸다. 먹스타그램 인플루언서들과 열심히 기획 회의를 한 결과, '두 번 리필되는 깍둑 소고기'라는 콘셉트로 인스타그램과 릴스에서 1600만 조회 수를 달성했다.
이후에도 해당 콘셉트로 다른 먹스타나 자체 인스타 계정, 네이버 플레이스 등에 지속적으로 노출시켜 2023년 8~12월까지 캐치테이블 4개월 예약 만석을 달성했다.
현재는 신메뉴와 이벤트를 기획·론칭하고, 마케팅 성과를 매출과 연계해 지속 체크하면서 안정적인 운영을 하고 있다. 또한 유튜브나 방송에서도 섭외가 와서

해당 먹스타 계정 타 게시물 조회 수 대비 100배가 넘는 성과.

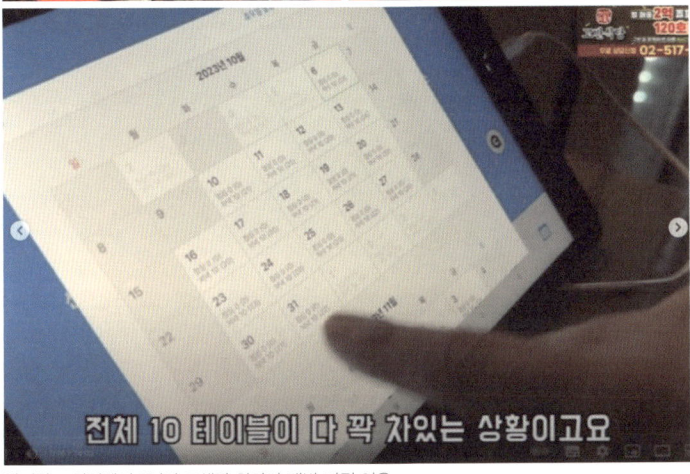

반지하 고깃집에서 7년간 고생만 하다가 대박 터진 이유.

'오사카에 사는 사람들의 마츠다 부장' '창업의신' '맥형TV'에서 촬영하는 등 다양한 매체에서도 많이 알려지고 있다.

아고야는 현재 점심 예약을 받지 않는다. 그래도 점심에 기본 30분 이상 웨이팅을 서는 맛집이 됐다. 현재는 3호점을 준비 중이다.

> **아고야 온라인 마케팅 성공 전략**
>
> 1. 플레이스: '상암 맛집(조회 수 4만가량)' 키워드 검색 순위 10위권 유지
> 2. 블로그 체험단: 월 10건 내외, '상암 맛집' 키워드 검색 시, 네이버 뷰(view) 탭 1페이지 상위 노출 유지
> 3. 인스타그램: 자체 계정 관리(이벤트나 직원 구인 시 월 10만원 내외 타깃 광고)
> 4. 먹스타그램: 매장 콘셉트에 맞는 먹스타 섭외해서 월 1~2명 협찬 진행
> 5. 당근마켓: 필요시 진행

마케팅 트렌드

트렌드를 잘 읽었어도 운영을 잘못하면 허사! 매장을 운영하며 꼭 알아야 하는 고수들의 실전 노하우를 배워보자.

PART 4.

운영 노하우

'주방 자동화' 어디까지 왔나

김용 케이푸드텍 대표

주방 자동화 스타트업 케이푸드텍의 대표로 활동 중. 로봇이 찌개 끓이는 '로봇 한식집'으로 한식 로봇 주방 '붓밥'을 운영하고 있음. 한국농수산식품위원회 CEO자문위원 활동, 방송과 라디오 등 출연으로 주방 자동화의 노하우를 전하는 활동을 활발히 하고 있다.

김용 고수와
1:1 상담 문의는 여기로!

'로봇 주방' 가야 할 길 맞지만
'조리 로봇이 모든 것 해결' 환상 버려야

바야흐로 로봇 전성시대를 넘어 절대적 필요 시대가 도래했다. 국내 주식 시장에 상장하는 대기업의 로봇 관련 회사 주가도 천정부지로 치솟는다. 이제는 바리스타 로봇이나 튀김 로봇을 서울이 아닌 지방에서도 쉽게 볼 수 있다.

필자는 지난 4년간 직영점 두 곳에서 찌개 로봇, 돈가스튀김 로봇, 볶음 로봇, 서빙 로봇 등 다양한 조리 로봇을 개발, 실험했다. 그리고 이들을 결제 서비스와 연동시키는 등 다양한 프로젝트를 정부 실증 사업이나 다른 푸드테크 기업과의 컨소시엄 등을 통해 진행해왔다. '조리 로봇을 도입하면 인건비가 바로 절감될 것'이라 기대하는 식당 사장님도 많이 만나 봤다.

그러나 필자 생각은 다소 회의적이다. 모든 조리가 자동화된 상태의 로봇 주방이 실현되려면 여전히 많은 자본과 시간이 필요해 보인다. 그간 국내에서 시도된 여러 주방 자동화 시도들은 아직 '보여주기' 수준에 머물러 있다는 판단에서다. 로봇이 본연의 생산적 기능보다는 엔터테인먼트적인 요소에 더 집중돼 있는 것이다.

고객이 로봇에 놀라는 건 처음 한 번뿐

만일 여러분이 초밥을 먹으러 유명한 일식 셰프가 운영하는 고급 일식집에 갔다고 생각해보자. 그 셰프가 말한다.

국내 조리 로봇 비교 <small>단위:만원</small>

치킨·튀김 로봇

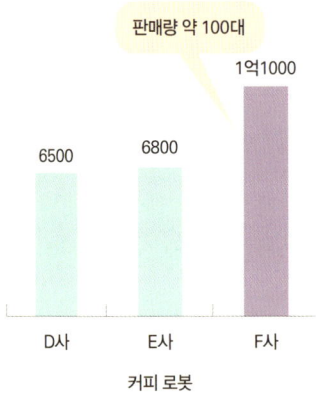

커피 로봇

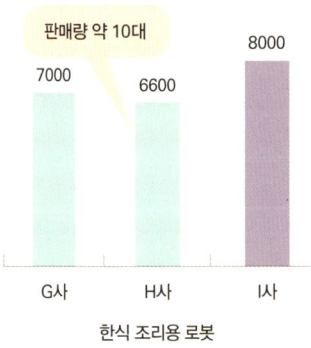

한식 조리용 로봇

"저는 한 자루에 1000만원짜리 사시미 칼로 회를 썰고 있습니다!"

하지만 초밥 맛이 그저 그렇거나, 다른 곳에서도 더 저렴한 가격에 먹을 수 있는 맛이라면, 그 초밥집은 얼마 못 가 망할 것이다. 그저 일회성으로, 기껏해야 몇 번 더 갈 만한 이벤트성 식당이기 때문이다.

더구나 현재 국내외 로봇 스타트업의 상당수는 조리 로봇의 최종 사용자인 셰프 입장이 아닌, 공급자인 공학도 중심으로 설계돼 실전에서 활용도가 크게 떨어진다. 가령 전체 조리 로봇의 크기가 기존 주방에 들어갈 수 있을 만큼 콤팩트한지, 피크타임 때 충분히 빠른 속도로 대량의 음식을 균일하게 지속적으로 만들어낼 수 있는지, 주방 직원 동선에 방해가 되거나 위험하지는 않은지, 온도와 습도 변화가 많은 주방에서 내구도와 안정성, 한계성 테스트가 충분히 이뤄졌는지, 고장이 났을 때 즉각적으로 AS를 하기 쉽도록 구조가 설계됐는지 등의 부분에서 많은 문제점이 발견된다. 이들을 먼저 해결하지 못한다면 주방 자동화는 당분간 쉽지 않을 것이다.

소상공인이 구매할 수 있는 수준의 합리적 가격 실현도 숙제다. 국내의 치킨 로봇, 피자 로봇 등은 판매가가 4000만

~5000만원대에 이른다. 3년간 렌트를 해도 월 100만원 초반대 금액을 납부해야 한다. 커피 로봇과 한식 로봇은 6000만원대에서 최대 1억원이 넘기도 한다. 국내 자영업자의 평균 창업비용이 8000만원대 중반임을 감안하면 배보다 배꼽이 더 큰 셈이다.

기술과 본질 모두 실패한 미국 줌피자

2010년대 후반 소프트뱅크로부터 4000억원이라는 어마어마한 투자를 유치해 화제가 됐던 미국의 푸드테크 스타트업 '줌피자'는 조리 로봇의 문제점을 총체적으로 보여주는 사례다. 줌피자가 로봇 팔을 도입해 도우를 펴고, 토마토 소스를 바르고, 오븐에 집어넣고, 토핑을 해주는 등의 자동화는 처음에 세계를 놀라게 했다. 그러나 만 2년도 지나지 않아 투입된 자본 대비 형편없는 결과를 보여주며 처참한 실패로 끝났다. 공학도 중심 기술 기반 경영진, 급격한 성장으로 인한 미숙련 인력의 조리 작업 투입, 그로 인한 맛의 균일함 유지 실패, 차별화된 레시피 개발 실패 등의 요인이 겹쳐 고객 만족도와 재주문율이 높지 않았던 탓이다.

물론, 푸드트럭으로 이동하면서 조리해 피자를 갓 구운 상태로 따뜻하고 맛있게 전달한다는 아이디어 자체는 훌륭했다. 그러나 도로를 달리며 커브를 하고 가다서다 하며 피자 모양이 흐트러지는 등 이동 중에 조리가 쉽지 않았고, 푸드트럭 한 대를 제작하는 데 들어가는 비용 대비 고객에게 판매할 수 있는 매출액도 한계가 있었다. 한마디로 ROI(Return On Investment · 투자 대비 수익률)가 안 나온 것이다. 결국 줌피자는 기술적으로도

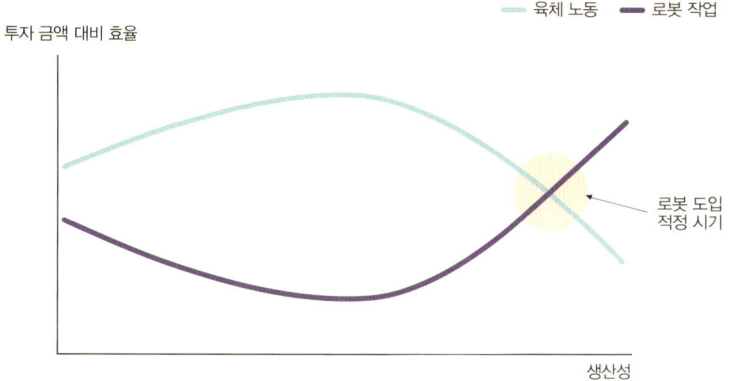

미흡했지만, 음식업의 본질인 '차별화된 맛과 균일성'을 달성하지도 못했다.

고객이 로봇을 신기해하는 것은 처음 한 번뿐이다. 다음부터는 고객에게 중요한 것은 차별화된 맛과 합리적인 가격, 포장이나 플레이팅의 만족도 등이다. 이는 모두 음식업의 본질과 관련된 것들이다. 이런 요소들을 만족시키지 않고 로봇만 앞세운다면 주객이 전도된 것이다.

2024년 주방 자동화 답은 '협동 로봇 연합한 부분 자동화'

그렇다면 주방 자동화는 불가능한 것일까. 결론부터 얘기하면 "하루아침에 직원을 대체하는 거창한 조리 로봇보다는, 기존 직원의 일손을 돕는 수준의 '협동 로봇'이 당분간 활약하며 '주방 부분 자동화'가 이뤄질 것"이라고 본다.

가령 동네 김밥집에는 김밥을 처음부터 다 만들어주기보다는, 김에 밥을 펴주거나 사람이 말은 김밥을 기계가 잘라주는 식이다. 즉, 로봇 한 대가 1~2인분의 인건비를 절감하는 방식이 아니라, 0.1~0.2인분의 인건비를 절감해주는 협동 로봇들이 모여서 1~2인분의 인건비를 절감하는 것이 현실적으로 훨씬 빨리 상용화할 수 있는 방법이다.

그래도 방향성은 푸드테크가 맞다

필자는 2023년 10월 미국 샌프란시스코

에 투자 유치 미팅을 위해 2주간 출장을 다녀왔다. 안타깝게도 코로나19 사태 이전 마지막 미국 방문 때 느꼈던 찬란하고 아름답던 캘리포니아의 모습은 간데없고, 빈부 격차로 인한 홈리스(Homeless)와 마약 중독자들이 길거리에서 흔히 보였다. 그럼에도 샌프란시스코 시내에서는 사람이 탑승하지 않은 무인 택시가 다니고, 많은 승객이 거부감 없이 탑승하고 있었다. '역시 이곳이 테크의 성지인 실리콘밸리구나' 하는 신선한 충격을 받았다. 흥미로운 점은 그런 기술 강국 미국에서도 주방 근무자를 찾기 어려워 10~15\$였던 대형 패스트푸드 체인들 시급이 이제는 30~35\$까지 상승했다는 것이다. 아마 한국의 머지않은 미래 모습일 것이다.

필자는 현재 국내 최초로 돈가스튀김 로봇을 도입해 200g의 두꺼운 수제돈가스를 판매하는 매장을 운영 중이다. 주방 자동화에 대한 문의 빈도나 지출하려는 예산 크기는 갈수록 늘어간다. 글로벌 대기업에서도 문의가 오는 것을 보며 패러다임의 전환 시대가 오고 있음을 체감한다.

이처럼 주방의 미래를 준비하는 푸드테크 스타트업 대표임에도 필자가 직시하는 2024년의 현실은 전술한 바와 같다. 비싸고 화려한 조리 로봇보다는, 사용이 편리하고 구조가 단순하며 가성비가 좋은 소리 로봇이 2024년의 가장 현실적인 대안으로 보인다. 물론, 어떤 로봇을 쓰느냐보다 훨씬 중요한 것은 고객이 다시 찾을 만한 맛과 서비스임은 두말할 필요가 없다. 푸드테크는 '테크'보다 '푸드'가 본질이다.

# 홀·주방 자동화는 이렇게

이문경·조경진 헤비스테이크 공동대표

» 이문경
한국 맥도날드 마케팅과 한·중·일 버거킹 마케팅 담당, 헤비스테이크·미스테리쉐프린(와인바) 운영 중으로 패스트푸드 마케팅 경력을 전문으로 한 매장과 주방의 자동화 모델을 위한 전문적인 경험을 통한 자문을 하고 있다.

» 조경진
한국피자헛과 매일유업 와인·외식사업부에서 마케팅 담당을 역임. 영국 WSET 런던 본원에서 세계 국제적 와인 전문가 과정 Diploma를 취득한 와인 스페셜리스트다. 외식 전문가로서 대형 파인다이닝과 배달 중심 패스트푸드 외식을 한국 실정에 맞게 소형화, 자동화하는 활동을 하고 있다.

이문경·조경진 고수와
1:1 상담 문의는 여기로!

키오스크 동선 맞춰 매장 동선 바꿔줘야
재방문 유도 비결은 결국 '휴먼 터치'

매장의 주요 운영비는 임대료, 원가(재료비), 그리고 인건비다. 이들은 대부분 매장에서 전체 비용의 약 70% 혹은 그 이상을 차지한다. 이 중 임대료와 재료비는 점주 의지에 의해 결정되고 좌우된다. 임대료는 점주가 희망하는 입지와 평수를 찾아 결정하면 되고, 원가는 희망 판매가를 고려해 산정하면 되기 때문이다. 그런데 인건비는 다르다. 혼자 운영하는 1인 오너셰프 매장이 아닌 이상, 직원이나 시간제 파트타이머의 고용이 필요하고, 이들의 임금은 정부가 정하는 최저임금과 상당 부분 연동된다. 그리고 채용과 급여보다 더한 애로 사항은 운영상 발생하는 빈번한 인적 오류(Human Error) 리스크다.

인력과 관련된 이런 리스크를 최소화하고자 대형 프랜차이즈들은 이미 10여년 전부터 매장 운영 자동화에 집중하고 있다. 대형 패스트푸드점의 키오스크, 소형 매장의 테이블 주문 시스템이 대표 사례다. 그렇다면 이런 기계들의 설치만이 인력 관련 리스크의 해결책이 될 수 있을까. 필자의 답은 '글쎄'다. 이상적인 해법이 되려면 아래 질문에 대한 답을 먼저 찾아야 한다.

"자동화는 기정사실이지만, 과연 '어떻게(How)' 자동화할 것인가."

주방 자동화 요령

식당의 프로세스는 주문 → 조리 → 서빙

→ 배달 순이다. 이 중 작은 매장 안에서 자동화할 수 있는 부분은 주문(홀)과 조리(주방) 단계다.

둘 중 더 중요한 것을 꼽는다면 단연 주방 자동화다. 아무리 키오스크나 테이블 주문 시스템으로 주문이 물밀듯 밀려들어도 주방에서 제때 음식을 만들지 못하면 손님은 오래 기다려야 하기 때문이다. 이는 매장에 대한 불만 요소로 작용할 뿐 아니라 매출을 높일 기회도 놓치게 된다. 주방 자동화를 위해선 무엇부터 준비해야 할까. 답은 두 가지. '기구의 기계화'와 '계량화된 매뉴얼'이다.

기구의 기계화

예로부터 주방은 셰프나 요리사의 영역이다. 일정 수준과 경력에 미치지 않으면 칼을 쥐는 것조차 허락되지 않았다. 특히 고난도의 고급 메뉴에 속하는 스테이크를 조리하는 것은 경험이 풍부한 셰프들 몫이었다. 화력 조절과 조리 방법, 그리고 셰프 본인의 노하우 등이 접목돼야 제대로 된 스테이크를 만들 수 있다고 여겨졌기 때문이다.

하지만 필자는 '셰프 의존도는 높지만, 비교적 부가가치가 낮은 부분'부터 자동화돼야 한다고 판단했다. 즉 기계가 커버

해야 할 영역은, 고급 인력이 투입되는 저부가가치 업무라고 생각했다. 그것이 스테이크를 조리하는 부분, 즉 굽는 부분이라고 봤다.

가성비 스테이크 전문점인 혜비스테이크는 주방에 칼과 도마가 없다. 고기는 바로 사용할 수 있도록 손질이 돼 공장에서 매장으로 입고된다. 주방에서는 고기를 기계에 넣고 시간만 맞추면 직화 스테이크가 완성된다. 이렇게 기계화, 자동화된 주방 덕분에 5분에 20개 이상의 스테이크 요리 제공이 가능해졌다.

여기에 투입되는 주방 직원도 오랜 경험의 외식 장인이나 셰프가 아니다. 주방 일을 해본 적 없는 대학생, 사회 초년생, 심지어 60~70대 어르신들도 있다. 이처럼 주방 자동화는 주방 인력난을 해소해 줄 뿐 아니라 채용의 폭도 넓혀준다.

계량화된 매뉴얼

단순히 굽기, 볶기, 삶기, 튀기기 등을 가능하게 하는 자동 조리 기계는 이미 해외에서도 많이 개발돼 있다. 하지만 노하우나 경력이 없는 직원도 주방에서 자동화 기계를 사용해 요리를 할 수 있으려면, 즉 말 그대로 '아무나 만들 수 있으려면' 기계 이상의 무엇이 있어야 한다. 기능적인 조리만으로는 소비자의 섬세한 입맛과 기호를 맞출 수 없기 때문이다.

즉, 자동화에 집중하더라도 결국 음식의 맛이라는 영역에 모든 중점을 둬야 한다. 이를 가능하게 하는 것이 '계량화된 메뉴 매뉴얼'이다. 자동화 기계를 잘 사용하기 위해서는 고객이 선호하는 맛의 패턴을 찾아내고, 이를 계량화해 자동화 기계에 대입할 때 비로소 '누구나' '아무나' 만들어도 일정한 맛을 유지할 수 있게 된다.

스테이크의 경우, 손님마다 굽기의 취향이 다르다. 하지만 계량화된 매뉴얼은 이렇게 세분화된 특징도 일반화시킬 수 있는 힘이 있다. 다수가 선호하는 굽기의 두께와 시간을 수치화해 기계를 세팅하면 손님들이 원하는 굽기로 완성돼 나온다.

홀 자동화 요령

다음은 홀 자동화다. 홀 자동화의 일환으로 키오스크나 테이블 주문 시스템을 사용하는 것을 볼 수 있다. 점주는 이 시스템을 어떻게 활용해 인력 최소화 이상의 놀라운 효과를 볼 수 있을까를 고민해야 한다.

필자가 제안하는 방법은 다음과 같다.

매장과의 적합성 검토

키오스크나 테이블 주문 시스템은 손님

이 직접 주문과 결제를 하는 기계다. 대형 패스트푸드점의 경우 주문과 결제만 담당하는 카운터 직원이 많았는데, 자동화 시스템 도입 후 해당 인력에 대한 필요가 크게 줄었다.

덕분에 패스트푸드점은 키오스크 도입 초기, 고객들이 적응하던 시점에는 0.4명 정도의 직원 감소 효과를 거둬냈다. 그리고 고객이 충분히 적응한 시점에는 1.1명 정도의 인력 감소 효과를 볼 수 있었다. 이는 매출 대비 인건비율이 6.1%까지 감소하는 효과로 나타났다. 최근에는 키오스크 도입이 활성화된 상태라 고객들은 키오스크 이용에 더욱 능숙해질 것이고, 인력 효율성은 더욱 높아지고 있다.

하지만 모든 매장이 패스트푸드 매장처럼 카운터 전용 직원이 있지 않다. 직원이나 알바가 주문 이외에 다른 업무도 함께 수행하는 경우라면 키오스크는 인력 절감에 도움이 되지 않을 수도 있다. 가령 주문을 받는 직원이 서빙과 퇴식까지 함께 맡는 경우에는 키오스크를 설치한다고 해도 드라마틱한 인력 최소화가 이뤄지기 어렵다. 직원의 업무 범위는 축소

될 수 있지만, 절대적인 근무 시간은 동일하기 때문이다. 이렇게 되면 점주는 키오스크 비용을 쓰고도 인건비는 그대로 나가는 최악의 상황을 맞게 된다.
이를 방지하려면 다음과 같은 개선이 필요하다.

① 키오스크 도입 후 매장 구조 변경
손님이 주문, 결제, 그리고 음식 픽업과 퇴식까지 셀프로 하는 경우다. 이럴 땐 키오스크의 주문 동선에 맞춰 매장 동선을 변경하는 것이 바람직하다.
이렇게 하면 서빙 인력 감소로 드라마틱한 인건비 절감 효과는 볼 수 있다. 그러나 손님이 직접 음식을 받아야 하니 손님 동선을 배려한 매장 구조 변경이 수반돼야 한다.

② 업무 공백 생긴 직원은 역할 전환
손님이 키오스크로 주문과 계산만 하고, 직원은 음식 서빙과 퇴식을 수행하는 경우다. 직원 업무의 일부만 없애주는 경우여서, 완벽한 인력 감소 효과를 보기는 어렵다. 이를 위해 점주는 키오스크로 인한 직원의 업무 공백을 다른 업무로 채워 직원 활용을 극대화할 수 있는 방안을 찾아야 한다.

자동화 기계 설치 후 예상 매출 예측
손님과 직원이 매장에서 대화를 하는 거의 유일한 시간은 주문 단계다. 단골손님이거나 줄 서는 맛집이 아닌 이상, 직원에게 메뉴를 추천받거나 문의하는 경우가 많다.
가령 햄버거 세트 주문 시, "손님, 현재 너깃 할인행사를 진행하고 있습니다. 5개에 1000원인데 햄버거와 함께 드시는 것은 어떠세요?"라고 권유했을 때, 큰 비용이 발생하지 않는 한, 손님들은 추가 구매를 하기 쉽다. 직원의 적극성에 따라 추가 구매가 많이 발생한다. 하지만 모든 직원의 역량이 동일하지는 않다. 즉 직원의 역량 부족으로 추가 매출 발생이 없는 경우도 있다.
키오스크를 활용하면 얘기가 달라진다. 메시지가 일관되게 전달돼 적정 수준의 추가 판매와 매출 증대가 가능해진다. 메뉴판에 자세한 정보를 노출시킴으로써 점주가 판매하고자 하는 메뉴로 자연스럽게 유도하는 것도 가능하다.
한 글로벌 패스트푸드 체인이 분석한 자료에 따르면, 키오스크가 도입되고 구매가 개인화(1인 단위 구매)되면서 객단가가 낮아지는 현상은 있었다. 그러나 소비자들은 키오스크 내에 권장 제품(교환 or 추가)을 구축했을 때 99.5%의 매우 높은 비율로 권장 제품을 선택했다. 덕분에 추가 구매 비중은 포스기 사용 대비 29.3% 포인트 높게 나타났다. 이는 키오스크 시스템 도입이 매출 상승효과로 이어질 수 있음을 보여준다.

단, 추가 매출 효과를 얻기 위한 전제 조건이 있다. 키오스크 내용의 배열이 최적화되고, 판매하려는 메뉴가 전략적으로 노출돼야 한다. 더 많은 판매를 위해 메뉴 선택 단계를 복잡하게 만들면, 손님은 아예 주문을 포기할 수 있다. 판매하고 싶은 메뉴, 이미지, 가격선, 내용의 넘어가는 단계 등을 고려해 배치할 때 이상적인 매출 상승효과를 기대할 수 있다.

휴먼 터치*로 재방문 유도

자동 주문 시스템을 도입하면 점주와 직원은 편리해진다. 반면 손님은 주문과 결제를 직접 해야 하는 수고가 생긴다. 따라서 점주는 손님의 불편함을 어떤 방법으로 보상해드릴지 고민해야 한다.

흔히 키오스크나 테이블 주문 시스템은 손님이 직접 주문과 결제를 하기 때문에 직원이 손님의 매장 입출입을 인지 못하는 경우가 발생한다. 따라서 환영이나 배웅 인사를 놓치기 쉽다. 그러나 직원의 따뜻한 인사 한마디가 고객 만족도를 높이는 요소가 된다는 점을 간과해서는 안 된다. 상권에 따라(특히 주거 상권에서) 이는 재방문을 유도하는 주요 요인이 될 수 있다. 손님 입장 시 "어서 오세요" 하는 환영 인사, 문을 나설 때 "안녕히 가세요, 또 뵙겠습니다" 하는 배웅 인사 매뉴얼을 만들어서 직원들에게도 교육해보자. 고객 만족도를 높여 재방문율을 높일 수 있다.

소비 패턴 분석

키오스크나 테이블 주문 시스템으로 매출을 증대시킬 수 있는 본격적인 시점은 손님이 방문하고 간 후부터다. 키오스크에 입력된 데이터를 분석하면, 손님이 주

---

* Human Touch·인간적이고 따뜻한 인사나 대화

문한 메뉴, 휴대폰 번호, 방문 시간, 성별, 심지어 방문 횟수, 방문 주기까지도 파악이 가능하다. 이는 방문 손님의 패턴을 알 수 있는 유의미한 자료다. 고객의 동의 아래 매출을 견인할 수 있는 요소기도 하다.

누적된 고객 데이터는 고정 매출 견인은 물론, 예측까지도 가능하게 해준다. 신제품 출시 쿠폰이나 매장 정보나 소식을 알리는 홍보 마케팅 도구로의 사용이 가능해지며, 결과적으로 손님의 방문 빈도를 높이는 역할을 할 수도 있다. 대형 프랜차이즈에서는 키오스크 데이터 분석을 통해 지역별, 상권별로 자주 판매되는 제품을 특성화하는 작업을 하고 있다.

고객 데이터는 누적될수록 활용 가치가 높아진다. 머지않은 미래에 하루하루 축적되는 소비자 데이터를 통해 세분화된 커스터마이징 시스템을 만들 수 있다. 궁극적으로 손님 한 사람 한 사람의 기호에 맞게 최적화된 맛이나 양을 시스템화해 제공할 수 있다. 개인정보 취급에는 높은 장애물이 있지만, 개인화된 조리를 할 수 있다면, 개인별 건강 기록과 연결시켜 개인 맞춤형 건강식을 제공할 수도 있다.

요컨대, 자동화는 빠른 속도로 매장 인력을 최소화, 효율화해 매장 운영에 크게 기여하고 있다. 하지만 기계가 주는 가시적인 혜택에만 안주하지 않고, 다양한 기회의 영역까지 십분 활용한다면 점주가 꿈꾸고 기대하는 매장으로 만들어갈 수 있을 것이다.

이기고 시작하는 '기존점 인수 창업'

양승환 미리내컴퓨터 대표(우보천리)

컴퓨터 매장 창업을 시작으로 부업 형태로 카페·편의점·코인노래방·PC방을 인수 창업 후 엑시트를 반복해 모은 자금으로 신촌에 5층 꼬마빌딩 신축 후 50억원에 매도, 이런 경험을 나누고자 '나는 이렇게 돈을 번다(우리들의 돈 이야기)' 공저, 유튜브, '아하빌딩' 출연, 와디즈 '우보천리의 소자본 사업성공 만능치트키' 전자책 출간 등 여러 방면에서 활동 중이다.

양승환 고수와
1:1 상담 문의는 여기로!

창업의 제1요건은 리스크 낮추기
권리금 없는 저평가된 매장 인수 '신의 한 수'

불황은 창업자 마음도 위축되게 만든다. 처음부터 큰 매장을 임차해 창업하는 것은 리스크가 너무 크다 보니, 작은 매장에서 나 홀로 운영할 수 있는 소자본 창업이 각광받는다. 소자본 창업 중에서도 가장 좋은 선택지는 매출이 부진한 기존점에 대한 '인수 창업'이다. 신규 창업은 아무리 작은 매장이라 해도 임차보증금과 시설비를 합치면 약 1억원 정도가 든다. 반면 인수 창업은 기존 점주와 협상만 잘하면 훨씬 염가에 창업을 할 수 있다. 물론 신규 창업을 해서 성공할 만한 자

인수 창업과 신규 창업의 장단점

구분	인수 창업	신규 창업
장점	저렴한 비용 실패 시 적은 리스크 대규모 창업을 위한 경험 축적 친환경적(재활용)	개업 효과(오픈발)를 얻기 좋음 가끔 대박이 터지는 경우가 있음 시설 노후화 문제없음
단점	고매출은 기대하기 어려움 시설 노후화로 인한 잦은 수리 필요 실패한 매장이라는 편견 극복	초기 비용이 많이 듦 실패 시 큰 손실 리스크 초보의 경우 성공할 확률이 극히 낮음

금과 역량이 있다면 문제없다. 그러나 자영업자의 대부분은 난생처음 창업을 하는 초보다. 이들에게는 무엇보다 리스크를 낮추는 것이 중요하다. '오마하의 현인' 워런 버핏도 주식 투자의 제1원칙으로 "돈을 잃지 말라"고 하지 않았던가.

인수 창업의 원리는 간단하다. 매출이 부진해 권리금에 거품이 빠진 점포를 적정 가격에 인수해 효율적인 경영으로 가치를 높인 뒤, 더 높은 권리금을 받고 재매각하는 것이다. 건물주만 부동산으로 돈을 버는 것이 아니다. 임차인도 가게를 잘 운영하면 '권리금'이라는 부동산 수익을 얻을 수 있다.

흙수저에서 50억 건물주 된 비결은
대박 아닌 '꾸준한 중박'

필자는 '소자본 인수 창업'과 '권리금 엑시트(Exit)'라는 두 개의 날개를 통해 신촌의 50억원 건물주가 될 수 있었다.

처음에는 경기 부천의 한 허름한 지하 매장에서 PC 소매업을 시작했다. 어느 정도 본업이 궤도에 오른 후에는 매출이 부진해 급매로 나온 PC방, 편의점, 코인노래방, 카페 등을 연이어 낮은 권리금을 주거나, 심지어 '역권리금'을 받고 인수했다. 이후 필자만의 경영 노하우로 영업을 활성화한 후 매장이 지닌 본래 가치의 권리금을 받아 엑시트를 했다. 그 결과 특별한 '대박'은 없었지만, 20여년간 꾸준히 '중박'을 달성할 수 있었다.

필자의 경험을 공유하는 것은 자랑하려는 목적이 아니다. 당장 자본과 경험이 없다고 좌절하거나 포기하지 말고 소자본 인수 창업을 통해 기회를 잡으라는 것이다.

두 가지 장사 원리…
반 발자국만 앞서고 '역지사지'하라

필자가 생각하는 장사의 원리는 크게 두 가지다.

첫째, 반 발자국만 앞서라.

대부분의 성공은 남보다 잘해서가 아니라 조금 빨라서인 경우가 많다. 즉, 선점 전략이다. 세상에 없던 서비스나 상품은 사람들로부터 신선(Cool)하고 혁신적으로 인식돼 시장을 쉽게 장악할 수 있다.

일례로 필자는 2000년대 중반, 매출이 부진한 PC방을 인수했을 때 카드 결제를 그 지역 최초로 도입해서 큰 매출 증가를 이뤄냈다. 코인노래방을 할 때는 무인 키오스크를 역시 지역에서 최초로 도입했다. 지금은 고객이 당연한 듯 받아들이는 것들이지만 당시로선 혁신적이고 기발하다는 평가를 받으며 손님 발길이 이어졌다. 이전에는 현금이 부족해 자리를 떠야

했던 손님들이 카드 결제 도입 후 편하게 추가 구매를 하면서 자연스럽게 매출이 올랐다.

그러나 너무 앞선 것은 경계해야 한다. 시장이 수용을 못할 만큼 저 멀리 앞서 가다간 자칫 길을 잃고 헤매게 되는 것이 또한 장사다.

둘째, 역지사지를 하라.

흔히 "소비자 니즈를 파악하라"고 말한다. 장사를 하려면 이를 넘어 소비자 입장에서 생각하고, 이를 반드시 마케팅에 적용해야 한다.

처음 창업을 하면 매장이나 장사 스타일에 사장의 캐릭터가 고스란히 반영이 되고는 한다. 간혹 자신의 개인 취향을 대중이 좋아할 것이라는 근거 없는 착각에 빠져 엉뚱한 상품과 인테리어를 만들어내는 경우가 있다. 물론, 시장을 이끌 만큼 엄청난 소프트파워를 가진 아이템이면 괜찮다. 그러나 대개는 자신만의 취향 저격으로 끝나버리기 일쑤다.

필자는 코인노래방을 운영할 때, 주 고객층인 10대, 20대 입장에서 생각한 뒤 이들이 좋아할 만한 것들을 적용했다. 방마다 아이돌 굿즈로 장식하고 방 이름도 '1호실' '2호실' 대신 'BTS' '블랙핑크' 등 아이돌 이름을 붙였다. 반응은 폭발적이었다. 입소문이 퍼지며 "우리 오빠방 어디예요?" 물으며 팬들이 찾아오기 시작했다. 카페를 운영할 때도 진하고 깊은 맛을 좋아하는 필자 취향이 아닌, 철저히 젊은 고객 취향에 맞춰 레시피를 수정했더니 역시나 매출이 올랐다.

이 두 가지 장사 원리는 업종과 지역을 떠나 모두 같다. 장사뿐 아니라 인생 전략에도 유용하다. 알고 보니 별것 아니었지만 처음 시도했기에 대단한 평가를 받는 경우가 살다 보면 많지 않은가. 이를 빨리 깨우치고 적용할수록 원하는 꿈에 한발 더 가까워질 것이다.

MZ세대에 퍼지는 동업 창업 성공하려면

박준혁·유상 심퍼티쿠시 공동대표

심퍼티쿠시(파인 캐주얼 레스토랑), 콘피에르(파인다이닝), 생과방(프리미엄 K-디저트) 등을 공동 창업해 운영 중. 장사가 아닌 사업의 관점으로 브랜드를 운영. 사업 초기부터 본사 조직을 구축해 운영함으로써 사업 모델의 설계·재무·인사·조직 구조·브랜딩·마케팅에 걸친 외식 사업의 전반에 대한 전문성을 갖고 있다.

박준혁·유상 고수와
1:1 상담 문의는 여기로!

자본·인맥 '맨파워' 2배로 늘어나는 기적
처음부터 정교한 '동업 계약서' 만들어야

165만원.

2024년 병장 월급이다. 2025년에는 이 금액이 205만원이 된다. 입대 기간 18개월 동안 월급을 꾸준히 모으면 전역할 때는 1500만~2000만원 이상 목돈을 쥐게 된다. 이에 따라 전역 장병 2~3명이 동업을 해서 창업에 나서는 경우도 늘어날 것으로 보인다.

그러나 동업은 가족과도 하지 말라는 말이 있을 정도로 위험성이 큰 창업 방식으로 꼽힌다. 의사 결정 과정에서 의견이 대립하거나 업무 분장 시 어느 한쪽이 불만을 갖거나 하면 큰 갈등으로 이어질 수 있다. 어떻게 하면 동업을 잘할 수 있을까. 현대차 입사 동기 2명이 동업으로 창업해 성공적으로 사업을 키워나가고 있는 심퍼티쿠시의 박준혁, 유상 공동대표에게 동업 성공 노하우를 들어봤다.

(편집자 주)

동업을 하게 된 과정

우리는 서로를 알기 전부터 기본적으로 창업에 관심이 있던 사람이었다. 그러다 각자의 이유로 대기업에 입사하게 돼 연수를 받는 도중에 같은 조로 만나게 됐다. 다양한 조별 과제를 수행하면서 '문제 해결' 관점에서 서로가 어떤 성향을 가진 사람인지 알게 됐다. 나중에 창업을 하게 된다면 같이 해도 좋겠다는 생각을 그때 처음으로 갖게 됐다.

그렇게 1년여의 시간을 흘려보내고 우연한 기회로 식사를 하며 창업에 관한 이야기를 하게 됐다. 둘 다 창업에 대한 불씨를 꺼뜨리지 않고 있었다. 이미 같이 창업을 해도 좋겠다고 생각했기 때문에 더는 지체할 이유가 없었다. 막연하지만 같이 하면 망할 것 같지 않았고, 만약 첫 창업이 망한다 해도 먹고사는 문제는 해결할 수 있을 것이라는 자신이 있었다. 과외를 해서라도 말이다.

동업을 하기로 한 다음 가장 먼저 한 것은 사업을 '왜 하고 싶은지'에 대한 각자의 근원적인 이유가 무엇인지에 대해 공유하는 시간을 갖는 것이었다. 동기가 다르면 수많은 의사 결정 과정이나 여러 역경이 있을 때 대응하는 방식이 다를 것이라고 생각했기 때문이다. 다음으로는 어떤 사업을 하고 싶은지에 대해 각자의 아이템을 갖고 토론하는 시간을 가졌다. 서로를 논리적으로 설득시키는 과정이었다. 약 6개월간 위와 같은 시간을 갖고 난 후에야 비로소 같은 목표를 향해 거침없이 달릴 수 있는 준비를 마칠 수 있었다. 이후 캐주얼 와인바 '심퍼티쿠시'를 오픈하기까지 약 3~4개월의 시간을 분투했다. 퇴근 후 만나서 회의하고 집에 가면 새벽 2시까지 각자 맡은 바를 준비했다. 다음 날 아침 6시에 일어나 다시 출근을 하는 생활의 반복이었다.

동업의 장점과 단점

창업 시, 모든 이는 설렘이 가득한 꿈을 품고 시작한다. 그러나 동업을 하게 되면, 그 꿈을 완전히 나만의 방식으로 실현시킬 수 없게 되는 것이 사실이다. 사업 초기라면 특히나 대부분의 의사 결정에 있어 동업자와의 지속적인 협의가 필수적이며, 이는 결국 의사 결정과 실행의 속도를 늦출 수밖에 없다. 더욱이, 동업자와 사업 목표와 전개 방향성에 대해 이견이 크다면 그 어려움은 배가 된다. 굳이 꼽자면 이것이 동업의 단점이라고 할 수 있겠다. 만약 혼자서 사업을 했다면, 성공과 실패 모두가 더욱 크고 빠르게 찾아왔을 것이다.

물론 동업을 통해 얻게 되는 장점도 매우 많다.

올바른 의사 결정의 가능성을 높이고 확신을 주다

동업의 이점 중 하나는, 더 나은 의사 결정을 내릴 가능성을 높이고 의사 결정에 대한 확신을 준다는 점이다. 사업은 정답이 없는 문제 해결의 연속이다. 매 순간 최선의 판단을 내리는 것이 중요하다. 이런 선택의 누적은 시간이 지남에 따라 비즈니스 성패를 좌우하게 된다.

그런데 창업가들을 어렵게 만드는 것은 무엇이 최선의 의사 결정인지에 대한 명확한 기준이 없다는 사실이다. 가능한 한 많은 데이터와 논리적 추론을 바탕으로 결정을 내려야 하지만, 특히 사업 초기에는 이런 정보가 부족하다. 때문에 창업자의 직관이 큰 역할을 하게 된다.

그런데 초기 창업자는 모든 것이 처음이기 때문에 자신의 직관에 대한 확신을 갖는 것이 어렵다. 운이 좋다면 모를까, 대부분은 예상했던 그대로 흘러가지 않는다. 이 과정에서 내가 내린 결정이 맞는 걸까, 잘못된 것은 아닐까 끊임없이 의심이 든다. 이때 누군가가 나의 의사 결정에 대한 피드백을 해준다고 생각해보라. 그것이 반박이든 지지든 간에 혼자서는 생각하지 못했던 측면을 조명하고, 가능한 오류나 편향을 줄임으로써 더 나은 의사 결정을 만들어가는 데 도움을 준다.

우리의 첫 창업이었던 캐주얼 와인바도 그 시작은 몇 차례 와인을 먹고 즐거웠던 우리의 경험, 그리고 주변에 있는 몇몇 친구들로부터의 설문을 통해 얻은 '막연히 될 것 같다'는 직감에서였다. 하지만 확신은 아니었다. 그래서 우리는 블루팀(아군), 레드팀(적군)으로 나눠 해당 아이템이 왜 성공할 수밖에 없는지, 왜 실패할 수밖에 없는지에 대한 토론을 수개월간 지속했다. 각자의 경험, 시장조사, 인터넷 서칭 등을 통해서 치열하게. 약 6개월의 토론 끝에 될 것 같다고 의견이 모아졌을 때, 비로소 우리의 비즈니스가 될 것이라는 확신을 가질 수 있었다. 이 확신은 매장 오픈 후 다소간의 굴곡이 있었을 때도 흔들리지 않고 달려갈 수 있게 해주는 정말 큰 힘이 됐다.

심리적 지지

사업은 매 순간이 예측 불가능하며 끝을 알 수 없는 기나긴 여정이다. 사업을 시작하기 전에는 상상하지 못했던 정말 다양한 경험을 하게 된다. 목표를 향해 달리는데 언제 도달할 수 있을지 모른다. 개인과 조직의 역량과는 별개로 외부 환경 영향을 많이 받게 되는데, 이 요인은 우리가 통제할 수도 정확히 예측할 수도 없기 때문이다. 결승점이 $1km$ 남았는지, 아니면 아직 $100km$를 더 가야 하는지 알 수 없는 상황에서 계속 달리게 된다. 아직 지쳐 쓰러지지 않았다면. 창업자도 여느 사람과 크게 다르지 않기 때문에 이렇게 끝을 알 수 없는, 불확실하고 지난한 여정을 오래 하다 보면 심리적으로 힘들어진다. 외롭고, 불안하다. 사업을 하는 사람들 중에 정신적으로 온전한 사람이 없다는 우스갯소리가 괜히 나오는 말이 아님을 깨닫게 된다.

이때 동업이 큰 힘이 된다. 사업에 대해 나와 같은 심리적 기여와 책임을 갖고 있는 사람, 사업 성패에 따른 결과를 함께 받아들일 사람이 있다는 것은 엄청난 위로다. 대표란 매우 고독한 자리라고 하는데 동업을 하면 덜 고독하다. 덜 불안하다. 망해도 '같이' 망하니까.

코로나19 바이러스가 한창일 때, 오프라인 기반이었던 우리의 사업은 엄청난 타격을 받았다. 매일 직원 급여와 임차료, 식자재 대금을 정상적으로 지급할 수 있을까에 대한 걱정과 불안감에 사로잡혀 있었다. 그 끝을 알 수 없다는 사실이 우리를 정말 미치게 만들었다. 그럼에도 그 시기를 어떻게든 견뎌낼 수 있었던 것은 동업자가 있었기 때문이다. 같은 사안에 대해 나만큼 불안해할 사람이 옆에 있다는 것만으로도 이상하게 위안이 됐다. 이 위안이 다시 앞으로 나아갈 힘을 줬다. 만약 그때 홀로 그런 상황을 맞이했다면 정신적으로 무너지고 말았을지도. 그런 면에서 동업자는 비즈니스 파트너를 넘어, 서로의 삶에 의지가 되는 소중한 존재다. 사업을 하게 되면 사업이 곧 삶이 되니까. 사업을 시작하면서 동업자와의 관계는 단순한 업무적 동반자 이상의 의미를 가질 수 있음을 기억하라. 그들은 여러분의 사업뿐 아니라, 여러분의 삶에 있어서도 큰 영향을 끼칠 수 있다.

2배 이상의 맨파워(Man-power)

사업 초기 겪는 문제 중 하나는 할 일은 많은데 일할 사람은 부족하다는 것이다. 특히나 창업자만큼의 책임감과 역량을 갖고 일할 수 있는 좋은 인재를 구하는 것은 현실적으로 불가능하다. 결국 창업자가 A부터 Z까지 다양한 영역의 일을 도맡아 처리해야 하는 상황이 생긴다. 이때 창업자가 혼자가 아니라 둘이라면 같은 시간에 훨씬 더 많은 일을 처리할 수 있다. 서로 간의 시너지가 난다면 두 배 이상의 일처리를 할 수 있다.

우리의 경우 사업 초기에, 기획은 같이 하고, 운영 부분은 크게 재무, 회계, 인사로 나눠 맡았다. 덕분에 각자의 영역에 훨씬 전문성을 가질 수 있었고, 각 분야는 물론, 회사 전체적인 일의 효율도 높였다.

2배의 경제적·사회적 자본

사업을 하면서 느끼는 점. '자본'은 항상 필요하고, 활용할 수 있는 '네트워크'는 많을수록 좋다는 것이다. 여기서 동업의 또 다른 장점이 발휘된다. 혼자보다는 둘이 더 많은 자본을 조달할 수 있고, 한 명이 가진 네트워크보다는 둘이 가진 네트워크가 훨씬 넓기 때문이다.

첫 매장을 낼 때 소요된 총 투자비는 1억6000만원 정도였다. 사회생활을 고작 2년 정도 했을 때라 모아둔 돈이 별로 없었기 때문에 사업 자금을 구하는 것이 큰 걸림돌이었다. 다행히 우리는 대기업에 다니고 있었기 때문에 회사 신용을 활용해 마이너스 통장을 발급할 수 있었고, 각각 7000만원이라는 금액을 대출받을 수 있었다. 그리고 각자 갖고 있던 1000만원씩을 더해 총 1억6000만원을 만들 수 있었다. 혼자였다면 당장 조달 가능한 금액은 8000만원이었을 것이다. 시작이 늦어지거나 더 높은 자본 조달 비용을 감수해야 했을 테다.

네트워크 역시 마찬가지다. 사업을 하다 보면 정말 다양한 영역에서 일이 생긴다. 평생 관심을 갖지 않았던 일도 수없이 맞닥뜨리게 된다. 이때 맨땅에 헤딩하며 문제를 해결하는 것보다 지인 도움을 받는 것이 훨씬 효과적이다. 당연한 이야기지만 나의 네트워크에 동업자의 네트워크까지 더한다면 문제 해결에 도움을 줄 수 있는 사람을 찾을 확률이 2배는 올라간다.

그 외 깨알 같은 장점

이외 휴가 시에 마음 편하게 휴가를 다녀올 수 있다는 점도 소소하지만 만족감이 큰 장점이다. 아무리 조직 구성원을 믿는다 해도 창업자는 회사를 오래 비우게 되면 불안한 마음이 드는 것이 당연하다. 이때 나와 같은 동업자가 회사에 남아 있다면 어떨까. 휴가를 마음껏 즐길 수 있다.

이뿐 아니라 외부 협상 시 유리하게 활용할 수도 있다. 협상을 하다 보면 어느 순간 상대의 제안을 거절하기 힘든 상황이 오기도 한다. 이때 동업을 전략적으로 활용할 수 있다. "저는 마음에 드는 것 같은데요. 공동대표와 이야기해보고 최종 답변드리겠습니다"라는 한마디만으로도 상황을 다시 원점으로 돌리거나 유리한 입장에 설 수 있다.

동업 시 주의 사항

동업 계약서 작성

서로 잘 맞을 것 같고, 잘될 것 같아서 동업을 시작하겠지만, 사업을 하다 보면 예상하지 못하는 상황이 발생하게 된다. 그래서 특히 일이 잘 풀리지 않았을 경우에 대한 사전 합의가 필요하다.

예를 들어 (1) 중간에 한 명이 사업을 지속하기 어려운 상황(사고, 가정사, 변심 등)이 생긴 경우에 출자금과 지분 정리를 어떻게 할 것인지 (2) 예상보다 사업 성과가 좋지 않아 추가 출자가 필요해지는 경우 누가 얼마까지 추가 출자를 할 것인지 (3) 누적 적자가 얼마까지 가면 사업을 접거나 피벗(Pivot · 사업 전환)할 것인지에 대한 사항들은 반드시 구체적으로 미리 합의하고 이를 명문화해놓는 것이 꼭 필요하다.

**사업을 하는 근원적인 이유,
목표에 대해 깊은 대화를 나눌 것**

사업을 하는 이유와 목적은 정말로 다양하다. 그렇기 때문에 왜 사업을 하는지에 대해서 서로 확실히 알고, 그 이유와 목적이 일치하는지 확신이 들 때까지 본질적인 대화를 정말 많이 해야 한다. 만일 대표자가 사업을 하는 이유가 크게 다른 경우 사업이 진행될수록 중요한 의사 결정이 많이 달라진다. 이는 사업이 방향성을 잃게 해 큰 어려움을 가져다줄 수 있다. 예를 들어, 한 사람은 느리더라도 오랫동안 꾸준히 성장하며 고객에게 사랑받는 제품과 서비스를 제공하는 사업에 큰 가치를 두고 있고, 다른 한 사람은 무슨 사업이든 상관없이 빠르게 성장시켜 큰돈을 벌고 싶은 생각만 있다면 어떨까. 그들이 이끌어가는 회사의 방향성은 얼마나 모호해질지 쉽게 예상할 수 있다.

**개인의 욕심보다는
비즈니스의 성공(공동의 목표)에 집중할 것**

동업자 간에 사업하는 이유와 목적이 합치돼 사업이 시작된다면, 모든 우선순위를 사업의 성공으로 두는 것이 필요하다. 처음 사업을 시작할 때는 A부터 Z까지 해야 할 일이 너무나도 많기 때문에 자연스럽게 모든 인생이 사업 중심으로 돌아가고 다른 것은 뒷전으로 밀려나게 된다. 그러나 사업이 어느 정도 진행이 되고 돈이 벌리기 시작하면, 대표도 사람인지라 여러 가지 개인적인 욕심이 생겨난다. 사업에 더 투자를 해서 성장해야 하는 시기에 대표의 배당이나 급여를 과도하게 늘리거나, 회삿돈으로 사업에 필요하지 않은 소비를 많이 하거나, 직원이나 조직에 대한 투자보다 개인의 욕심을 채우기 위한 일들을 하는 경우가 있다. 이렇게 한 사람이라도 개인의 욕심이 앞서게 되면 공동의 목표가 달성되기 전에 동업 관계나 사업이 망가지기 쉽다. 동업자가 모두 개인적 욕심이 앞서는 경우에는 사업이 잘될 리 만무하다.

비슷한 수준의 심리적, 실질적 기여를 할 것

동업 관계에 있어서 사업에 대한 서로 간의 심리적 기여(Commitment), 실질적 기여(Performance)가 상호 만족할 만한 수준이어야 동업 관계가 잘 유지될 수 있다. 예를 들어 사업에 큰일이 생겨 밤낮없이 몇 주 동안은 대표까지 나서서 일을 해결해야 하는 상황이라고 가정해보자. 동업자 한 사람은 만사를 제쳐두고 달라붙어서 해결하고 있는데, 다른 한 사람은 개인사를 우선시해 매번 빠져나간다면 그 관계는 오래가지 못할 것이다. 또한 한 사람은 회사에 실질적으로 굉장히 큰 기여를 하고 있는데, 한 사람은 능력이나 노력의 부족으로 실질적인 기여를 거의 못하고 있다면, 이 관계 또한 오래가지 못할 것이다.

개인이 놓인 환경*이 유사한 사람과 할 것

개인적인 환경의 경우 필수적인 사항은 아니다. 다만, 개인적인 환경이 너무 다를 경우 사업에 대한 마음가짐이 다를 가능성이 높다. 이로 인해 중요한 의사 결정의 순간들에 의견 대립으로 결정이 어려워질 수 있다.

극단적인 예로, 한 사람은 자산이 별로 없고 주변에 도와줄 가족도 없어서 배수진을 치고 이 사업이 망하면 개인도 망하는 상황인데, 다른 한 사람은 집안이 매우 좋아 이 사업이 망해도 큰 타격이 없는 경우를 가정해보자. 그렇다면 이 두 사람이 사업을 대하는 마음가짐이나 행동, 그리고 중요한 의사 결정들이 어떻게 차이가 날지는 쉽게 예상해볼 수 있다.

---

* 대차대조표, 결혼·자녀 유무, 부양 의무 등

돈이 되는 주방 설계

민강현 식당성공회 대표

외식 경영 23년 외식 전문가. 주방 동선과 인테리어에 특화한 컨설턴트로 식당 전문 채널 유튜브 '먹장먹살', 네이버 카페 '식당성공회' 운영 중. 창업 교육 프로그램·대학 강연과 방송 출연 등 생동감 있는 외식업 경력을 살린 활동 전개 중이다.

민강현 고수와
1:1 상담 문의는 여기로!

식당 설계의 첫걸음은 '효율적인 주방'
배식만큼 중요한 게 퇴식 동선 짜기

1억300만원 → 1억200만원 → 8900만원 → 8500만원.

중소벤처기업부가 집계한 2019~2022년간 소상공인 평균 창업비용 변화다. 2년 새 1700만원이나 감소했다. 물가는 오르는데 창업비용이 낮아지는 이유는 뭘까. 경기도 안 좋고, 임차료도 비싸니 갈수록 더 작은 매장에서 소자본 창업을 하는 것으로 풀이된다.

매장이 작아지면 함께 작아지기 마련인 것이 주방이다. 테이블을 하나라도 더 넣으려 주방을 매우 작게 만드는 점주도 있다. 그러나 주방이 좁으면 그만큼 일이 더 많고 업무 효율이 떨어져 매출이 하락할 위험도 있다. 이 글에선 작아도 효율적인 주방을 설계하기 위한 장사 고수 노하우를 전한다.

(편집자 주)

2001년 처음 일식당을 시작했을 때 일이다. 식당 경험이 전무했던 필자는 아무 생각 없이 일식도 양식도 아닌 이상한 콘셉트의 식당을 그대로 인수했다. 당시 주방 퇴식구에 있어야 할 식기세척기가 스시 바 쪽에 있었다. 그 식기세척기는 영업하는 동안 계속 나를 괴롭혔다. 결국 오픈 6개월 만에 그 식기세척기를 뺐다.

대신 그 자리에 작업대를 넣었다. 정말 앓던 이를 뺀 느낌이었다. 놀랍게도 식기세척기 하나 이동시켰을 뿐인데, 급작스럽게 매출이 오른 날에도 크게 문제없이 영업이 이뤄졌다.

이 경험을 시작으로 20개 넘는 식당을 운영하면서 최적의 영업 환경이 될 수 있도록 수없이 많은 주방집기 배치를 이리저리 이동시켰다. 이런 일을 반복하면서 현재는 주방 설계 전문 컨설턴트로 활동 중이다.

과연 주방 설계가 식당 매출에 어느 정도의 영향을 주는 걸까.

식당은 다른 사업과 달리 생산과 소비가 동시에 이뤄지는 업이다. 생산과 소비가 분리된 다른 업보다 더 시스템을 갖춰야 한다. 그러나 시스템을 만들기 위해서는 굉장히 큰 비용과 시간이 소요된다. 대부분의 영세한 식당에서는 사업주와 직원 노동력에 의존할 수밖에 없다. 인건비가 낮았던 30년 전과 지금 식당의 수익률은 큰 차이가 난다.

과거에는 세금과 인건비가 상대적으로 낮아 업주 수익률이 매출 대비 많게는 40%, 적어도 30% 정도는 됐다. 하지만 지금은 업주 인건비를 포함해도 20%도

채 안 될 만큼 식당의 수익률이 많이 줄었다. 원인은 치솟는 인건비와 기형적으로 과도한 경쟁 때문이다.

때문에 식당이 버티기 위해서는 비용 최소화를 바탕으로 고매출을 달성해야만 한다. 그렇다고 상품의 핵심인 식재료비를 줄일 수는 없다. 20년 넘게 식당 프로세스만 연구해온 필자의 눈에 비용을 줄일 수 있는 거의 유일한 방법은 효율적인 주방 설계뿐이다.

효율적으로 주방을 설계하려면 가장 우선적으로 고려해야 하는 세 가지가 있다. 첫째, '안전성'이다. 다른 생산 라인과 마찬가지로 주방은 불과 칼을 다루는 만큼 안전이 가장 우선돼야 한다. 교육하면 사고를 예방할 수 있다는 생각이나 조심하면 된다는 생각으로 주방을 설계해서는 안 된다. 처음 설계할 때부터 무조건 안전하게 일할 수 있는 구조로 설계해야 한다.

둘째, '동작의 최소화'다. 결국 '얼마나 힘들이지 않고 일할 수 있을까?'가 중요하다. 동작을 최소화하는 것은 직원을 덜 힘들게 하는 목적도 있지만, 생산성을 높여 매장 회전율과 수익을 올리고 지속 가능하게 해준다.

셋째, '공간의 효율성'이다. 갈수록 작아지는 주방. 1cm도 놓칠 수 없다. 구석구석

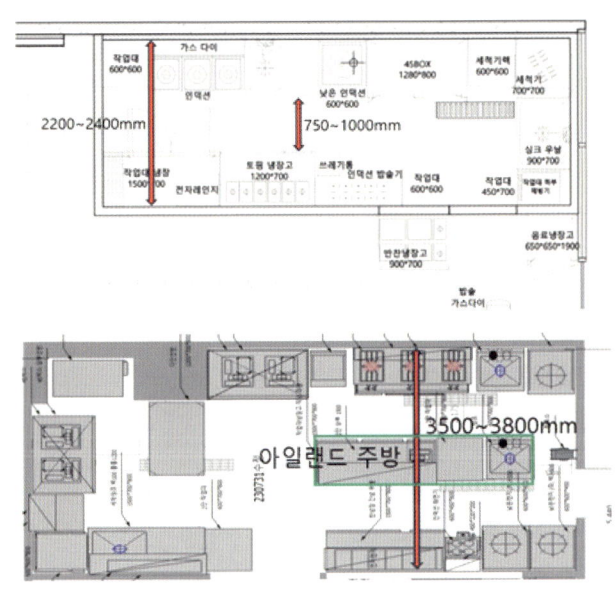

까지 모든 공간을 활용해야 한다. 공간은 곧 돈이기 때문이다.

위 세 가지를 고려했다면 다음과 같은 순서로 주방을 설계해보자.

효율적인 주방 크기를 결정하라

식당 인테리어 시공 전 우선 정해야 하는 공간은 바로 주방의 복도 폭이다. 이를 정하지 않고 다른 공간을 먼저 정할 경우 주방의 폭이 부족하거나 불필요하게 넓어질 수 있다. 주방 복도의 폭은 좁게는 750㎜에서 넓게는 1000㎜가 필요하다. 좁으면 좁을수록 불편하고 효율성이 떨어지지만 지나치게 폭이 큰 것도 작업과 공간의 효율성을 떨어뜨린다. 주방 벽에서 벽의 폭은 최소 2200~2400㎜, 주방 중앙에 아일랜드 역할을 하는 주방 기구가 배치될 때는 3500~3800㎜로 해야 한다. 주방의 폭을 먼저 이렇게 정해야만 주방 복도가 너무 좁거나 넓어지지 않게 된다.

주방이 좁을수록 시스템적이어야 한다

좁은 주방은 넓은 주방보다 작업량이 더 많다. 식당이 좁을수록 더욱더 시스템적인 주방이어야 한다. 좁은 만큼 작업 공간도 줄어 기물이나 식재료를 한자리에 고정해두고 사용하기 어렵다. 필요할 때 꺼내 쓰고, 쓰고 나면 제자리로 옮겨놔야 하기 때문에 동작은 그만큼 많아진다. 주방의 조리 장비는 콤팩트하고 다용도여야 한다.

하부 공간보다 상부 공간을 활용하라

주방 하부는 주방 기구를 배치하고 나면 더 이상 여유 공간이 없다. 하지만 주방 상부는 손이 닿는 공간부터 그 이상의 공간까지 여유롭다. 넓은 주방보다 좁은 주방(20평 이하 식당)에서는 공간이 부족해 어쩔 수 없이 상부 공간을 최대한 활용해야 한다. 식재료나 장비를 하루에 사용하는 빈도에 따라 배치하면 효율적인 설계가 된다.

주방은 퇴식부터 설계하라

먹기만 하고 배변을 못하면 계속 먹지 못한다. 식당도 마찬가지다. 음식의 '배식'과 '퇴식' 두 과정이 동시에 잘 이뤄져야 한다. 생산 기술 난이도가 다를 뿐, 이 두 과정은 경중을 따질 수 없다. 퇴식은 배식만큼 중요하다. 주방 동선을 설계할 때 퇴식 설계부터 시작해 배식 설계로 가야만 설계가 쉽게 이뤄진다. 어쩌면 음식을 맛있게 생산하는 일보다, 얼마나 빠르게 식후를 처리하고 준비하느냐에 지금 식당의 성패가 좌우될지 모른다.

상하의 움직임을 최소화하라

주방에서 작업이 이뤄질 때 가장 노동 강도가 낮은 높이는 '허리', 그다음이 '어깨' 높이다. 무릎 아래에서 위로 하는 상하 작업이 가장 노동 강도가 높다. 때문에 가장 빈도수가 높은 작업이 허리 높이에서 이뤄질 수 있도록 해야 한다. 자주 사용하는 식재나 장비는 허리 높이에 두고 다음은 어깨 높이, 그다음 자주 사용하지 않는 식재나 장비를 무릎 아래에 보관 또는 사용해야 주방에서 노동 강도를 줄일 수 있다.

식당은 같은 동작을 반복하며 기계처럼 몸을 움직여 생산하는 곳이다. 때문에 작은 식당 업주들은 힘들게 노동으로 번 돈을 병원비로 전부 쓰기도 한다. 결국 작업자의 몸을 해치지 않는 건강한 주방을 만들어야 '돈이 되는 주방 설계'라 할 수 있다.

인테리어, 핵심은 'BI'

주현태 팜스보드 대표

팜스보드게임카페 직영점 4개 운영 중. 인테리어 실장(설계·감리, 예산·공정 검토, 사업성 검토 등) 출신으로 지방 상권에서 수도권으로 진출하면서 직영점 확장 계획 중에 있음. 시설업 다점포 확장·인테리어 검토와 브랜딩·공간 기획 등 풀오토 매장을 만들기 위한 어드바이저 역할 중이다.

주현태 고수와
1:1 상담 문의는 여기로!

포토존 만드는 인테리어는 끝났다
이제는 '브랜드 아이덴티티' 시대

2024년 우리는 'BI(브랜드 아이덴티티)' 시대에 살고 있다. 유명 프랜차이즈를 비롯해 골목의 작은 소규모 식당까지, 흔히 '핫플레이스'라고 하는 곳은 모두 BI를 강화하려 노력하고 있다. 이는 과거와 다르게 소비자 인식 수준이 높아졌고 시각적인 부분에 민감해졌기 때문이다. 이제 소비자는 매장을 들어가기 전에 검색부터 하고 소비할지 말지 판단한다. 즉, 소비 과정에 '필터'가 하나 더 생성된 것이다. 이런 소비자를 만족시키려면 검색했을 때 가장 먼저 직관적으로 전달되는 BI가 필수가 됐다.

몇 년 전만 해도 BI는 대형 프랜차이즈의 영역이었다. 소규모 영세 자영업자들은 BI보다는 시각적인 개별 공간 요소에 집중했다. 예를 들어, 매장 내 어딘가에 '포토존'을 만들어 매장 이미지를 보여주거나 당대 유행한 화이트 인테리어, 빈티지 인테리어 등을 '감성'이라는 단어로 포장해 선보였다. 몇 년이 지난 지금 결과는 어떤가. 유사한 공간의 소규모 카페들은 저가 커피 프랜차이즈에 자리를 내줬고, 포토존을 내세우거나 시각적 이미지로 마케팅을 했던 매장들도 조용히 사라졌다. 물론 인테리어 외에 다른 패인이 있었겠지만, 소비자들이 더 이상 개별 공간 요소에만 집중하지 않는 것은 사실이다. 그렇다면 우리는 이런 상황 속에서 소비자 니즈에 맞추기 위해 인테리어를 어떻게 바라보고 접근해야 할까.

2024년 자영업 인테리어는
BI를 담는 틀로서 발전되고 있다

BI는 언어적, 감성적 요소를 통해 특정 브랜드를 식별하고 표현해서 소비자 관심을 집중시키는 것을 목적으로 한다. 로고, 색상, 슬로건, 색감 등 다양한 구성 요소를 활용해 보여주며 공간의 정체성으로 표현하기도 한다. 이를 소규모 오프라인 자영업 측면에서 풀어보면, 소비자가 사전 정보를 얻기 위한 검색 화면부터 매장 입구, 소비하는 과정, 판매되는 상품, 직원의 멘트, 공간의 분위기와 냄새까지 하나의 어휘로 가치를 전달하는 것을 의미한다. 최근 식당들이 맛과 친절, 청결 등을 넘어 플레이팅과 메뉴판까지 신경 쓰는 이유도 같은 맥락에서 해석할 수 있다.

이 과정에서 우리는 인테리어를 BI를 담는 '틀'로 생각해볼 수 있다. 대표적인 사례로 최근 가장 핫한 '런던베이글뮤지엄'을 통해 살펴보자. 런던베이글뮤지엄은 2021년 9월 5일 오픈해, 2024년 1월 기준 잠실점, 도산점, 안국점, 제주점, 스타필드수원점 5개의 매장으로 확장했다. 7만 명의 인스타그램 팔로워를 보유하고 있다. 2023년 가장 웨이팅이 많았던 매장이기도 하다.

이름에서도 알 수 있듯 런던베이글뮤지엄은 영국 분위기를 그대로 담은 뮤지엄을 브랜드명에 붙이고 공간 콘셉트로 활용하고 있다. 흔한 간판 대신 어닝으로 간판을 대체하고, 목재 창호와 영국에서 볼 수 있을 법한 색감과 익스테리어 디자인을 선보인다. 여기까지는 충분히 생각할 수 있는 이미지다.

주목할 점은 밖에서 보이는 실내 공간의 구성이다. 런던베이글뮤지엄은 주방 공간과 진열 공간을 벽을 둬서 숨기거나 제일 안쪽에 두는 것이 아니라, 매장 중앙에 높은 비중을 차지하는 면적으로 구성했다. 이는 소비자로 하여금 무의식적으로 많은 이미지를 떠올리게 한다. 먼저, 들어왔을 때 많은 베이글이 사방에 보이는 인상을 준다. 다양한 소품과 함께 생생한 영국의 분위기를 꽉 찬 공간으로 보여준다. 특별한 LED 메뉴판이나 넓고 고급스러운 소재의 카운터 없이도 그 자체가 어떤 매장인지 말해주는 듯하다. 특히, 화려한 베이글이 압권이다. 분주하게 계속 만들어지는 베이글을 전면에 노출시키고 빵 냄새도 풍겨 그 이미지를 완성했다.

이런 브랜드 콘셉트는 매장의 협소한 공간이 오히려 장점으로 발현된 것으로 보

런던베이글뮤지엄의 공간.   출처:네이버플레이스 매장 공식 사진

인다. 오히려 넓고 여유로운 공간을 선택했다면 베이글을 만드는 분주한 이미지와 소품들에 시선을 집중시키기 어려웠을 것이다. 물론 이런 공간 장치 외에도 BI와 잘 어울리는 인테리어 자재들과 색감의 디테일, 베이글의 퀄리티까지 더해져 성공했음은 자명한 사실이다.

대형 브랜드로 성장해가고 있는 '노티드 도넛' 사례도 BI의 중요성을 일깨워준다. 노티드는 2017년 제과점과 카페로 시작해 현재 전국 단위 브랜드로 완성해나가고 있다.

2017년 초기 노티드 사업 형태를 보면 화이트와 우드 배경에 다양한 디저트를 판매하는 평범한 디저트 카페였다. 노티드가 급격하게 확장한 시점은 2019년쯤부터였다. 도넛의 전문화와 캐릭터와 컬러 브랜딩을 확장의 주요 요인으로 꼽을

2023년 노티드의 인테리어.

노티드 제공

수 있다. 도넛의 알록달록한 색감과 그것을 대변하는 컬러를 인테리어 콘셉트로 활용해 브랜드 이미지와 공간을 완성했다. 노티드 롯데월드점에 가보면 도넛 그 자체보다, 입구부터 영역의 많은 부분을 브랜드의 정체성을 보여주기 위한 공간 기획을 한 것을 느낄 수 있다. 즉, 판매하고 있는 도넛의 느낌에 집중해 공간을 기획하고 그 자체를 마케팅 수단으로 활용한 것이다.

최근 노티드는 유행에서 벗어난 도넛 매장을 전국 백화점 등지에 입점시키고 다양한 컬러의 케이크와 함께 테이크아웃 판매 전략을 취하는 것으로 보인다. 연노란색 컬러와 스마일 이미지는 여전히 눈길을 사로잡는다. 주방 공간을 '베이킹 랩'으로 표현해 도넛을 실시간으로 만드는 매장임을 보여주는 익스테리어 구성도 눈에 띈다. 판매 방식과 매장 형태가 바뀌면서 브랜딩은 유지하되, 공간 기획을 재구성한 것이다. 그 속에서 노티드는 매일 제조하는 신선한 과정을 소비자들에게 보여주고자 한 것으로 이해된다. 이 같은 노티드 사례를 통해 매장 생애 주기에 따라 공간 기획과 인테리어도 얼마나 그것들을 중요하게 반영하며 변화해가는지 확인할 수 있다.

BI 인테리어는 공간 기획과 콘셉트 사전 정의가 필수

최근 인테리어 트렌드의 핵심은 단순히 고급 자재를 사용하거나 공간만 예쁘게 꾸며서는 성공할 수 없다는 사실이다. 화려한 익스테리어와 내부 공간, 귀여운 캐릭터 브랜드를 내걸어도 사라지는 매장이 적잖다. 이런 매장은 보기에는 좋겠지만 그 매장의 BI를 반영하지는 못하기 때문이다. 이는 사장이 본인 브랜드에 대한 본질적 이해나 철학 없이 주변에 잘되는 매장 분위기를 마냥 따라 하거나, 디자인 업체에 외주를 주고 일임해버린 결과다. 디자인과 인테리어는 브랜드를 더욱 돋보이게 하는 틀이지, 그 자체가 전부는 아니다. 가령 순대국밥집을 창업할 때 모던한 인테리어로 하든 아날로그 인테리어로 하든 누구는 성공하고 누구는 실패한다.

그럼에도 최근 창업하거나 성장하는 브랜드들은 과거 10년 전 자리 잡은 브랜드에 비해 전반적으로 인테리어 수준이 높아진 것은 사실이다. 결국 경쟁에서 살아남기 위해 개인 매장도 인테리어에 각별히 신경을 써야 한다는 얘기다. 어차피 큰돈을 들여 인테리어를 해야 한다면, 사전에 최대한 고민을 해서 공간 기획과 매장 콘셉트를 명확하게 정리하고 인테리어를 시작하는 것이 좋다. 런던베이글뮤지엄과 노티드 도넛은 '성공하는 사장은 무엇을 어떻게 팔고 그것이 소비자에게 어떤 이유로 가치가 있는지' 명확하게 아는 것이 중요함을 보여준다.

영세 자영업자의 BI 인테리어 전략

BI 개념을 너무 어렵게 접근하지 않았으면 한다. 런던베이글뮤지엄 대표도 20년간 다른 사업을 운영하며 노하우를 쌓았다. 유사한 스타일의 카페를 영국에서 10년간 반복적으로 방문했으며, 다른 카페도 성공시켰을 만큼 그 이면에는 많은 경력과 고민이 있었다. BI 인테리어는 지속해서 다듬고 가꿔가는 것이지 단번에 만들어지는 것이 아니다.

필자는 인테리어를 다음과 같은 프로세스로 고민해보길 권한다.

첫째, 판매하고 있는 혹은 판매 예정인 아이템을 고찰하자. 저렴하고 많이 팔아야 하는 물건인지, 고급스럽고 신비한 물건인지, 생소한 물건인지, 생김새는 어떤지, 경쟁 업체는 어떻게 그것을 바라보고 있는지, 많이 쌓아서 진열하는 것이 유리한지 등 다양하고 폭넓은 고민이 선행돼야 한다. 이런 고민들은 공간 위치와 각 프로그램(주방, 진열대, 동선 등)의 크기를 결정하고 동선을 입체적으로 구성할 수 있는 요소가 된다.

아이템 판매 전략에 따라 공간 콘셉트가 결정되기도 한다. 예를 들어 싸고 저렴한 물건을 많이 팔아야 한다면 공간도 저렴하고 합리적으로 구성하거나, 반대로 고급화 전략을 써서 이질감을 줄 수도 있다. 상품 특징에 따라 런던베이글뮤지엄과 노티드 도넛처럼 컬러를 추출할 수도 있고 인테리어 분위기를 결정할 수도 있다.

둘째, 손님들이 공간에 어떻게 반응하고 어떤 문제점을 지니는지 살펴보자. 미술관이나 전시관같이 비워져야 하는 공간이 어울리는지, 시장과 술집처럼 좁고 북적이는 공간이 어울리는지, 카운터가 안쪽에 있어야 하는지, 입구에 마주하고 있어야 하는지, 테이블이 어떻게 배치돼야 하는지 등의 이슈다.

셋째, 로고, 텍스트, 메뉴판, 시안물, 장식품 등 매장 안에 모든 요소를 하나의 어휘로 통일하자. 여기서 말하는 것은 단순하게 폰트를 맞추고 컬러를 맞추는 것만 의미하지 않는다. 전자 메뉴판을 둘 것인지, 아예 메뉴판을 없앨 것인지, 로고가 있는 물품을 여기저기 둬서 브랜드를 노출할 것인지, 아니면 큰 대형 로고를 보여줄 것인지 등의 결정이다.

마지막으로 사장 본인의 취향을 반영하는 것이 좋다. 스스로가 모던한 것을 좋아하는지, 아날로그를 좋아하는지, 어떤 컬러를 선호하는지, 구석을 좋아하는지, 높고 넓은 곳을 좋아하는지, 채우는 것을 좋아하는지, 비우는 것을 좋아하는지 등이다. 그래야 지속해서 관심을 갖고 보완해나갈 수 있다.

이들은 모두 사장 스스로가 결정하고 계속해서 고민해야 할 부분들이다.

전문가에게 무조건 일임하지 말고, 활용하고 협업하라

필자는 건축과 인테리어업과 보드게임카페 브랜드를 직영으로 3개 운영하고 있어 인테리어 디자이너와 점주 양측 입장을 충분히 이해하고 있다. 안타까운 것은 서로 너무 다른 생각을 한다는 사실이다.

인테리어 디자이너는 자재의 어울림, 색감, 공간을 미적으로 표현하고 실물로 도

출하는 일을 하는 전문가일 뿐, 사업 측면에서 그 아이템이 어떻게 반영돼 판매까지 이뤄지는지는 이해하지 못한다. 브랜딩 디자이너도 마찬가지다. 각 이미지 자체는 예쁘고 훌륭할 수 있으나 그것이 어떻게 아이템과 접목돼 상호작용할 수 있는지는 알지 못한다. 만약 그것을 알았더라면 그 아이템의 사장이 됐을 테다. 반면 점주는 가격을 인정하지 못하거나 디자인 가치를 수용하지 못하기도 한다. 이처럼 인테리어나 브랜딩을 맡길 때는 앞서 언급했듯 구체적으로 무엇이 왜 중요한지 세심하게 디자이너에게 전달할 필요가 있다. 디자인을 위해 운영과 기획에 관한 것이 미흡해질 때는 대안을 찾을 때까지 소통해야 한다. 디자인 실력과 감각을 논하는 것은 식당 음식이 맛있는지를 얘기하는 것처럼 당연하기에 소통 능력이 뛰어나고 계속해서 발전시키려는 디자이너를 찾아야 한다. 한편 점주는 디자이너의 전문성을 인정하고 브랜드와 아이템의 정체성이 계속해서 공간에 접목되고 있는지 살피며 디자이너를 협업하는 마음으로 대해야 좋은 결과물을 얻을 수 있을 것이다.

BI 인테리어의 핵심은 결국 디테일

인테리어 측면에서 BI를 강화할 수 있는 것은 무엇이 있을까. 필자는 디테일에 있다고 생각한다. 여기서 말하는 디테일은 타일 접합부 등의 디테일 등을 의미하는 것이 아니다. 얼마나 많은 것을 고민하고 세심한 부분까지 신경 썼느냐. 카피캣(Copy Cat)은 BI를 가장 많이 고민하고 시장에 내놓은 원조 업체를 이기지 못한다.

'놓치면 손해' 소상공인 정부 지원금

한채원 초블레스 대표

청년창업사관학교·청년창업경진대회 3회 수상 등 정부 지원 사업을 기반으로 한 창업·운영에 대한 경험을 토대로 한 창업 관련·푸드테크 스타트업 유튜브 출연 다수. 자본에 대한 부담 없이 창업과 운영을 이어가는 방법에 대해 제시하며 식품 회사 대표로서 다방면에서 활동 중이다.

한채원 고수와
1:1 상담 문의는 여기로!

창업 지원 예산 3.7조 '역대 최대'
'K스타트업' '기업마당' 수시로 확인

3조7121억원.

정부와 지자체의 2024년 창업 지원 사업 총예산이다. 2023년 3조6607억원보다 514억원(1.4%) 증가, 역대 최대치를 경신했다.

기관별로 보면 중기부가 3조4038억원(융자 2조458억원 포함, 중앙부처의 95.6%), 지자체 중에는 서울시가 385억원(지자체의 25.5%)으로 가장 많은 예산을 지원한다. 지원 사업 유형별로는 융자·보증이 2조546억원으로 가장 높은 비중(55.3%)을 차지한다. 이어 사업화(7931억원, 21.4%), 기술 개발(5442억원, 14.7%) 순으로 많은 예산이 배정됐다.

소상공인 관련 지원 예산은 계속 늘어나는 추세다. 중기부도 중소기업 위주 정책에서 소상공인의 지역(Local) 기반 아이템을 우대하는 로컬 크리에이터 관련 지원 사업으로 지원 정책 범위와 대상을 확대되고 있다. 지원 사업에 따라 억대 지원금도 노려볼 수 있는 만큼, 내게 맞는 지원 사업을 찾아서 잘 활용해보자.

지원 사업 공고 확인부터…
K스타트업, 기업마당 참고할 만

정부 지원 사업을 신청하는 방법은 이렇다. 우선 어떤 지원 사업이 있는지 공고문을 확인하자. 지원 사업 공고는 사업 취지, 지원 대상, 지원 금액, 사업 추진 일정 등 지원 사업에 대한 자세한 내용이 담겨 있

K스타트업 홈페이지 메인 화면.

기업마당 홈페이지 메인 화면.

는 일종의 사업 계획서다. 보통 신청 마감 1개월 정도 여유를 두고 게시된다. 공고는 소상공인시장진흥공단, 창업진흥원, 지자체 등 지원 기관별 홈페이지에 공지된다.

높은 경쟁률을 피하기 위해 남들이 잘 알지 못하는 특수한 지원 사업을 찾는다면 지자체 홈페이지 혹은 지역 테크노파크(TP) 홈페이지를 참고하라고 권하고 싶다. 여러 부처 사업을 한 번에 살펴보려면 'K스타트업' '기업마당' 등의 홈페이지에서 그날그날 업로드되는 지원 사업을 살펴보고 관심 있는 사업은 별도로 스크랩해두기를 추천한다.

(청년)예비 창업자라면
'예창패' '생애 최초 청년 창업'

최근에는 청년 창업이 늘며 청년이 아이디어만을 갖고도 창업에 도전할 수 있는 기반이 마련됐다. 국민 누구나 창의적 아이디어를 구현할 수 있는 공간 '메이커스페이스'를 운영해 시제품 제작 등을 지원한다(211억원). 지역별 창업 허브인 17개 창조경제혁신센터를 통해 스타트업과 투자자 간 네트워킹, 투자설명회 등도 지원한다(364억원).

창업 아이디어를 가진 청년이라면 메이커스페이스를 통한 시제품 제작, 그리고 그것을 토대로 사업에 대한 초기 경험을 쌓을 수 있는 '예비창업패키지(예창패)'를 추천한다.

예창패는 예비 창업자가 창업을 위한 사업화 자금을 패키지로 지원하는 사업이다. 예비 창업자 신분을 유지하고 있어야 하며, 사업자등록증이 있는 초기 창업자라면 이종(異種)의 사업 내용으로 지원해서 해당 이종 사업 분야에서 예비 창업자임을 설명하면 된다. 예창패는 다른 패키지 사업과 다르게 예비 창업자만을 대상으로 하기 때문에 타 지원 사업에 비해 허들은 다소 낮은 편이다. 그러나 청년과 청년 외 세대가 모두 지원 가능해 경쟁률은 높다.

만 29세 이하의 청년이면서 예비 창업자라면 '생애 최초 청년 창업 지원 사업'을 추천한다. 대상은 78명, 예산은 51억원을 지원한다. 같은 20대 청년들이 지원하며, 모두 예비 창업자 단계이므로 가장 허들이 낮은 지원 사업이라 생각된다.

청년 예비 창업자라면 정부 지원 사업을 통해 초기 자금을 마련해보자. 예창패부터 각종 사업의 예비 창업자 트랙을 활용한다면 합격 가능성이 꽤 높을 뿐 아니라, 각종 교육도 제공된다. 자금 수혜는 물론, 대표로서 알고 있어야 할 다양한 지식을 쌓을 수 있다.

운영 노하우

실패 후 재기를 꿈꾼다면
'희망리턴패키지'

지금 영위하고 있는 사업이 적자만 누적되고 있다면, 폐업 컨설팅과 재도전 창업 관련 지원 사업을 활용해 새로운 돌파구를 마련해보자.

정부는 예비 창업자만을 우대하고 있지 않다. '실패는 성공의 어머니'라는 말처럼, 실패도 성공을 위한 과정으로 생각해 다양한 정책 지원을 하고 있다. 폐업을 어떻게 해야 할지, 그로 인한 손실과 빚은 어떻게 처리할지, 직원들은 어떻게 내보내야 할지 고민이 많다면 소상공인시장진흥공단의 폐업 지원 프로그램 '희망리턴패키지' 홈페이지(https://www.sbiz.or.kr/nhrp/main.do)를 이용해볼 만하다. 소상공인이 부득이 폐업에 이른 경우, 실패 부담을 최소화하기 위해 폐업에 필요한 정보·비용·각종 애로 사항을 신속하게 지원하는 사업이다. 사업 정리 컨설팅, 점포 철거 지원금, 법률 자문, 채무 조정은 물론, 재취업 시 성공 수당도 패키지로 지원된다. 폐업을 할 예정이거나 고민 중인 소상공인 모두 신청 가능하다. 재창업 교육을 수료할 경우 재창업 패키지 지원 사업 신청 시 가점을 받을 수 있어 폐업 전 꼭 한 번 받아볼 만한 지원 사업이다.

2024년도 창업중심대학 예비 창업자 모집 공고문 내용 중 발췌

1. 사업 개요

사업 목적: 우수한 기술과 비즈니스 모델을 보유한 지역·대학발 예비 창업자 대상 사업화 지원을 통해 혁신 성장동력 창출

지원 대상: 예비 창업자

지원 내용: 사업화 자금(5천만원 내외, 최대 1억원), 창업 프로그램 등

사업화 자금	창업 프로그램
창업 아이템, BM 고도화 등 사업화에 소요되는 비용 ※ 평가에 따라 자동 배정	창업 교육, 경영 지원, 투자 유치, 실증·검증, 판로 확대, 해외 진출, 기관·기업 연계 등 ※ 창업중심대학별 프로그램 상이

※사업화 자금, 창업 지원 프로그램은 신청자가 선택한 창업중심대학을 통해 지원

2024년에는 폐업 후 재도전 활성화를 위해, 재창업 융자자금을 250억원 증액한 1000억원으로 편성했다. 폐업 후 융자와 재창업 패키지를 함께 활용한다면 재창업 자금도 지원받을 수 있다.

선정 확률 높이려면
공고 숙독해서 '키워드' 찾아야

나에게 맞는 정부 지원 사업을 찾았다면, 이제 정부 지원 사업 계획서를 작성해야 한다. 이때 가장 중요한 것은 공고문을 숙독해 해당 사업이 원하는 목표와 방향성을 정확히 인지하는 것이다.

사업 공고문을 보면, 지원 대상이 누구인지, 왜 지원하는지에 대한 설명이 자세히 나와 있다. 지원 정책 취지에 어긋나면 아무리 사업 계획이 훌륭해도 선정되지 않을 수 있다. 그럼에도 상당수는 이 과정을 생략하고, 지원 사업 계획서 서식만을 살펴본 뒤 바로 작성, 시간 낭비를 하고는 한다. 공고문을 숙독해서 나의 사업 계획이 과연 지원 취지와 요건에 맞는지 꼭 확인하기 바란다.

위의 공고문 예시를 보자. 사업 개요에 지원 대상과 사업 목적이 설명돼 있다. 내 사업이 지원 사업에 부합하는 아이템인지, 아닌지는 이 사업 개요에서 판가름된다.

사업 목적에서는 '우수한 기술' '혁신 성장동력 창출'이라는 키워드에 유의해야 한다. 여기에 해당하지 않는, 단순 제조·판매 아이템은 선정되기가 쉽지 않다는 점을 짐작할 수 있다.

그렇다면 지원조차 불가능한가 하면 그것은 아니다. 나의 사업 아이템을 피벗(Pivot·사업 전환)해 사업 목적에 맞게 고도화하면 된다.

사업 아이템 고도화 방법은 이렇다.

예를 들어 이유식을 만들어 파는 사업을 고려하고 있었다고 가정해보자. 위 사업 목적에 맞게 사업 아이템을 전환하려면, '우수한 기술' 즉, 이유식을 만드는 과정에 영양학적으로 '우수한 제조 기술'이 들어가면 된다. 혹은 이유식을 구매하는 소비자에게 유아의 건강 상태에 최적화된 '우수한 큐레이션 기술'이 들어가면 된다. 즉, 내가 이유식을 만들어 팔겠다는 본원의 취지에 부합하면서도 약간의 기술을 접목하면 사업 목적에 맞는, 보다 매력적인 아이템으로 고도화되는 것이다.

이는 지원 사업을 위한 서류상의 아이템일까? 그렇지 않다. 창업자는 지원 사업 계획서를 작성하기 위해 사업 목표에 맞는 다양한 사업 고도화 항목을 고민하게 되고, 이 과정을 통해 내 사업 아이템이 타사와 구별되는 특장점과 기술을 장착하게 될 것이다. 지원 사업 합격 유무와 별개로 누구나 한번쯤 사업 계획서를 작성해볼 만한 이유가 여기에 있다.

간명한 제목으로
1분 내 심사위원 사로잡아라

남녀가 처음 만났을 때 가장 중요한 것이 첫인상이라고 하듯, 지원 사업도 마찬가지다. 제목에서 느껴지는 첫인상이 앞으로의 평가에 지대한 영향을 끼치게 된다. 제목이 어려운 기술용어로 가득 차 있거나, 너무 단순하거나, 매력적으로 느껴지지 않는다면 심사위원의 관심도와 집중력이 크게 떨어질 수 있다. 시작이 반이다.

사업 계획서 제목에는 '누구를 위한 아이템인지' '어떤 기술이 들어갔는지'가 정확히 드러나면 좋다. 즉, 글을 다 읽지 않아도 '아~ 이런 아이템이구나' 하고 어느 정도 감(感)이 오도록 해야 한다. 심사위원이 내 사업 계획서에 집중할 수 있는 시간은 고작 1~2분 남짓이다. 이 시간 안에 나의 사업을 이해시키고 집중하게 하기 위해서는 간단명료한 제목 한 줄이 가장 중요하다. 여러 버전으로 작성해보고, 사업에 대해 잘 모르는 친구, 동료들에게 보여주며 제목만으로 사업 내용이 이해되는지 물어보는 것도 좋은 방법이다.

이미지·도표와 규격 준수해
'가독성' 높여라

사업 계획서 작성 마무리 단계에서 놓치지 말아야 할 것, 바로 '가독성 높이기'다. 이를 위해선 아래 두 가지에 유의할 필요가 있다.

단순 서술보다는 표와 이미지 활용하기

텍스트로만 된 사업 계획서는 활자에 익숙한 독자가 아니라면 장시간 집중하기 어렵다. 또한 나의 사업 아이템이 실제로 어떤 모습인지 머릿속에 그려지지 않아, 실제 의도와 다르게 심사위원이 이해할 수도 있다. 때문에 서술 중간중간 이해를 도울 수 있는 이미지와 도표를 삽입하는 것이 좋다.

통일된 폰트와 규격 이용하기

가끔 '복사+붙여넣기'를 하다 활자 크기와 자간, 장평 등이 어그러져 있는 사업 계획서를 발견하고는 한다. 내용을 발췌하기 위해 복사+붙여넣기를 하는 것까지는 이해할 수 있으나, 폰트 정도는 티 나지 않게 통일시키자. 일견 작은 일 같지만, 심사위원은 이런 작은 요소에서도 작성자의 성의와 열정을 가늠한다. 처음에는 100% 서류로 평가되는 일이기에 서류에 작은 흠집이라도 있어서는 안 된다.

장사 고수 생각

'노~오~력이 부족하다고?'
외식업 성공의 핵심은 '입지'와 '아이템'

이도원
풍바오 · 쇼부다 대표

창업 1년 만에 6개의 매장 오토화시킨 풍바오·쇼부다 대표. 대전에서 프랜차이즈 직가맹점 9개 운영 중. 다점포 창업과 프랜차이즈 창업 경험을 통한 유튜브 '창업의신' 출연으로 예비 창업자들을 위한 창업 관련 강연에서 다방면으로 활약 중이다.

"지구가 태양을 돈다"고 당대 천문학 위인들을 설파한 건 코페르니쿠스(1473~1543년)다. 국내 외식업 상층부의 헛소리를 보고 있자면 이 업계 역시 코페르니쿠스적 전환이 간절해 보인다. 한숨 소리가 넘쳐나는 자영업의 기형적 형국은 분명 가짜 멘토들의 잘못된 조언이 그 원인이다. 본인 가게가 잘되는 이유를 제대로 통찰하지 못한다면 섣부른 조언에 나서지 말아야 한다. 그러나 우리나라 외식업은 지나치게 편향된 풍토병으로 '성공한 자가 성공한 이유를 모르는', 그런 아이러니한 국면에 놓여 있다. 풍토병을 걷어낸, 제대로 된 분석이 필요하다.

어떤 결과를 제대로 분석하는 방법은, 원인 변수들의 결정력을 파악하는 것이다. 예컨대 다이어트에는 '식단, 운동, 충분한 숙면, 지방세포의 양' 등 여러 변수가 있다. 그러나 식단과 운동의 결정력이 최소 7할은 될 것이다. 이 두 가지만 잘해도 다이어트의 70%는 성공이라는 얘기다. 이것이 핵심이고 본질이다. 만일 다이어트 코치가 '운동과 식단'을 빼고 '충분한 숙면'을 강조한다면 자격 미달이다.

외식업 성공의 핵심이 무엇인가. '입지와 아이템(음식, 공간)'이다. 이 두 가지를 넘어설 변수는 존재하지 않는다. 친절함이나 서비스, 마케팅이나 직원 관리 따위는 그다음 순번이다. '논두렁 앞에 창업해 서비스 갈아 넣는다고 장사가 될까?'를 생각해보면 답은 명료하다. '산골짜기 가마솥 닭볶음탕' 같은 일반화되기 어려운 사례는 예외로 두자.

그럼에도 외식업계에서는 '입지와 아이템' 외에 다른 출구가 있다는 듯한 기괴한 주장을 하는 이들이 많다. 성공한 창업가들이 유튜브나 미디어에 나와 서비스니, 회전율이니, 재고 관리니 온갖 거짓말로 인터뷰를 채운다.

대표적인 것이 장사가 안되는 이유를 '노력의 부족' 때문이라며 일침을 가하는 식이다. '열심히 노력하면 성공한다'는 희망고문 멘트는 고단한 자영업자들에게 잘 팔리는 메시지다. 노력은 누구나 할 수 있으니 '나도 해볼 만하다'라는 근거 없는 자신감을 심어주기 때문이다. 잘못 차려놓은 점포에 음식 좀 바꾸고 잠 안 자고 친절하면 천국이 열릴 것처럼 얘기하는 것은 거짓된 컨설팅이다. 아무리 노력해도 구조적으로 안되는 현실이 존재한다. 실은 업종과 소위 '자리발'의 조합이 7할이다.

사실 '안될 가게'를 컨설팅하는 행위 자체가 문제다. 대부분 업변(업종 변경) 혹은 폐업이 정답이지만, 진실을 말하면 돈 없는 사장을 꾀어낼 수 없다. 이들은 죽은 점포에 어떻게든 연명 치료를 감행해 컨설팅비 1000만원을 거머쥐고 싶을 뿐이다. 돈으로 희망을 산 자영업자는 안되는 가게를 부여잡고, 그렇게 나락행 완행열차가 기적을 울린다. 이보다 잔인한 고문이 있을까 싶을 만큼 처절한 '노력의 낭비'가 시작된다.

노력은 '창업 전 단계'에 투입돼야 효과적이다. 만일 입지 혹은 아이템이 잘못된 상태로 창업했다면 손님 한 명, 한 명 그러모아서 간신히 연명할 것이 아니라, 결단력 있는 창조적 파괴, 즉 폐업 후 재창업을 하는 것이 옳다. 잔인한 얘기지만 망할 가게는 빨리 망하는 편이 좋다. 억지 소생술을 해봤자 시간과 비용만 소모될 뿐이다.

"하루 3시간 자고 1000만원 벌어요" 같은 내용을 자랑이라고 호들갑 떨 수는 없다. 입지가 오류라면 점포 이전이 필수적이고, 아이템이 오류라면 리모델링 혹은 메뉴 개편이 뒤따라야 한다. 입지와 아이템의 한계를 뛰어넘어 성공시킨다면 박수받아 마땅하지만, 단언컨대 효율적인 방식이 아니다. 극악의 확률에 기대를 거는 어리석은 행위다.

 장사 고수 생각

당신의 식당은 재미있는 곳인가요?
한층 까다로워진 고객 눈높이 맞춰야

김준헌
오사카에프앤비 대표

일식을 배우기 위해 오사카로 직접 가 쿠시카츠 전문점에서 수행 후, 오사카멘치 오픈. 현재 법인 설립을 앞둔 사업장 5곳의 대표. 현지의 경험을 살린 일식 전문가로 오마카세·스키야키·멘치카츠 등의 일식집 경영 중으로 창업 강의와 각종 미디어 출연으로 활약 중이다.

최근 몇 년 새 대한민국 외식업이 눈에 띄게 발전했다. '장사를 잘하려면 공부를 해야 한다'는 사실을 자영업자들이 깨닫기 시작했기 때문이다. 맛은 물론, 유튜브 시청이나 유료 강의를 활용해 장사 기술 또한 전반적으로 상향 평준화됐다. 외식업 수준이 높아진 건 소비자에게는 좋은 현상이지만 막상 그 안에서 박 터지게 경쟁하는 자영업자 입장에서는 죽을 맛이다. 이를 극복하고 살아남기 위해서는 어떻게 해야 할까. 많은 방법론이 있겠지만, 필자가 굉장히 중요하게 생각하는 키워드 중 하나는 '재미'다.

끼니 때우는 '평식' vs 재미를 찾는 '외식'

식당은 크게 '평식'과 '외식'으로 나뉜다. 평식은 배가 고플 때 단순히 끼니만을 해결하기 위한 식사다. 김밥천국, 백반집, 한식뷔페, 패스트푸드 등 현재 물가 기준 한 끼에 1만원 이하인 식사는 모두 평식에 속한다.

외식은 평식보다 조금 더 고차원적이다. 고객이 끼니를 해결할 때 '평식 식당'에 가지 않고 굳이 돈을 더 지불하며 '외식 식당'에 가는 이유는 그 이상의 가치를 원하기 때문이다. 그렇기에 고객이 외식을 할 때는 평식을 할 때보다 당연히 한층 더 까다로워지고, 원하는 것이 많아

지며, 눈이 높아진다. 이를 만족시켜주는 것이 바로 '재미'다.

음식 수준은 그저 그렇거나 형편없지만 힙한 감각과 인테리어 등 분위기가 압도적인 업장, 한 끼 식사로 치기에는 비정상적으로 가격이 비싼 양식당이나 오마카세 업장, 원가 500원짜리 아메리카노를 6000원에 팔아도 잘되는 교외의 대형 카페. 이들이 잘되는 이유는 모두 고객에게 각각의 재미를 충족시켜주기 때문이다.

허지만 업장 분위기나 인테리어만이 재미와 직결되는 것은 아니다. 당신의 업장이 '외식'이라는 카테고리에 속해 있다면 재미는 그 어떤 요소에도 연결돼 있어야 한다. 가령 1인분에 2만원인 무한리필 고깃집이나 무한리필 샤브샤브집에 방문한다면 돈 걱정 않고 마음껏 고기를 먹을 수 있다는 것 자체가 재미와 직결된다. 홍익돈까스가 잘되는 것은 가족 단위 고객에게 만만한 가격대에 외식하는 기분을 내게 해주기 때문이다. 물론 가성비 좋아 보이는 커다란 왕돈가스와 넓은 주차장 등 잘되는 요소는 여러 가지가 있지만, 이 글의 골자를 생각해주기 바란다.

저렴한 고깃집도 '재미' 있다면 '외식'

저가 고깃집이라 해서 모두 평식 카테고리에 속하는 것은 아니다. 저렴해도 '외식 식당'이 될 수 있다.

고깃집에 가서 정확하게 고기만 구워 먹는 사람은 거의 없다. 보통은 식사와 술도 곁들인다. 찌개와 공깃밥을 곁들여 식사만 해도 객단가가 2만원이 훌쩍 넘어가는데, 술을 주문하는 테이블이 과반수다. 심지어 곁들이는 야채마저 추가 요금을 내고 주문해야 하는 경우도 있다. 하지만 고객은 고기 자체의 가격이 저렴하니 전혀 개의치 않아 하고 이해해준다. 식사가 끝난 후 계산서 가격이 그다지 저렴하지 않아도 괜찮다. 가장 중요한 고기의 저렴한 가격 자체가 '재미'로 직결되기 때문이다.

재미는 유행과는 상관없이 시대를 관통하는 키워드다. 맥도날드가 한국에 처음 상륙해 압구정에 1호점을 차린 1980년대 후반이나 할리스커피, 엔제리너스 등 대형 커피 프랜차이즈가 우후죽순 생겨나기 시작한 2000년대 초반에도 '재미'라는 키워드는 단 한 번도 유효하지 않은 적이 없다. 대한민국에 서구식 식문화가 들어오면서 현대적 외식업이 태동한 이래로 말이다.

'웰빙' '항아리 숙성 삼겹살' '와인 숙성 삼겹살' 등은 20여년 전 등장한 케케묵은 키워드지만 핵심 개념은 현재와 다르지 않다. 모두 기존에 있던 아이템이나 방식과는 다른 차별화를 꾀하며 고객에게 색다른 재미를 선사했고, 결국 한 시대를 풍미했다.

**우리 가게만의 재미 제공하려면…
유행 좇지 말고 명확한 콘셉트 살려야**

그렇다면 우리 가게가 진정으로 재미있는 업장이 되려면 어떻게 해야 할까. 크게 두 가지를 유의해야 한다.

첫째, 현재 유행하는 아이템을 재미와 관련지으면 안 된다.

2023년은 탕후루가 외식업계를 뜨겁게 달궜다가 급격하게 식었고, 연말에는 붕어빵이 다시 유행으로 떠올랐다. 하지만 2024년 2분기만 돼도 붕어빵 유행은 다시 잠잠해질 것이다. 유행을 따라가면 잠깐의 반짝 매출은 있겠지만 결코 오래가지 못한다. 유행 아이템을 선택하는 이들은 매장 오픈 후 매출이 가장 높을 때 권리금을 받고 되파는 선수들이라는 것을 기억하라.

둘째, 너무 욕심을 부려선 안 된다. 이것도 좋아 보이고 저것도 좋아 보여 이것저것 다 차용하다 보면 자칫 이도저도 아닌 애매한 콘셉트의 식당이 되기 쉽다. 수많은 외식업 자영업자가 망하는 것은 단순히 그들이 요리를 못해서가 아니다. 그 가게의 콘셉트, 위치, 가격대, 상권 등이 애매하기 때문에 망하는 것이다.

당신의 업장이 어떤 카테고리인지 파악한 후에 재미라는 키워드를 어디에 연결시켜야 할 것인지 확실히 알아야 한다. 이 점을 염두에 두고 창업을 하거나 리브랜딩을 하면 불경기에도 꼭 살아남을 수 있다.

엔데믹에 다시 열린 하늘길! 이웃 나라 일본과 중국의 최신 자영업 트렌드를 참고하면 당신도 글로벌 장사 고수!

PART 5

글로벌 트렌드

일본 트렌드 ① 도쿄

문지민 매경이코노미 기자

2022년 매경이코노미 입사 후
증권·금융 등 자본 시장을 주로 취재하고 있음.

'반말하는 친구 카페' '반값 헬스장' 인기
'초가성비 오마카세'에 쌀·간장 편집숍도

1인 가구 증가, 비혼, 저출생, 고령화, 저성장, 지방 소멸 등….
우리나라가 겪고 있는 문제를 일본은 수십 년 전부터 겪어왔다. 현재 한국이 겪고 있는 여러 과제를 떠안은 상황에서 다양한 생존 방법을 먼저 고민해온 만큼, 우리에게 좋은 나침반이 될 수 있다. 창톡의 '도쿄 트렌드 투어'에 참여해 도쿄에서 최근 어떤 트렌드가 유행인지를 둘러본 배경이다.

도쿄 시부야 메인 거리가
인파로 북적이는 모습.
문지민 기자

틈새시장 개척한 이색 카페들

'반려돼지' 체험하고 손님과는 반말

시부야 하라주쿠역 앞에 펼쳐진 다케시타 거리는 우리나라 홍대 거리를 연상케 한다. 음식과 패션에서 일본의 최신 유행을 선도하는 거리로 유명하다.

다케시타 거리에서도 특히 눈길을 끄는 가게는 2019년 문을 연 반려돼지 카페 '마이피그'다. '일본 최초의 마이크로 돼지 카페, 돼지들은 자유롭게 돌아다니고 고객은 돼지와 교감을 나눌 수 있습니다'라는 안내 문구가 적혀 있다.

사전에 예약한 손님만 입장 가능한 이 카페는 인기가 워낙 많아 일주일 전 예약이 필수라는 전언. 무제한 음료를 포함한 30분 기준 이용료는 약 1500엔 정도다.

마이피그 돼지는 체중이 일반 돼지의 10분의 1 수준인 20~40㎏에 불과한 소형 품종이다. 강아지 몰티즈나 푸들 정도 크기다. 마리당 분양가는 200만~300만원 정도. 카페에는 이런 소형 돼지들이 20마리가량 자유롭게 돌아다닌다. 자리에 앉으면 무릎을 기어오르는 등 반려견 못지않게 사람을 잘 따른다. 귀여운 외모의 마이피그 돼지가 인기를 끌며, 현재 일본 내 매장은 9개까지 늘어났다.

하라주쿠에는 또 다른 이색 카페가 있다. 지난 4월 오픈한 '친구가 하는 카페

① 하라주쿠역 인근 다케시타 거리에 위치한 반려돼지 카페 '마이피그'에서 돼지들이 손님 무릎에 앉아 있다.
② 마츠야 긴자 백화점 지하 2층에 있는 '장인간장'에 수십여 개 간장 100㎖ 샘플이 진열돼 있다.
③ 혼자 가는 고깃집 '야키니쿠 라이크'는 자리마다 고기를 구워 먹을 수 있는 화로와 주문할 수 있는 태블릿PC가 배치돼 있다.

(TYC·TOMODACHIGA YATTERU CAFE)'다. 이름처럼 손님이 입장하면 직원들이 다가가 친한 친구처럼 "어서 와.

오랜만이야"라며 '반말'로 맞이한다. 손님 나이가 10대든 60대든 상관없이 카페 안에서는 모두가 친구라는 개념이다. 인테리어도 카페 특성을 잘 보여준다. 긴 일자형 테이블을 배치해 다른 일행과도 자유롭게 교류할 수 있도록 만들었다. 여고생과 넥타이를 맨 아저씨가 자연스럽게 반말로 대화하는 장면을 볼 수 있다.

이 카페만의 특별한 메뉴도 있다. '언제 먹어도 좋은 음료'다. 주문하면 무작위로 '추천 소프트드링크'가 나온다. 가게에서 친구가 늘 주문하던 음료라는 개념으로, 친근함을 드러내는 메뉴다.

전문가들은 이런 친구 콘셉트 카페를 운영하기 위해서는 직원 역량이 가장 중요하다고 조언한다. 프랜차이즈와 개인 식음료(F&B) 매장 6개를 운영하는 이도원 풍바오·쇼부다 대표는 "사람마다 반말을 들었을 때 기분이 나쁜 경우가 생길 수 있다. 밤에는 술을 판매하는 주점으로 바뀌는 만큼, 손님 기분이 상하지 않도록 적절한 톤앤매너를 지키는 것이 중요하다"고 말했다.

초가성비로 불황 극복한 브랜드
1인 고깃집, 편의점식 헬스장

도쿄에서 최근 유행 중인 트렌드의 하나가 혼자 가는 고깃집 '야키니쿠 라이크'다. 식당 안으로 들어가면 오전부터 혼자 고기를 구워 먹는 손님들이 가득하다. 일부 2인 테이블도 마련돼 있지만, 식당 대부분 좌석은 한 의자당 작은 화로가 1개씩 붙어 있는 '바(Bar)' 형식이다. 손님들은 자리에 일렬로 나란히 앉아 개인 화로에 고기를 구워 먹는다.

무엇보다 가격이 저렴하다. 인기 메뉴 '라이크 콰트로 세트' 가격은 200g에 약 1400엔(약 1만3000원). 갈비, 갈매기살 등 고기 3종에 밥, 국, 김치가 함께 제공된다. 주문은 각 자리마다 배치된 태블릿 PC로 한다. 엄청난 가성비에 인기를 끌며 점포 수가 2020년 3월 28개에서 지난해 80개를 돌파하며 2년 사이 3배나 늘었다.

미슐랭 2스타 오마카세를 5만원대 저렴한 가격으로 즐길 수 있는 초밥집 '긴자오노데라 등용문'도 최근 입소문을 타는 곳이다. 긴자오노데라스시그룹은 30만원대 고가 오마카세 브랜드다. 같은 식재료를 쓰면서도 5만원대로 가격을 대폭 낮춘 비결은 두 가지. 서서 먹는 '타치구이' 방식으로 회전율을 높이고, 비숙련 견습생 셰프를 고용해 인건비를 절감한 덕분이다.

이런 방식으로 긴자오노데라그룹은 30만원, 15만원, 5만원, 3만원대 다양한 가격대로 브랜드를 확장했다. 단계별 가격 전략은 차츰 값비싼 본점으로 고객을 유도하는 효과를 낸다. 울산에서 돈가스, 중식당 등 5개 식당을 운영하는 김준헌 오사카에프앤비 대표는 "서서 먹어야 한다는 점이 불편할 수 있지만, 그 덕분에 손님들은 높은 품질의 오마카세를 저렴하게 즐길 수 있다. 그룹 차원에서 견습생에게 실전 경험을 쌓게 해 본사로 데려오는 육성형 시스템도 인상적이다"라고 말했다.

편의점과 바가 결합된 '컨비니언스 바'도 독특한 모델로 관심을 끌고 있다. 2022년 10월 도쿄 신주쿠 호텔 지하에 선보인 이 가게는 바와 붙어 있는 편의점에서 안주를 사와 술만 주문해 즐기는 방식으로 운영된다. 안주 매출을 과감히 포기한 대신 일평균 1000명 안팎의 편의점 유동인구를 흡수했다. 편의점 8개를 운영 중인 심규덕 SS컴퍼니 대표는 "편의점과 바의 결합은 한국에서는 찾아보기 어려운 모델이다. 고가의 주류뿐 아니라 편의점 안주와 어울리는 저렴한 주류까지 판매 제품 라인업을 확장한다면 시너지가 더욱 클 것으로 예상된다"고 말했다.

신개념 헬스장 '초코잡'도 눈길을 끈다. 출퇴근길에 버스를 기다리다 또는 친구와 약속 시간이 조금 남았을 때 짬을 내서 운동할 수 있는 '편의점식 헬스장'이다. 편의점에 들르듯 운동복이 아닌 평상복을 입고 들어와서 자유롭게 운동하고 가는 식이다. 매장에는 샤워실도, 관리하는 상주 직원도 없다. 원가가 줄어드는 덕분에 회비는 월 3만원으로, 기존 헬스장의 반값이다.

초코잡은 바빠서 시간은 부족하지만 자기 관리에는 진심인 MZ세대 젊은 층을 공략했다. 문을 연 지 1년여 만인 지난 8월 회원 수 80만명을 돌파하며 업계 1위에 올라설 정도로 인기가 폭발적이다. 도쿄, 오사카 등 대도시를 중심으로 지점 1000여곳을 운영 중이다.

신오쿠보 한인타운에 위치한 한 한국식 주점. 밤 12시가 지난 시간에도 손님들로 북적인다.

장인 정신으로 부가가치 높인 가게

쌀&간장 편집숍…1만원대 군고구마

도쿄에는 일본 특유의 장인 정신을 엿볼 수 있는 가게가 즐비하다. 대표적인 곳이 도쿄 긴자에 위치한 '츠보야키이모'다. 이 가게는 군고구마 1개를 약 1만원에 판매한다. 1개에 1200엔, 반 개에 650엔이다. 군고구마 1개에 1만원이 넘는 가격은 소비자에게 다소 부담스러울 수 있다. 처음에는 장사가 잘될까 의문스러웠지만, 다수의 단골손님들이 수시로 매장을 방문하는 모습을 보면 고개가 끄덕여진다. 고객들은 "맛이 있기 때문에 가격이 비싸도 계속 찾게 된다"고 입을 모았다.

군고구마 맛의 비결은 요리법에 있다. 이 가게는 항아리로 굽는 100년 전 요리법을 적용했다. 항아리에 고구마를 넣고 2시간에 걸쳐 천천히 구워야 가장 맛있는 군고구마가 완성된다고. 맛을 보장하기 위해 1시간에 단 15개 고구마만 생산한다. 고구마와 함께 즐길 수 있는 고구마 라테도 인기 상품이다.

'아코메야'는 밥의 특성을 분석해 밥 본연의 맛을 살린 식당이다. 아코메야는 '쌀가게'라는 뜻으로, 본래 '쌀 편집숍'에서 시작된 가게다. 일본 곳곳의 맛있는

쌀을 모아 밥을 짓고 각각의 특성을 분석, 밥의 질감이나 찰기를 수치화해 점도표로 만들었다.

식사 자리 건너편에는 쌀과 반찬을 구매할 수 있는 공간도 마련돼 있다. 각종 쌀은 물론, 밥과 함께 먹을 수 있는 반찬, 소스, 술 등 다양한 제품을 판매한다. 최근에는 주방용품까지 상품군을 확장했다. 아코메야 도쿄 관계자는 "사람들이 어떤 지역 쌀이 유명한지는 알아도 왜 맛있는지는 잘 모르는 경우가 많다. 밥의 특성을 수치화해 어떤 점에서 밥이 맛있고 어울리는 반찬은 무엇인지 제안하고 있다"고 소개했다. 이어 "식당은 체험공간으로 운영한다. 쌀만 좋으면 평범한 반찬과 먹어도 맛있는 식사가 가능하다는 점을 느끼게 하기 위해서다"라고 덧붙였다.

아코메야가 쌀 편집숍이라면, 마츠야 긴자 백화점 지하 2층에 있는 '장인간장'은 간장 편집숍이다. 전국 간장 양조장에서 납품받은 100여개 간장을 100$m\ell$ 샘플 크기로만 판매한다. 일단 맛을 보고 맛있으면 해당 양조장에서 주문하도록 해 상생을 추구한다. 간장 포장지에는 간장과 잘 어울리는 음식이 그림으로 표시돼 있다. 아이스크림용 간장, 계란밥용 간장, 적·백색 사시미용 간장 등이다. 100$m\ell$ 샘플의 개당 판매 가격은 400~600엔 정도. 오프라인은 물론 온라인몰에서도 운영 중이다.

한류 열풍에 뜨는 신오쿠보
평일 저녁에도 만석…하라주쿠 제쳤다

도쿄에서 피부로 느낄 수 있는 또 하나의 트렌드는 바로 '한류'다. 도쿄를 넘어 일본에서 가장 핫한 상권이 시부야·하라주쿠에서 한인타운이 있는 신오쿠보로 넘어갔다는 얘기가 나올 정도다. 대표적인 한인타운으로 꼽히는 신오쿠보 거리는 명성에 걸맞게 각종 한국 음식점이 즐비하다. 떡볶이, 삼겹살, 불고기 등 각종 한국 음식을 판매하는 가게들이 줄줄이 붙어 있다.

그중에서도 가장 인기인 가게들은 한국식 주점이다. 평일 늦은 저녁에도 대기 손님이 있을 정도다. 조개구이 전문 프랜차이즈로 8개 매장을 운영 중인 이경욱 하와이조개 대표는 "한국식 주점 인기가 높으니 일본에서 K-조개구이 매장을 내도 괜찮을 것 같다"고 말했다.

단, 한류 열풍에 힘입어 창업을 쉽게 생각하고 뛰어드는 것은 위험하다는 것이 전문가들의 한결같은 의견이다. 특히 처음 창업하는 사람일수록 편견이나 아집으로 인해 아이템이나 전략 설정에 실패하는 사례가 많다는 지적이다. 예비 창업자나 소상공인을 위해 '장사 고수와 함께 떠나는 도쿄 트렌드 투어'를 기획한 노승욱 창톡 대표는 "창업 전 최소 3명의 장사 고수에게 1대1 상담을 받아볼 필요가 있다"며 "현장 경험이 풍부한 전문가 여럿이 다양한 관점과 노하우를 제시하면 같은 사안을 보다 입체적으로 이해할 수 있기 때문"이라고 강조했다.

일본 트렌드 ② 오사카

박혜문 SONAMU 대표

오사카의 한인타운 츠루하시와 난바 등에서 반찬 가게, 주점, 한식당 등 10여개 매장을 운영하는 '오사카의 백종원'이다. 'ABC테레비' '칸테레' 등 일본 방송에도 다수 출연하며 현지 창업 전문가로 활동 중이다.

박혜문 고수와
1:1 상담 문의는 여기로!

도쿄 유행 다음 해 오사카서 그대로 유행
한국 인기 메뉴라고 다 통하지는 않아

지난 20여년간 일본에서는 네 번의 한류 붐이 진행됐다. 2002년 한일 월드컵으로 한국 문화 유입이 시작된 제1차 붐은 2003년 '겨울연가'로 정점을 찍었다. 드라마 촬영지인 춘천의 닭갈비가 전파돼, 한국 요리가 본격 알려지기 시작했다. 동방신기가 팬덤을 만들기 시작한 것도 이때부터다. 제2차 붐은 2010년 카라, 소녀시대, 빅뱅 등이, 제3차 붐은 2016년 BTS와 트와이스가 일본에 진출하며 일어났다. 덕분에 일본 외식 시장에선 삼겹살, 치즈닭갈비, 치즈핫도그 등의 K푸드가 유행했다.

제4차 붐은 2020년부터 시작됐다. 한국의 양념치킨, 카페 문화가 유행하며 관련 메뉴의 테이크아웃 소비가 크게 성행하기 시작했다. 이제 K푸드는 일본에서 구입 금액과 구입률이 꾸준히 증가하며 '한두 번 먹어본 요리'에서 '종종 먹는 요리'로 성장했다.

그리고 2024년이 밝았다. 최근 일본은 제5차 한류 붐이 오느냐, 아니면 기존 제4차 붐에서 세분화, 다각화되느냐의 갈림길에 서 있다.

필자는 지난 8년간 오사카에서 한식당을 10여개 운영해왔다. 이를 통해 얻은 일본에서의, 특히 오사카에서의 한식당 창업 노하우는 다음과 같다.

첫째, 오사카는 도쿄의 트렌드를 따른다. 일본 코리아타운은 도쿄는 신오쿠보, 오

2019년 3월, 신오쿠보 거리와 치킨집 행렬.

사카는 쓰루하시다. 두 지역은 대한민국 광복 이전부터 재일 한국인이 많이 살던 지역이다. 쓰루하시는 고기구이 문화가 없던 일본에서 처음으로 야키니쿠를 시작한 지역으로 유명해졌다. 신오쿠보는 2001년 신오쿠보역 철로에 떨어진 취객을 구하려다 숨진 故 이수현 씨의 희생으로 한국인을 바라보는 시선이 바뀌어 이후 제1~4차 붐의 유행을 선도하는 지역이 됐다.

일본의 한국 요리는 다음과 같은 공식이 존재한다.

"도쿄에서 유행하면 1~2년 뒤에 오사카에서 유행한다."

닭갈비와 삼겹살이 2010년대부터 조금씩 대중화돼왔다면, 치킨은 2019년께부터 신오쿠보에서 폭발적인 인기를 누렸다. 흥행 대박을 터뜨린 드라마 '사랑의 불시착'에서 주인공들이 치킨을 맛있게 먹는 장면이 자주 등장해, 신오쿠보 치킨집들은 모든 가게에서 대기 행렬이 이어졌다. 치킨뿐 아니다. 부대찌개, 비빔밥, 떡볶이, 그리고 치즈닭갈비, 치즈핫도그 또한 신오쿠보에서 크게 유행하기 시작했다. 확실하게 벤치마킹할 수 있는 지역이 존재하므로, 아이템이나 프랜차이즈 선정에 참고할 만하다.

둘째, 외국인이 아닌 일본인 관광객을 잡아야 한다.

오사카는 외국인 관광객도 많이 오지만,

치즈닭갈비(직접 촬영): 겨울연가의 춘천 닭갈비로 시작되어 치즈닭갈비로 크게 유행.
출처:https://www.moranbong.co.jp/hanshoku/gourmet/detail/9689.html

이들이 굳이 일본에 와서 한식을 찾을 이유는 없다. 때문에 관광객을 타기팅하더라도 외국인보다는 일본인을 노리는 것이 바람직하다. 약 100년 전 일본 최초 관광지구로 알려진 오사카의 신세카이(츠텐카쿠)는 일본인에게도 유명한 관광지다. 오사카에서 한국인이 주로 여행 오는 지역은 난바와 우메다지만, 일본인은 그 외 지역까지 여행 범위가 넓다. 때문에 상권 분석을 할 때 조금 더 세밀하게 봐야 매출과 연결할 수 있다.

상권 측면에서는 오사카 중심가에서 조금은 떨어진 곳에서 일본인 고객을 늘리는 전략을 추천한다. 처음부터 오사카 중심가에서 오픈한 가게보다는, 외곽에서 성공해서 중심가로 조금씩 점포를 확장한 가게들이 훨씬 성공률이 높았다.

셋째, 한국에서 인기 있는 메뉴가 일본에서도 꼭 인기 있는 것은 아니다.
표에서 보듯, 우선 집계 카테고리부터 매운 요리와 맵지 않은 요리로 시작된다.

매운 것을 좋아하는 사람이 고른 먹어보고 싶은 매운 한국 요리 TOP10 단위:%

	구분	먹고 싶다	먹어봤다
1	찜닭	53.2	11.5
2	낙지볶음	52.4	10.3
3	오징어회	49.4	17.3
4	불닭	47.6	15.1
5	감자탕	46.7	16
6	부대찌개	43.8	27.6
7	닭발	43.4	10.1
8	게장	38.4	23.6
9	양념치킨	36.9	37.8
10	비빔면	31.5	47.4

먹어보고 싶은 맵지 않은 한국 요리 TOP10 단위:%

구분		먹고 싶다	먹어봤다
1	빠네 치킨	47.8	8.5
2	짜장면	46.4	8.4
3	프라이드치킨	45.6	15.8
4	닭한마리	42	13.6
5	설렁탕	39.5	12.1
6	치즈핫도그	39.3	23.6
7	곰탕	33.6	21.2
8	산낙지	29.5	9.2
9	삼계탕	28.7	36.3
10	삼겹살	27	43.2

한국 요리 하면 맵다는 이미지가 아직까지 꽤 자리 잡고 있다. 집계 기관, 지역, 연령대에 따라 다소 차이는 있지만, 표에 포함되지 않은 인기 메뉴도 한국에선 평범한 음식이 많다. 부침개(지짐이, 전), 비빔밥, 순두부찌개, 잡채, 불고기, 떡볶이, 김밥 등이 대표적이다.

우리는 한국인이기에 자연스럽게 한국과 비교를 하게 된다. 그러나 일본에서 창업을 하려면 일본인 입장에서 모든 것을 생각해야 한다. 한국인이 선호하는 요리와 일본인이 선호하는 요리는 많이 다르다. 한국에서 유행한다고 일본에서 먹힐 것이라는 생각은 지양해야 한다.

필자는 오사카에서 외식업을 하는 수많은 대표들을 만나봤다. 모두 사업체를 운영하면서 자연스럽게 한국을 비교했다. 참고를 하는 수준이면 한국의 장점을 가져올 수 있지만, '왜 일본은 한국과 다르지?' 불평하는 수준으로 고민이 깊어지는 경우를 많이 봤다. 상권 분석, 메뉴 선정, 인테리어부터 회사 설립, 창업 지원, 가게 운영, 세금까지 일본은 한국과 비슷한 점이 생각보다 훨씬 적다. 단순히 사업을 시작하는 것 이상으로, 새로운 문화를 이해하는 자세로 도전해야 한다.

스노즌 순두부찌개, UFO치킨.

넷째, 한식 메뉴의 변화 폭이 넓어지고 있다.

2020년 드라마 '이태원 클라쓰'가 일본 넷플릭스에서 크게 인기를 얻었다. 드라마에 등장한 단밤포차(포장마차 콘셉트) 가게는 지금까지도 일본에서 성업 중이다. 드라마에는 순두부찌개도 많이 등장하는데, 이미 일본에서 대중화된 순두부찌개가 진화해 카망베르 치즈를 넣거나, 낫토를 넣거나, 계란으로 머랭을 올린 순두부찌개도 등장했다. 그리고 삼겹살에서 진화한 대패삼겹살, 차돌박이가 유행하더니 요즘은 야채롤 차돌박이, 새우롤 삼겹살도 인기를 얻고 있다.

이전까지 한식은 간장게장, 보쌈, 김밥 등 단품 메뉴 위주로 알려졌다. 요즘은 기존 요리에서 발전한 형태거나 현지화된 한식, 또는 친숙하지 않은 본토 한국 요리의 맛을 원하는 일본인이 늘고 있다. 이제는 한국 요리 또는 한국풍의 고깃집, 분식집, 술집이라는 카테고리에서 보다 진화한 메뉴로 가게를 운영할 수 있을지 고려해야 한다.

일본에 완전히 정착하고 있는 K푸드, 얼마나 더 '변화'할지가 관건

한국에서는 익숙한 배달 치킨이, 일본에서 불판 위 치킨을 치즈에 찍어 길게 늘어뜨려 먹는 'UFO치킨' 형태로 유행할 줄은 몰랐다. 한국에서도 그리 흔치 않은 낙곱새(낙지, 곱창, 새우) 전골이 일본에서 대중화될지 누가 알았겠는가. K푸드는 현지화와 대중화를 거쳐 이제는 일본 대기업과 프랜차이즈가 직접 자본을 투자해 개업하는 단계까지 왔다. 한국 소주, 한국 라면, 순두부찌개 패키지가 이제 일본 편의점 어디에나 있고, 이 카테고리는 계속해서 넓어지고 있다.

지난 20년의 한류 붐을 거쳐 이제 K푸드는 일본에 완전히 정착하는 단계에 있다. 닭갈비, 삼겹살, 순두부찌개, 떡볶이는 K푸드의 '초기 사천왕'이었다. 앞으로는 일본에서 한식이 어떻게 더 발전하고 변화할 것인지 매일 고민해야 한다. 이런 변화의 흐름을 잘 공략해 일본에서 창업한다면 분명 좋은 성과가 있을 것이다.

장사 고수 생각

지금이 기회 '일본 창업'
권리금 없고 엔低…창업비용 '한국의 반값'
'소주에 삼겹살' 열풍…한류, 이제 시작이다

이준석
바이즈비 대표

일본 현지에서 5년간 체류한 경험을 바탕으로 8년 동안 한국 유망 기업과 제품들 진출 경험 다수. 광고 대행사·일본 샤프전자 근무, 청년창업사관학교 일본 진출 강의 이력·코트라 수출 바이어·심사 경험 다수, 일본 진출 컨설팅에 관해 기업 시장조사부터 창업에 이르기까지의 전문적인 과정을 조언하는 전문가로 활동 중이다.

23.5% vs 9.6%.
경제협력개발기구(OECD)가 2022년 발표한 한국과 일본의 자영업자 비율(자영업자+무급 가족 종사자)이다. OECD 35개 국가 중 한국은 8번째로 높은 반면, 일본은 미국(6.6%, 2021년 기준), 독일(8.7%) 등에 이어 8번째로 낮다. 반면 한국보다 자영업 비율이 높은 나라는 콜롬비아(53.1%, 2021년 기준), 브라질(32.1%), 멕시코(31.8%), 그리스(30.3%), 튀르키예(30.2%), 코스타리카(26.5%), 칠레(24.8%) 정도다. 한국의 자영업이 얼마나 포화됐는지 단적으로 보여주는 통계다.

필자가 운영하는 '바이즈비'는 한국과 일본을 오가며 주로 일본에서 법인 설립, 마케팅, 크라우드펀딩 등을 대행하고 지원한다. 지난 수년간 '창톡' '와디즈' '마쿠아케' 등과 손잡고 '왕가탕후루' '뉴트리어드바이저' 등 수십 개 한국 기업과 자영업자의 일본 진출을 도왔다. 그러면서 최근 일본에서 다양한 각도로 창업 기회가 열리고 있음에 주목하고 있다.
필자가 생각하는, 최근 일본에서 창업이 유리해진 이유는 다음과 같다.

일본 도롯가의 한 건물 외벽에서 광고하고 있는 한국 제품(좌), 일본 편의점에서 팔고 있는 한국 맥주(우).

그 어느 때보다 뜨거운 한류 열풍

한글만 들어가도 힙한 느낌…
한류, 대중화 넘어 '토착화' 시작

첫째, 한류 열풍이 갈수록 뜨거워지며 K푸드나 K콘텐츠에 대한 수요가 많아졌다. 욘사마 열풍으로 시작된 한류는 초기에는 일본에서 그리 대중적인 문화 코드는 아니었다. 일단 배용준을 좋아하는 세대는 주로 50대 이상 여성이었다. 이들의 구매력은 대단히 높았기에 이들을 타깃으로 한 한국 관광 상품 등은 기본 30만 원부터 시작했다.

그러나 이후 한류는 소녀시대, 빅뱅, 트와이스, BTS 등 K팝은 물론, '사랑의 불시착' '이태원 클라쓰' 등 넷플릭스를 통해 K드라마 열풍으로 번졌다. 한류의 중심축은 일본의 Z세대와 10대 초반층까지 젊어졌다. 이들은 일상에서 한국 식품과 한국 문화를 소비하며 한류가 토착화되기 시작했다. 유통업계도 자사 제품 전면에 뜬금없이 한글을 써넣을 정도로 '한국풍'이 마케팅의 핵심 키워드가 된 모습이다.

이는 마치 2000년대 초반 한국에서 '로바다야키(일본식 화로구이)'가 유행하던 때와 비슷한 느낌이다. 당시 로바다야키에 가는 사람은 뭔가 트렌디하고 세련된 사람이라는 인식이 있었다. 이후 로바다야키가 이자카야로 바뀌며 한국에서 일식이 대중화된 바 있다. 요즘 일본에서 한식이나 한국 문화가 딱 그런 분위기다. 한국 문화를 좋아하면 트렌디하고 세련된 이미지가 자리 잡았다.

특히, 한류 열풍의 정점은 한식이다. 삼겹살, 닭갈비 같은 한식은 이미 일본에서 주요 외식 메뉴로 토착화됐다. '일본의 김밥천국'에 해당하는 마츠야에서 '닭갈비동' 메뉴가 나올 만큼 '닭갈비'가 친

도쿄의 한인 타운 '신오쿠보'에는 주말이면 발 디딜 틈 없을 만큼 인파가 몰린다.

숙한 고유명사가 됐다. 이자카야를 한국에서 '선술집'이라 부르지 않고, 일본어 발음 그대로 '이자카야'로 부르는 것처럼, 한식이 일본에서도 보편화된 것이다.

한국과 일본은 여러 역사적 갈등이 있지만, 경제적으로 밀접한 관련이 있음은 부인할 수 없는 사실이다. 2023년에 양국을 찾은 외국인 관광객 1위가 각각 양국일 정도로 국민들도 수시로 여행과 출장을 다닌다. 이로 인해 한국에서 일식이 유행하듯, 일본에서 한식의 유행도 당분간 지속될 것으로 전망한다.

외국인 창업 문턱 낮추는 일본

최소 자본금 규제 사라지고 비자 발급 요건 완화

둘째, 외국인 창업에 대한 일본의 문턱이 낮아지고 있다. 법인 설립을 위한 최소 자본금 500만엔 규제 완화가 대표적인 예다.

일본에서는 한국인을 포함해 외국인이 개인사업자로 창업을 할 수 없다. 일본에서 외국인이 식당을 창업하려면 먼저 일본에서 '법인'을 만들고, 그 법인의 산하 기관으로 식당을 창업해야 한다. 법인은 '주식회사' '합동회사(유한회사)' 형태만 가능하다. 법인 설립 시에는 최소 500만엔의 자본금을 납입하고 잔고 증명을 해야 했다. 그러나 최근 규제가 완화되면서 1엔, 10엔, 100엔 등 자유롭게 자본금을 설정할 수 있게 됐다. 법인 설립 절차에 필요한 각종 수수료 비용만 한화로 380만원 정도 내면 된다.

그러나 이는 일본인에게 해당하는 조건일 뿐, 외국인이라면 실제로는 어느 정도 자본금이 필요한 것이 사실이다. 출입국 관리소 등 비자 관리 기관에서 창업을 빙자한 외국인 불법 체류를 막기 위해 모니터링을 하기 때문이다. 따라서 적어도 150만엔 정도 자본금은 예치를 하는 것이 바람직하다. 그래도 이전보다는 훨씬 외국인 창업 문턱이 낮아진 셈이다.

비자 발급 요건도 간소해지고 있다.

사실 그동안 일본에서 비자를 발급받는 것은 굉장히 까다로웠다. 비자당국이 기본적으로 제시한 가이드라인은 "대학 졸업 후 경력을 쌓은 뒤 경력 증명을 하고 나서 법인 설립 신청을 하라"는 것이었다. 그래야 비로소 '사업을 하러 일본에 왔다'는 것을 믿어주겠다는 것. 이런 요건에 미달해 비자 발급에 어려움을 겪는 한인 사업가를 많이 봤다.

대학 졸업 후 경력을 쌓았어도 경력과 관계없어 보이는 분야로 창업을 하면 제동이 걸렸다. 가령 일반 회사원인데 IT 분야로 창업을 하려면 비자 발급 기간도 오래 걸리고 제한이 많았다.

비자 종류도 차별을 받았다. 일본 비자는 체류 허용 기간에 따라 '1년' '3년' '5년' '정주 비자' '영주 비자' 등 다양하다. 그런데 삼성, LG 등 내로라하는 대기업 출신이면 한 번에 5년짜리 비자가 나오는 반면, 중소기업 출신이면 1년짜리 비자만 나오기도 했다.

그러나 최근에는 외국인에 대한 비자 발급이 쉬워지는 분위기다. 2023년 10월 니혼게이자이신문(니케이)이 보도한 바에 따르면, 일본 정부는 외국 기업가의 일본 진출을 활성화하기 위해 경영자 비자 취득 요건을 대폭 완화할 방침이다. 사업소나 출자금 없이도 사업 계획만으로 2년간 일본에 체류할 수 있도록 한다는 계획이다.

니케이에 따르면 그동안 외국인이 일본에서 사업을 하기 위한 '경영·관리' 재류 자격을 취득하기 위해서는 통상 사업소(사무실)와 2명 이상의 상근 직원 또는 500만엔(약 4500만원) 이상의 출자금이 필요했다. 그러나 매출액이 적은 스타트업 등은 일본에서 창업하거나 기업을 운영하기에 '허들'이 높았다.

하지만 일본 출입국재류관리청은 2024년 재류 자격 중 '경영·관리'에 대한 성령을 개정할 것으로 알려진다. 그럼 앞으로는 사무실이나 출자금 등의 조건 없이도 사업 계획이 인정되면 전국에서 2년간 체류할 수 있도록 요건이 완화될 전망이다.

점포 창업비용 인하
코로나19 사태 이후 창업 기피 현상
권리금 없고 보증금도 저렴

셋째, 점포 창업비용이 저렴해졌다.

일본은 코로나19 사태 당시 자영업자에게 한국보다 훨씬 관대한 정책을 폈다. 한국처럼 강제 집합금지를 명령하지 않았고, 조기 마감 등 단축 영업을 하면 하루에 6만엔, 한 달간 최대 180만엔을 일괄 지급했다. 월세가 비싼 고급 음식점을 제외한 대부분의 중소 자영업자에게는 평소 매출보다 오히려 지원금이 더 많으니, 엄청난 혜택이 아닐 수 없었다. 덕분에 시간 단축 영업에 응한 음식점은 전체의 95%에 달했다(도쿄도 조사 자료).

그런데 코로나19 사태가 종료되고 막대한 지원금이 끊기자 일본의 일부 자영업자 사이에서 '장사할 의욕이 사라졌다'는 얘기가 나오기 시작했다. 가만히 있어도 월 2000만원 가까이 지원금이 나오던 시절을 생각하면 그야말로 '아 옛날이여'가 된 것. 상황이 이렇자 엔데믹에 접어들며 상가 매물과 공실이 급증하기 시작했다. 역으로 보면, 새로 점포를 얻으려는 신규 창업자에는 기회인 셈이다.

사실 일본은 보증금, 권리금, 월세 등 점포를 얻고 유지하는 데 드는 비용이 한국보다 훨씬 저렴하다.

일단 권리금 제도가 일본에는 없다. 다음 세입자가 누가 들어오는지와 상관없이, 그냥 원래 인테리어대로 원상 복구만 해놓고 폐업하면 된다. 이는 일본 부동산 계약 구조가 한국과 다르기 때문이다. 우리나라는 공인중개사 중개로 건물주와 세입자가 직접 협상을 한다. 반면 일본은 건물주 대신 상가 관리를 담당하는 위탁 관리 회사와 보증 회사가 따로 있다. 이들은 건물 외형 관리와 세입자 계약은 물론, 나아가 라멘집이 먼저 입점해 있으면 새로운 라멘집은 받지 않는 식으로 '상권 관리'까지 담당한다. 물론 번화가라면 수요가 많으니 이런 규제가 덜하겠지만, 보통 상권에선 경쟁 업종 입점을 제한하며 '상생'을 추구하는 것이 일반적이다.

이처럼 부동산 관리 회사가 모든 것을 담당하니, 기존 세입자가 다음 세입자와 만날 일은 절대로 없다. 그래서 기존에 아무리 장사가 잘됐어도 권리금을 받고 나오기는 어렵다. 이는 기존 점주에게는 아쉬운 대목일 수 있지만, 신규 창업자 입장에선 유리한 대목이기도 하다. 단, 이 같은 보증금, 권리금 제도는 일본의 일반적인 상권에 해당하는 얘기다. 도쿄 신오쿠보, 오사카 츠루하시 등 한국인이 많은 코리안타운에서는 한국처럼 보증금과 권리금을 다 받는다.

보증금은 시키킨(しききん)과 레이킨(れいきん)이 있다. 시키킨은 수개월 치 월세를 담보로 내는 개념이라 한국의 보증금과 비슷하다. 그러나 보통 월세의 10개월 치 안팎에 달하는 한국의 보증금과 달리, 일본의 시키킨은 월세의 2개월 치 정도에 그쳐 훨씬 부담이 적다. 레이킨은 집이나 가게를 계약하며 주인에게 감사의 의미로 그냥 주는 일종의 '사례금'이

다. 보통 월세의 1개월 치에 해당한다. 시키킨은 폐업할 때 돌려받을 수 있지만, 레이킨은 돌려받을 수 없어 한국인에게는 생소한 문화다. 그런데 코로나19 사태 이후 일본에서도 자영업자가 어려워지며 레이킨 시세가 다소 떨어진 분위기다. 일본 건물주나 관리 회사들도 상가를 공실로 놀리느니 점포비용을 다소 낮춰서라도 세입자를 유치하려고 경쟁하고 있기 때문이다.

일본에서 한식당 창업 성공하려면 완전한 한국풍 가져가되 맛은 현지화

상황이 이렇자 일본에서는 지난 수년간 많은 한식당이 문을 열었다. 그러나 높은 포화도, 천편일률적인 아이템, 현지화 실패 등의 문제로 많은 한식당이 폐업하거나 제 살 깎아 먹기 경쟁을 하고 있다.

일본에서 한식당 창업에 성공하려면 어떻게 해야 할까.

필자는 '완전한 한국'을 가져가야 한다고 본다. 단순히 한식 메뉴를 파는 한식당은 일본에 널렸다. 그보다는 매장에선 한국 음악이 흐르고, 직원은 한국식 패션을 하고 한국어로 응대하며 말 그대로 한국에 온 듯한 느낌을 주는 것이 중요하다.

단, 음식 맛은 아직은 한국 정통의 맛보다는 일본에 현지화된 맛이 더 대중화돼 있다. 한국인이 먹어보면 '이게 한국 음식인가' 싶을 정도로 일본 특유의 달고 짠맛이 가미돼 있는 식이다. 일본 사람들은 정통 한국 음식을 먹어본 경험이 많지 않기 때문에, 이게 실제 한국 정통식인지 모르기 때문이다. 이는 마치 한국에서 베트남 쌀국수가 처음 유행했을 때, 사실은 베트남 정통 쌀국수 맛이 아니었던 것과 비슷하다. 그러나 한국인들이 베트남 여행을 많이 가면서 베트남의 정통 쌀국수 맛을 알게 되자 상황이 달라졌다. 보다 깊고 진한 현지의 맛을 찾게 됐고, 동남아 향신료인 '고수'도 넣어서 먹을 줄 알게 됐다. 현재 일본에서의 한식 열풍도 그런 과정의 중간 어디쯤에 와 있다.

그렇다고 무조건 정통 한국식으로 승부하는 게 능사는 아니다. 일부 한식은 일본인 입맛에 맞게 개량돼서 유행하기도 한다. 한국에서도 짜장면이 중국식 짜장면과 매우 다른, 거의 새로운 메뉴인 것처럼, 일본에서도 일본인이 선호하는 맛으로 현지화할 필요가 있는 메뉴가 있다. 즉, 정통 한국식과 일본식으로 개량된 맛 사이에서 메뉴별로 일본인이 선호하는 지점을 잘 찾아야 한다. 이를 위해 일단 일본에서 유행하는 한식을 많이 먹어보길 권한다.

또한 한 가지 메뉴로 특화된 전문점보다

일본 공중파 TV에서 방영된 참이슬 소주 광고.

는 다양한 메뉴를 제공하는 것이 현재 일본 외식 문화에 더 부응한다. 한국에서는 치킨집이면 치킨만 잘 만들면 된다. 그러나 일본에서 한국식 치킨집을 한다면, 닭갈비, 삼겹살, 떡볶이, 김밥, 지짐이(전), 나물 등 다양한 한식 메뉴도 같이 파는 것이 유리할 수 있다. 아무리 한식이 유행이더라도 아직은 일식처럼 익숙하지 않기에, 일본인들은 한번에 다양한 한식을 즐길 수 있는, 즉 한식에 대한 접근성을 높여주는 식당을 선호한다. 물론 한식이 더욱 토착화되면 언젠가는 일식처럼 전문점 형태로 진화하겠지만, 아직은 과도기인 점을 감안해야 한다.

J컬처의 상징이었던 '논노'가 주는 교훈
유행은 끊임없이 변화…
한류 열풍도 계속 진화·발전시켜야

1980~1990년대 일본은 세계적으로 트렌드를 선도했다. 한국에서도 2000년대 초반까지 '닛뽄 스타일'이 유행할 만큼 일본의 패션, 음식, 대중문화는 확실히 한국보다 몇 십 보 앞서 있었다. 한국에서 소위 '힙하다'는 트렌드 리더들은 일본의 패션 잡지 '논노(Non-no)'에 나온 모델을 따라 옷을 입고, 논노에서 소개한 음식을 찾아서 먹고, 논노에서 소개한 J-POP을 들었다.

이제는 상황이 역전됐다. 일본의 트렌드 리더들은 유튜브와 넷플릭스로 한국 콘텐츠를 즐긴다. 한국 아이돌들이 입는 옷, 먹는 음식, 바르는 화장품 등을 따라서 소비한다. 한국 대중문화는 세련되고, 재미있고, 쿨하고, 가성비 좋고, 트렌디하다는 인식이 일본에 퍼져 있다. 일본의 톱배우가 TV에서 황금 시간대에 참이슬 광고를 할 만큼 '소주에 삼겹살'은 일본에서 매우 대중화됐다.

일본 문화 전성기를 이끌던 상징 논노는 지금 한류에 뒤처지고 쇠퇴했다. 대중문화는 어떤가. 일본 방송가를 장악하다시피 했던 일본 최대 연예기획사 '자니스'도 몰락했다. 한때 최고의 뮤지션을 배출해 일본 정부까지 자니스 소속 뮤지션이었던 '스마프(SMAP)'의 해체를 연기해 달라고 할 정도였지만, 지금은 성추문 등 각종 스캔들로 인해 문을 닫았다. 한 시대를 풍미했던 유행도 언젠가는 바뀌고 사라지니 마냥 안주해서는 안 된다는 교훈을 준다.

우리는 지금 '논노의 시대'에 살고 있는지 모른다. 한국 음식, 한국 문화가 시작만 하면 성공한다고 생각하면 오산이다. 그런 시간은 이미 지났을 수도 있다. 지금 삼겹살, 십원빵, 핫도그, 치킨이 유행한다고 그대로 따라서 창업했다간 논노의 길을 따를 수밖에 없다. 지금 한국에서 로바다야키, 야키토리, 이자카야를 창업하는 것이 절대 세련되고 유행에 앞서는 창업이 아니듯 말이다. 끊임없는 차별화 시도와 도전이 필요하다.

기억하자. 유행은 흐르고, 시대는 변하며, 세대는 성장한다는 것을.

 ## 중국 신유통 현장을 가다

노승욱 창톡 대표

장사 노하우 공유 플랫폼 '창톡' 창업자 겸 대표. 매경이코노미 창업전문기자 12년 근무 후 매일경제신문사 사내벤처로 '창톡'을 설립해서 2023년 3월 분사. 장사고수와 소상공인 간 가교 역할을 하고 있다.

노승욱 대표와
1:1 상담 문의는 여기로!

'브랜드·쿠폰 마케팅에 적극적인 고객 잡아라'
열성 고객과 단톡방 소통 '사적 트래픽' 대세

2023년 11월 17일 중국 베이징 궈마오에 있는 하이디라오 AI 스마트 매장. 중국의 소울푸드인 훠궈를 먹다 보면 여기저기서 팡파르 음악이 들려온다. 1시간 남짓 동안 생일을 맞은 고객을 위한 즉석 축하 공연만 세 번이나 진행됐다. 변검 연극, 스마트 주방 투어 등 다양한 볼거리, 즐길 거리도 펼쳐진다.

여기에 최근 새로운 '마케팅 무기'가 하나 더 추가됐다. 매장을 방문한 고객을 단톡방에 초대해 소통하는 '사적 트래픽'이다. 단톡방에서는 수시로 하이디라오의 할인 쿠폰이 뿌려진다. 중요한 건, 이 쿠폰이 일반 대중에게 제공되는 '공적 마케팅'과 다른 것은 물론 100명 안팎 규모로 만들어진 다른 단톡방의 쿠폰과도 다르다는 것. 하이디라오는 여러 단톡방에서 각기 다른 메시지와 쿠폰을 제공하며 고객 반응이 어떻게 다른지 'AB 테스트'를 해서 좋고, 고객은 차별화된 할인 혜택을 받을 수 있어 좋다. 이런 마케팅에 힘입어 하이디라오는 2023년 상반기 기준 1382개 매장을 운영하며 매출 3조4000억원, 영업이익 4000억원의 준수한 실적을 기록 중이다.

중국 비즈니스 학습 여행 전문기업 '만나 통신사'의 윤승진 대표는 "코로나 팬데믹을 거치며 중국 유통업계에서는 '사적 트래픽'이 대세로 떠올랐다. 중국의 카카오톡인 '위챗' 단톡방을 이용하니 비용이

'중국의 스타필드'에 해당하는 '흐성회'의 한 직원 머리띠에 QR코드가 크게 그려져 있다(좌). 베이징 명소로 꼽히는 '세무천계'의 한 쇼핑몰 입구에 루이싱커피가 입점해 있다. 사진은 매장 내 모습(우).

들지 않고, 브랜드나 쿠폰 마케팅에 적극적인 고객과 소통할 수 있어 수많은 브랜드가 활용하고 있다"고 말했다.

중국의 신유통 혁명이 고조되고 있다. 노숙자도 QR코드로 적선을 받는 것은 이제 화제도 아니다. 세계 500대 기업 지역본부가 가장 많은 도시 베이징에 가서 코로나 이후 중국의 디지털 전환 현장을 소개한다.

'마오타이'로 부활한 루이싱커피

상장폐지 딛고 스타벅스 매출 추월

중국의 신유통 혁명을 보여주는 대표 사례는 '루이싱커피'다. 코로나 사태 전에 온라인 온리(Online Only) 주문, 커피 배달 서비스, 4+4 마케팅(4잔 주문 시 4잔 공짜) 등으로 돌풍을 일으키며 스타벅스 대항마로 떠올랐다. 창업 18개월 만에 나스닥에 상장하는 기염을 토했지만, 분식회계가 적발되며 상장폐지됐다. 이후 4년. 루이싱커피가 환골탈태했다. 새로운 경영진이 들어와 중국 바이주 대표 브랜드인 '마오타이'와 제휴, 마오타이향 커피 신메뉴를 선보여 대박을 터뜨렸다. 2023년 2분기 8억5500만달러(약 1조1050억원) 매출을 거둬, 8억2200만달러(약 1조624억원)에 그친 스타벅스를 앞질렀다.

실제 베이징에서 명소로 꼽히는 '세무천계'의 한 쇼핑몰 입구에도 당당히 루이싱커피가 입점해 있다. 3평 남짓 작은 매장에선 직원 3명이 분주하게 커피를 내리며 배달과 포장으로만 영업하고 있었다. 스타벅스도 대응에 나섰다. 세계에서 유

키덜트족을 위한 아트토이 편집숍 '팝마트'의 매장 사진(좌). 베이징 싼리툰에 있는 창고형 뷰티 편집숍 '하메이'에서 고객들이 제품을 고르고 있다(우).

일하게 중국에서만 배달 전문 매장 '스타벅스 나우(Now)'를 출점한 것. 베이징 젊은이들이 즐겨 찾는 싼리툰을 비롯해 주요 거점 상권마다 매장을 냈다. 10평이 채 안 되는 스타벅스 나우 매장에는 공간의 절반이 커피를 만드는 주방이고, 나머지는 라이더가 포장된 커피를 픽업할 수 있는 보관함과 서서 기다리는 대기 공간뿐이다.

아트토이부터 창고형 뷰티까지
편집숍의 진화 '팝마트' '하메이'

키덜트족을 위한 아트토이 편집숍 '팝마트'는 블라인드 마케팅 성공 사례로 꼽힌다. 아이언맨, 건담, 아톰, 귀멸의 칼날, 짱구 등 수십여의 인기 영화, 애니메이션의 IP(지식재산권)를 사들여 캐릭터 상품을 만들어 판다. 단, 제품을 사서 열어보기 전에는 안에 어떤 캐릭터가 들었는지 알 수 없다. 소비자가 갖고 싶은 캐릭터가 나올 때까지 추가 구매를 하도록 유도한 것. 추가 구매가 내키지 않는 고객을 위해서는 팝마트 전용 온라인 커뮤니티를 운영한다. 소비자는 여기서 자신이 소장한 아트토이를 자랑하고, 자신에게 없는 제품을 가진 다른 고객과 서로 사고팔며 '리셀'도 할 수 있다. 제품을 구매하면서 커뮤니티에 참여하고 브랜드와 밀착된 경험을 하게 되는 구조다.

팝마트는 한때 10조원 넘는 시가총액을 달성하며 급성장했다. 2023년 상반기 순이익은 1000억원에 육박한다.

팝마트가 아트토이 편집숍이라면, 하메이는 '창고형 뷰티 편집숍'이다. 싼리툰에 있는 매장은 평일 오후에도 20대 여성 고객으로 붐빈다. 하메이는 국내외 화장

품 브랜드의 샘플 제품을 코스트코처럼, 노출 콘크리트와 창고 형태의 공간에서 투박하게 진열해놨다. 특징은 상품 가짓수가 매우 다양하다는 것. 어디서나 구매하기 쉬운 베스트셀러 상품이 아닌, 희소한 상품을 판매하는 것이 특징이다. 또한 써봐야 아는 화장품 특성을 감안해 5㎖ 단위 소용량 샘플 위주로 판매한다. 용량당 가격을 비교하면 저렴하지 않아도 샘플이라 용량 자체가 적으니 싸게 느껴진다. 주머니가 가볍고 다양한 제품을 체험하고 싶은 MZ세대 고객에게 핫플레이스로 떠오른 배경이다.

틱톡 라이브커머스의 힘

3시간에 800만원 매출 '쑥'

'중국의 스타필드'에 해당하는 '흐성회'에선 한 크리에이터가 한 매장에서 틱톡 라이브커머스 방송을 하고 있었다. 소형 조명 장치를 부착한 스마트폰 하나만 들고 매장을 오가며 먹음직스러운 음식을 보여주고 홍보한다. 중요한 것은 쉬지 않고 얘기하며 '오디오가 비지 않도록' 해야 한다는 것. 틱톡은 피드가 순식간에 넘어갈 수 있어, 매장을 홍보하는 피드가 떴을 때 속사포 같은 입담으로 온라인 소비자의 이목을 집중시켜야 하기 때문이다. 이날 크리에이터는 3시간 동안 틱톡

방송으로만 무려 800만원어치의 판매량을 올렸다.

눈에 띄는 건 직원들이 목걸이나 머리띠에 QR코드를 크게 그려놓고 고객에게 찍어달라고 적극적으로 어필하는 모습이다. 직원마다 QR코드가 다르니, 어느 직원을 통해 구매가 이뤄졌고 매출이 올랐는지 성과 평가가 정확하게 이뤄지기 때문이다. 디지털 전환을 통해 고객 대응(CRM)뿐 아니라 직원 관리(HRM)도 더욱 효율화된 것이다.

이 밖에 '혁신'과는 거리가 멀어 보이는 전통 산업도 DX 대열에 동참했다. 1669년에 설립된 중의학 브랜드 '동인당'은 우황청심환을 처음 개발한 곳으로 유명하다. 최근에는 글로벌 IT 회사 '동인당국제'를 설립, IT 기술을 활용한 건강 진단 서비스를 제공하고 있다. 혀 사진을 촬영한 후, 혀의 빛깔로 건강 상태를 진단, 맞춤형 건강차를 추천하고, 태극권 연마를 위한 스마트 거울도 비치했다.

'해마체 사진관'은 국내에서 유행하는 즉석사진관의 업그레이드 버전이다. 온라인에서 원하는 스타일을 선택하고 예약하면 메이크업부터 코스프레 의상까지 제공해 '인생 사진'을 건질 수 있도록 도와준다. 가령 자신이 백설공주로 꾸민 사진을 남기고 싶다면 그에 맞는 의상과 헤어 디자인, 화장에 사진 촬영, 보정까지 다 해준다. 2014년 오픈해 50개성에서 200여개 매장을 운영 중이다.

중국 디지털 경제 비중 40%
체험 소비 인기…신유통 확산 지속

전문가들은 중국의 신유통 혁명이 중국 정부가 제시하는 '디지털 차이나'에 부합한다고 진단한다. 다양한 분야의 유통이 4차 산업 기술들과 접목되면서 '중간 단계'가 생략되는 방향으로 가고 있다는 설명이다.

박승찬 용인대 중국학과 교수·중국경영연구소장은 "5G 스마트폰을 사용하는 중국 인구가 4억명을 넘어가면서 새로운 비즈니스가 창출되는 것"이라며 "중국 경제에서 디지털 경제가 차지하는 비중이 40%가 넘어서는 등 중국 신유통이 급속하게 성장하고 있다"고 설명했다.

전병서 와이즈에프엔 중국 경제금융연구소장은 "전 세계에서 4차 산업혁명을 가장 많이 사용하고 체험한 나라 중 하나가 중국이다"라며 "중국 유통이 전체적으로 온라인화되는 현상이 지속될 것"이라고 강조했다.

| 인터뷰 |

윤승진
만나통신사 대표

30분 내 물건 배달…
네일아트 등 '서비스 배달'도

윤승진 만나통신사 대표는 차이나 디지털 트렌드·마케팅 컨설팅을 맡는 중국 비즈니스 전문가다. 중국 비즈니스 학습 여행 전문기업인 만나통신사는 중국의 변화를 알리고 중국에 대한 새로운 관점을 제안하고자 재능 기부로 시작했던 프로그램이 입소문을 타고 확장되면서 설립된 법인이다. 그는 "중국 비즈니스를 한국에 적용하면 새로운 시장을 선점할 수 있다"고 강조한다.

Q. 왜 중국 비즈니스 학습 여행인가.
A. 중국이 디지털 혁신 영역에서 앞서가는 부분이 있다. 일상에서의 많은 부분에서 디지털 활용이 대중화돼 있다. IT 강국인 한국도 기능적으로 구현돼 있지만 활용하고 대중화하는 정도에 차이가 있다. 중국에서 본 걸 한국에 돌아와 적용하고 도입하면 시장을 선점할 수 있다. 5년 전 만나통신사와 중국에서 '배달 커피'라는 비즈니스 모델을 처음 경험한 고객이 현재 한국에서 그 시장의 선도 브랜드를 만든 바 있다. 중국 비즈니스에 대한 정보가 한국에는 없다. 그래서 중국에 가서 현지 관계자를 만나 이야기를 나누는 경험 여정을 설계하는 비즈니스 학습 여행을 만들었다. 아울러 한중 다문화 가정을 이룬 가장으로서 한국과 중국의 비즈니스를 연결한다는 사명감도 있다.

Q. 코로나 팬데믹 전후 중국의 변화를 꼽자면.
A. 중국은 디지털 혁신이 가속화되면서 생활 편의성이 증대됐다. 예를 들면 호텔에서 30분 안에 모든 물건을 배달 서비스를 통해 받을 수 있다. 또한 서비스 배달도 활성화돼서 네일아트나 메이크업 출장 서비스도 쉽게 받을 수 있다. 편리한 서비스의 개발은 새로운 비즈니스 모델로 이어졌고 혁신을 통해 자리를 잡았다. 또한 코로나로 고객과 디지털 연결을 만들기 위한 기업들의 노력이 또 새로운 서비스를 창조하고 마케팅 방법을 만들었다. 지역 기반의 고객을 여러 개의 단체 채팅방을 통해 관리하는 사적 트래픽 마케팅, 숏폼 콘텐츠 소비를 오프라인 매장으로 유도하는 숏폼 커머스 등 브랜드가 어떻게 디지털 연결을 활용해 고객을 관리하고 소통하는지 통찰을 얻을 수 있다.

Q. 앞으로 경영 계획은.
A. 만나통신사는 옛날 서로의 문화와 신문물을 교류하던 통신사를 모티브로 탄생한 비즈니스다. 단순히 보고 오는 것을 넘어 실질적인 변화를 이끄는 게 목표다. 또 한중 관계가 어려운 지금, 민간 외교관의 역할도 필요하다. 한국과 중국 기업가에게 다양한 연결과 교류를 제공하고 싶다.

장사고수 31명이 꼽은
자영업 트렌드 2024

초판 1쇄   2024년 2월 27일

지은이   매경이코노미·창톡 장사고수
펴낸이   허연
펴낸곳   매경출판㈜
등록   2003년 4월 24일(No. 2-3759)
주소   (04557) 서울시 중구 충무로 2(필동1가) 매일경제 별관 2층 매경출판㈜
인쇄·제본   ㈜M-print   031)8071-0961

ISBN 979-11-6484-667-2(03320)

책값은 뒤표지에 있습니다.
파본은 구입하신 서점에서 교환해 드립니다.